JN410054

이 '행복론'을 우리 한국인들에게 바칩니다.

국립중앙도서관 출판시도서목록(CIP)

행복의 깊이. 3, 삶의 세목에 대하여 / 지은이: 반경환. -- 대전 :
지혜, 2012
p. ; cm. -- (반경환 문학전집 ; 03)

ISBN 978-89-97386-06-2 04810 : ₩13000
ISBN 978-89-97386-03-1(세트) 04810

행복론[幸福論]

191.6-KDC5
171.4-DDC21 CIP2012000323

행복의 깊이 3

'삶의 세목'에 대하여

행복의 깊이 3

'삶의 세목'에 대하여

반 경 환

지혜

행복의 깊이 3 – 삶의 세목에 대하여

나는 뼈를 깎는듯한 반성과 참회의 심정으로, 대학도서관의 책들과 나의 책들이 음산하고 불길한 대화를 나누느냐, 아니면 밝고 생기 있는 대화를 나누느냐가 그가 속한 사회와 민족의 운명이 걸린 문제라고 생각하지 않을 수가 없었다. 책을 읽지 않는 민족은 사색하지 않는 민족이며, 사색하지 않는 민족은 생존경쟁이라는 세계의 무대에서 소외되거나 소멸해 갈 수밖에 없다. 일본, 미국, 프랑스, 독일, 영국 등, 모든 선진국들에서는 독서 생활이 문화적으로 습관화되어 있지만, 한국 사회에서는 독서 생활이 문화적으로 습관화되어 있기는커녕, 오히려 경시되고 무시되고 있다고 해도 과언이 아니다.

— 본문 중에서

니체의 문체는 자기고백적인 에세이 문체이자, 잠언적이며 경구적인 문체이다. 그는 그의 언어를 날카로운 검객의 칼날처럼 사용하고 있으며, 그 멋진 문체를 위하여 대학 선생 따위는 과감하게 던져버릴 줄—그는 자기 투신의 대가이다—도 알고 있었다. 니체의 문체는 어떠한 논쟁마저도 사양을 하지 않고 있는 문체이며, 그만큼 호전적이고 전투적인 문체라고 할 수가 있다. 쇼펜하우어의 문체는 자기 고백적인 에세이 문체이자, 어디까지나 단호한 내면적인 독백의 문체라고 할 수가 있다. 그는 절대로 화려한 수사를 앞세우지도 않고 있고, 자기 기만적인 허황된 포즈나 체제 전복적인 감수성을 내세우지도 않고 있다. 하지만 그의 문체는 그 역시도 대학 선생 따위는 과감하게 던져버린 것처럼, 그의 삶의 진실이 담겨 있고, 어떠한 환경이나 물리적인 압력에도 결코, 타협을 하지 않을 만큼의 대쪽같은 선비 정신이 담겨 있다.
— 본문 중에서

어떤 사람은 하늘이 무너져 내려도 모든 것을 자기 탓으로 돌리려고 하지만, 어떤 사람은 손가락 하나만을 다쳐도 그 책임을 타인들에게 전가하려고 한다. 전자는 책임감이 강한 인간의 유형이고, 후자는 책임감이 전혀 없는 인간의 유형이다. 이처럼 책임감이 전혀 없는 인간이 자기의 고통과 병의 원인을 발견하는 데는 때때로 탁월한 재능을 발휘하게 되고, 그 재능을 빌미 삼아 사회주의자의 당원이 되거나 기독교의 사제가 되기도 한다. 그는 '내 탓이오'라는 말 대신에, '네 탓이다'라는 말을 더욱더 좋아하고, 소외되고 버림받았다는 사실을 과대 포장하여 자기와 똑같은 무리들을 불러모으고, 그것에 반하는 적대자들을 공격하기에 여념이 없다. 황지우의 시에도 사회주의자나 기독교주의자와도 같은 냄새가 짙게 배어 있는데, 왜냐하면 모든 것을 원한 맺힌 저주 감정을 퍼부어야 할 대상으로만 삼고 있기 때문이다. 원한 맺힌 저주 감정의 입장에서는 선과 악, 적과 동지, 사랑과 증오, 저주받은 곳과 그렇지 않은 곳이 자명하고 명확하게 구분되고, 또한 세상의 이치와 삶의 방법 역시도 확연하게 드러나게 된다.
— 본문 중에서

위대한 천재는 우연의 산물이 아니라, 필연의 산물이며, 그의 독창성 역시도 전대의 사유에 의해서만이 그 빛을 발할 수가 있는 것이다. 천재는 선천적인 것이 아니며, 언제나 느닷없이 출현한다. 이 느닷없음은 기존의 사유와 풍습과 문화와 전통에 우리들이 안주하고 있을 때, 그 안주의 기반을 뿌리째 흔들면서 그가 새로운 시대와 새로운 사상의 등불을 들고 나타나기 때문이다. 우리가 이제와서 프로이트에게 '무의식의 최초의 발견자'라거나 '성적 욕망의 발견자'라고 말할 수는 없지만, '무의식을 탐구하는 과학적 방법'과 '성적 욕망을 탐구하는 과학적 방법'의 창시자에 대한 예의를 잊어서는 안 된다. 왜냐하면 쇼펜하우어와 니체의 말은 아주 중요하고 본질을 꿰뚫은 말이기는 하지만, 그것은 어디까지나 검증이 되지 않은 가설에 불과했기 때문이다. 이처럼 어느 누구도 문제를 삼지 않고 묻어두었던 미묘한 문제들, 예컨대 표절과 베끼기, 그리고 표절과 베끼기를 넘어서서, 프로이트가 자기 자신만의 독창적인 사상을 이끌어낸 것을 나는 나의 사색의 힘을 통해서 깨달을 수밖에 없었다. 하늘 아래 새로운 것이 없듯이, 한 천재의 업적은 최고급의 격세유전이며, 우리 인간들의 역사가 뜻밖에 피워낸 한 떨기의 꽃과도 같다.
— 본문 중에서

예수는 수많은 사회적 하층민들을 구원하고 자기 자신이 신이 되기 위해서 아버지를 살해한 죄인이지, 우리 인간들의 죄를 대속한 희생제의의 속죄양이 아니다. 예수의 영웅주의를 비영웅주의로 왜곡하고 그를 성화시킨 것은 기독교적 본능의 걸작품이라고 하지 않을 수가 없다. 프로이트, 르네 지라르, 모든 기독교인들은 모두가 한결같이 판단의 어릿광대들이란 말인가? 나는 수천 년의 역사와 수천만 명의 기독교인들의 의견에 반대를 표명하지 않을 수가 없고, 이처럼, 사회적 하층민들이나 기독교인들의 입맛에 따라 변질된 사건의 전말에 대하여 커다란 놀라움을 표명하지 않을 수가 없다.
— 본문 중에서

일은 모든 유기체의 유일무이한 삶의 수단이며, 인간과 인간, 인간과 세계, 혹은 인간과 사물이 관계를 맺는 방식이다. 이마에 땀을 흘리고 손마디가 부르트도록 일을 하지 않으면 우리는 이 세계를 살아나갈 수가 없다. 일을 하는 모습은 자기 보존 본능에 충실한 모습이며, 그가 살고 있는 세계에 질서를 부여해 나가는 모습이다. 이 세계에 질서를 부여하는 힘이 매우 미약하고 비천했을 때, 우리 인간들은 '나쁜 자연'을 안출해 냈고, 이 세계에 질서를 부여하는 힘이 매우 강력하고 그 정도를 넘어섰을 때, 우리 인간들은 '좋은 자연'을 안출해 냈다. 나쁜 자연은 온갖 천재지변과 재앙에 둘러싸여 있는 세계를 말하고, 좋은 자연은 문명과 문화의 발전 속에 생태환경이 파괴된 풍요로운 세계를 말한다. 우리 인간들은 그 나쁜 자연을 극복하기 위해서 더욱더 정교하게 과학과 산업의 수단들을 발전시켜 왔던 것이며, 이제는 그 문명의 利器들의 폐해 속에서 거꾸로 생존의 위협을 느끼고 있다고 하지 않을 수가 없다.
— 본문 중에서

과일은 식물의 생존과 노력의 집결체이고, 수확은 인간의 생존과 노력의 집결체이다. 일은 생산의 아버지이고, 대지는 생산의 어머니다. 일과 대지가 결합할 때, 나는 그들의 충실한 노예가 된다. "강냉이가 익걸랑/ 함께 와 자셔도 좋소"라는 말도 일의 의미와 본질이 담겨 있는 말이고, '자연은 성당이다'라는 말도 일의 의미와 본질이 담겨 있는 말이다. 이러한 성스러운 말들이 있기 때문에, 우리 인간들은 서로를 사랑하고, 이 아름답고 풍요로운 세계를 가꾸어 나가게 된다. 일만이 위대하고 일만이 불가능을 무화시키고 기적을 연출해낼 수가 있다.
— 본문 중에서

자본가들은 그들의 최고 이윤법칙을 찾아서 봉건사회의 수공업적인 생산수단을 붕괴시켰고, 생산성의 증대와 값싼 상품들을 대량으로 생산해 내기 위하여 끊임없이 임금 노동자들을 착취했다. 소련 연방과 동구권의 공산주의가 해체되고 자본주의 체제의 일방적인 승리가 눈앞의 현실로 나타난 오늘날, 이제 그들은 노동집약적인 산업으로부터 전자산업으로의 도약을 일으키고, 컴퓨터 실업을 대량으로 배출해 내는 역사적인 전기를 맞이하게 되었다. 전지전능한 컴퓨터는 악마가 만든 걸작품이며, 자본가들의 구세주라고 하지 않을 수가 없다. 사이버 공간에서의 가상 섹스도 가능하게 되었고, 맹인을 위한 컴퓨터도 가능하게 되었다. 인간과 고등영장류와의 대화의 가능성도 현실화되고 있고, 인간 두뇌를 뛰어넘을 수 있는 새로운 미래의 인간형도 현실화되고 있다.
— 본문 중에서

술이 없으면 우리 인간들의 삶이 생기가 없어지고 모든 정신의 탄력성이 없어지는 것도 사실이지만, 지나친 음주는 자기 자신의 건강과 그가 속한 사회의 건강을 해치고, 그 모든 것을 술 취한 자의 입장에서 판단을 하게 된다. 거기에는 과도한 흥분과 그만큼의 어리석은 판단만이 있게 되고, 모든 비판 능력을 마비시키게 된다. 건강, 이성, 명료함, 침착함, 지혜, 민첩성이 뒤떨어지고, 갈지之 자의 걸음걸이 속에서 무모한 싸움과 주색잡기와 불우한 일생과 퇴폐적인 향락 산업이 주종을 이루게 된다. "디오니소스의 술은/ 인간이 피곤할 때면/ 모두에게 활기를 준다/ 존재하지도 않는 곳을 여행하는 용기가 생긴다/ 빈곤한 자는 풍요롭게 되고/ 풍요로운 자는 거대한 마음을 지니게 된다/ 포도는 모든 정복인들에게 화살을 만들게 한다"라는 그리스 시인의 노래는 술의 전면이고, 에드거 앨런 포우의 알코올 중독의 세계는 술의 이면에 해당된다.
— 본문 중에서

신의 노여움을 달랠 때에도 술이 필요하고, 신에게 감사의 기도를 드릴 때에도 술이 필요하다. 공동체 사회의 재앙과 질병을 쫓아낼 때에도 술이 필요하고, 너와 내가 관계를 맺을 때에도 술이 필요하다. 벼와 곡식을 심을 때에도 술이 필요하고, 추수를 할 때에도 술이 필요하다. 장례식에도, 결혼식에도 술이 필요하고, 마음이 기쁘거나 슬플 때에도 술이 필요하다. 우울하고 쓸쓸할 때에도 술이 필요하고, 괴로울 때에도, 자살을 결행할 때에도 술이 필요하다. 출판기념회나 상을 받을 때에도 술이 필요하고, 매매계약을 하거나 재판절차를 마쳤을 때에도 술이 필요하다. 상상력이 고갈되거나 새로운 앎의 출구가 막혔을 때에도 술이 필요하고, 새로운 지혜나 새로운 세계를 창조하였을 때에도 술이 필요하다. 술은 우리 인간들의 생명이며, 피 자체이다. 술의 기원에는 우리 인간들의 생명이 있고, 피가 있다. 시, 신화가 낙천주의를 양식화시킨 것이라면, 술은 그 낙천주의자의 생명이며, 피 자체이다. 금주법은 우리 인간들에게 반反자연의 악법이며, 우리 인간들의 삶에의 의지를 부정하는 것이 될 수밖에 없다. 우리 인간들은 술이 없으면 이 세상을 살아갈 수가 없는 것이다.

— 본문 중에서

낙천주의자의 술은 '자연의 술'이며, 그 술잔 속에서는 모든 것이 혼연일체가 되어 아름답게 조화를 이룬다. 낙천주의자는 우리 인간들의 원형인 황금의 종족의 후예들이라고 하지 않을 수가 없다. 현실주의자의 술은 '부자연의 술'이며, 그 술잔 속에서는 사소하고 치사하고 더러운 싸움만이 있게 된다. 모두가 한 마리의 달팽이처럼 왜소한 난쟁이들이며, 그들은 눈앞의 이익만을 선호하게 된다. 염세주의자의 술은 '자연에 반하는 술'이며, 그들의 술잔 속에는 생명 부정에의 의지가 자라나고 있다. 퇴폐주의자는 미래가 없는 흡혈귀들이며—퇴폐주의자의 술도 '자연에 반하는 술'이다—, 염세주의자는 우리 인간들의 삶을 증오하면서 디룩디룩 살이 쪄 가는 괴물들이라고 하지 않을 수가 없다. 오늘도 앤토우니의 왕국이 무너져 가고 있고, 에드거 앨런 포우가 시뻘건 피를 흘리면서 그 폐허 속에서 울부짖고 있다. 그들은 모두가 자기 자신의 건강을 해치고, 그의 이웃과 그가 속한 사회 전체에 치명적인 위해를 가하는 자들에 불과하다.

— 본문 중에서

성교는 삶의 절정이며, 환희 그 자체이다. 꽃은 식물의 생존의 노력의 결정체이고, 청춘은 인간의 생존의 노력의 결정체이다. 꽃이 핀다는 것은 자기 자신의 존재의 문을 활짝 열고 아름다운 자태와 향기를 통해서 수많은 벌과 나비들을 불러 모은다는 것을 뜻하고, 그 꽃을 찾아간다는 것은 자기 자신의 존재의 문을 활짝 열고 그 부름에 응답한다는 것을 뜻한다. 모든 성교는 반드시 달콤하고 짜릿하고 황홀해야 될 필요가 여기에 있다. 이것은 종족의 명령이기도 한 것이다. 만일, 우리 인간들의 성교가 무의미한 고통과 권태뿐이라면, 이 세상의 모든 인간들의 삶과 역사는 가능하지가 않다. 왜냐하면 모든 인간들이 성교를 기피하게 되고, 더 이상의 새로운 존재(자손)의 싹은 움터 나오지 않을 것이기 때문이다.

— 본문 중에서

현대 사회에서의 성적 소외 현상은 우리 인간들의 전체의 문제가 되고, 그가 살고 있는 사회 전체의 문제가 되고 있다. 하지만 그렇다고 해서 성의 문제를 어떤 자선단체의 급식빵처럼 배분해줄 수도 없고, 무서운 정신분열증 이외에도 어떠한 성 범죄도 예방할 수 있는 장치도 없다. 사랑은 그 주체자들의 자유 의사와 상호 선택의 문제이며, 성 범죄는 우리 인간들의 욕망의 문제이다. 들뢰즈/ 가타리의 말대로, 성적 욕망이 무서운 것은 그것이 근친상간적인 것이기 때문이 아니라, 그 욕망이 본질적으로 혁명적이기 때문일는지도 모른다. 성적 욕망은 아버지의 법과 도덕을 비웃고 최소한도의 위계질서마저도 거부한다. 우리 인간들의 역사는 성을 장려해온 역사이며, 성을 억압해온 역사이기도 한 것이다. 성은 우리 인간들의 존재의 핵이며, 성적 욕망은 새로운 자손의 기초를 만들려는 욕망이다. 우리 인간들의 연애의 기원에는 성적 욕망이 있고, 그 성적 욕망의 이면에는 우리 인간들의 종족에의 의지가 자리를 잡고 있다.

— 본문 중에서

연애란 성숙한 두 남녀가 상호 간의 이성을 그리워하는 데서 그 최초의 싹이 움트고, 아버지가 되고 어머니가 되려는 생리적인 움직임을 말한다. 따라서 연애는 우리 인간들의 지상 최대의 목적이 되며, 행복한 결혼 생활의 기초가 된다. 아버지가 되고 어머니가 되려는 생리적인 움직임은 매우 자연스러운 현상이며, 어느 누구도 그것으로부터 자유로울 수가 없게 된다. 흔히들 에로스는 사나운 폭군이며, 악질적인 사건의 사주자라고 말한다.
— 본문 중에서

독창성이나 개성은 학교 교육의 문제가 아니고, 삶에의 투신의 문제이다. 왜냐하면 우리가 학교에서 배우는 지혜는 외부에서 강제로 주입되는 지혜일 수밖에 없기 때문이다. 우리 인간들의 살이 되고 피가 되는 삶의 지혜는 만인들의 반대 방향에서, 외롭고 고독하지만, 그러나 꿋꿋하고 의연하게 자기 자신의 길을 걸어가기만 하면, 자연히, 저절로 얻어지는 것일 수밖에 없는 것이다. 부디 만인들처럼 살아가지 말고 자기 자신의 삶을 살아가거라! 자기 자신이 언어 자체의 기원이 되고 자기 자신만의 사상의 신전을 세울 수 있는 곳, 바로 자기 자신이 아버지가 되고 모든 인류의 조상이 될 수 있는 곳에 너의 삶의 둥지를 마련하거라!
— 본문 중에서

그가 살고 있는 사회는 그에게 빵을 제공해 줄 수가 있지만, 그것은 그의 이성과 두뇌를 마비시키고, 학교의 교육은 쉽게 배우고 익힐 수가 있지만, 그것은 우리 인간들의 살이 되고 피가 되지 못한다. 그렇다면 우리 인간들의 살이 되고 피가 될 수 있는 앎은 모진 비바람과 거친 파도 속에서도 그 굴절을 모르는 자연으로부터 터득할 수밖에 없게 된다. 채석강변은 보다 강력하고 위대한 적과 좀 더 어렵고 힘든 고통이 살아 있는 곳이고, 무차별적인 만인의 폭력에 저항할 수밖에 없는 일인의 고독이 살아 있는 곳이다. 만 권의 책과 깊고 깊은 절벽의 단애, 오늘도 끼룩끼룩 울며 서해 바다를 날아가는 변산 갈매기들, 그리고 앎에의 의지에 충만하여 만 권의 책 속에서 신음하는 시인, 어느 누가 그 시인에게 그의 삶의 이유를 물을 수가 있겠으며, 그 아름답고 장엄한 「여름 낙조」 앞에서 경의를 표하지 않을 수가 있겠는가? 우리는 앎을 시도하면서 새로운 인간으로 태어나고, 그 새로운 인간을 통해서 보다 건강하고 완전한 '種'의 모습을 발견하게 된다. 송수권의 「여름 낙조」가 나를 부르면 나도 그 「여름 낙조」가 되어 달려 간다. 그 뒤를 이어서 김광규, 김수영, 호라티우스, 앤토우니와 옥타비오 시이저가 달려오고, 그들은 다같이 서로 서로의 손을 맞잡고 반갑게 인사를 나눈다. 우리들의 우정의 바다는 무한히 넓고 푸르고, 우리들의 「여름 낙조」는 더없이 아름답고 웅장하다. 나는 현실의 모든 친구들을 다 잃어버렸지만, 이처럼 최고급의 시인들과 사귈 수가 있어서 행복하다.
— 본문 중에서

우정의 기원은 휴머니즘이며, 모든 인간 관계의 가장 순수한 형태이다. 그것은 부모 형제지간의 우애보다도 높고 남녀 간의 사랑을 뛰어넘는다. 우정은 어떤 친목단체나 정당원 사이의 연대감보다도 높고, 상호간의 이익만을 쫓아가는 이익 단체의 그것보다도 뛰어나다. 우정은 질투와 시기를 필요로 하지도 않고, 동정과 연민을 필요로 하지도 않는다. 우정은 소유의 개념에 대한 규정도 모르고, 상호 간의 정중한 예의범절조차도 필요로 하지 않는다. 친구의 영광이 나의 영광이 되고, 나의 명예가 친구의 명예가 되는 세계에서 어떻게 질투와 시기가 존재할 수가 있으며, 자기 자신이 친구의 분신이 되고 친구가 자기 자신의 분신이 되는 세계에서 또한, 어떻게 동정과 연민이 필요하단 말인가? 아버지와 아들, 형제와 형제들 사이에는 그 친족 관계를 유지해 주는 예의가 필요하지만, 친구와 친구 사이에는 그러한 의례적인 예의가 필요 없다, 여자의 문제, 사교의 문제, 학문과 진로의 문제, 유산 상속의 문제, 취미와 오락의 문제, 사상과 이념의 문제 등—, 친구와 친구 사이에는 할 말과 못할 말이 없고, 따라서 말과 대상에 대한 차별도 없다. 모든 것을 다 털어놓고 사심 없이 심금을 교류할 수 있는 친구, 도움을 받거나 도움을 주거나 간에, 어떠한 인사도 필요 없는 친구, 이러한 친구들을 가지고 있다는 것은 인간사회의 기적이며, 행복, 그 자체라고 할 수가 있다.

— 본문 중에서

'꽃 중의 꽃'은 사상이며, 그 향기는 온 우주를 가득 채운다.

소크라테스의 사상도 아름답고 향기롭지만, 플라톤의 사상도 아름답고 향기롭다. 데카르트의 사상도 아름답고 향기롭지만, 칸트의 사상도 아름답고 향기롭다. 니체의 사상도 아름답고 향기롭지만, 쇼펜하우어의 사상도 아름답고 향기롭다.

인간은 나약하지만, 사상의 힘은 강하다. 우리가 이 어렵고 힘든 세상을 참고 살아갈 수가 있는 것은 이 '사상가라는 이름'의 '수호신'이 있기 때문이다.

나의 꿈은 우리 한국인들을 '사상가와 예술가의 민족'(고급문화인)으로 육성하는 것이었고, 따라서 이 '행복론'을 우리 한국인들에게 헌정할 수가 있게 되었다.

나는 대한민국의 역사상, 최초로, 낙천주의 사상을 정립했고, 우리 한국인들을 '사상가와 예술가의 민족'으로 인도할 수 있는 힘을 갖고 있다.

나의 『행복의 깊이』에는 천재생산의 교수법이 들어 있고, 우리 한국인들을 입시지옥으로부터 해방시켜 줄 수 있는 비법이 들어 있다.

나의 『행복의 깊이』에는 우리 한국인들이 고급문화인이 될 수 있는 비법이 들어 있고, 모든 인간들이 아름답고 행복한 삶을 살 수 있는 비법이 들어 있다.

초, 중, 고등학교의 모든 교과과정은 하루바삐 '독서중심의 글쓰기 교육'으로 바뀌지 않으면 안 된다. 모든 초, 중, 고등학교의 교과과정은 대학에서 최고급의 논문, 즉, 사상과 이론을 정립하기 위한 예비교육과정에 지나지 않는다.

사상만이 고귀하고 사상만이 영원하다.

나는 지난 20년 동안, 얼굴도, 이름도 없는 인간으로 살아왔고, 또, 살아가고 있다.

한국사회에서 내 얼굴을 아는 척 하는 자, 내 이름을 언급하는 자도 곧바로 금기의 인물이 될 수밖에 없다.

이것이 '아버지 살해자', 즉, '신성모독자의 운명'인 것이다.

내가 연출해낸 '도서출판 지혜'에서 이 『행복의 깊이』를 출간하게 되어서 정말 기쁘다.

나는 늙고 쇠약해 가고 있지만, 이 『행복의 깊이』는 영원불멸의 삶을 살아가기를 바란다.

2012년 1월 '愛知의 숲'을 거닐면서…

『행복의 깊이』는 나의 눈물, 나의 피와 땀, 그러나 이 『행복의 깊이』는 나의 사상의 신전의 가장 아름답고 풍요로우며, 또한 그만큼 비옥한 텃밭이다.

우리 인간들의 '삶의 양식'과 '삶의 의지'가 자라나고, 우리 인간들의 행복한 '삶의 세목들'이 자라난다.

大철학예술가인 시간이 오늘도 무릎을 꿇고 무한히 예배를 드리고 있는 곳—.

시간은 영원한 시간이고 그 도취의 밀도는 무한히 황홀하고 경건하기만 하다.

나는 死神의 맏형님, 나는 그 死神에게 나의 사상의 신전에는 머리카락 한 올도 드러내지 않도록 명령을 내려둔 바가 있다.

나는 너희들에게 가장 아름답고 멋진 삶과 가장 아름답고 멋진 죽음을 권한다.

아아, 낙천주의 사상이여!

아아, 행복의 깊이여!

사색인의 십계명

제1계: 깊이 있게 배운다;

우리는 타인의 말과 타인의 사유와 함께, 오래 오래 살아볼 필요가 있다.

內面化의 오랜 과정—.

우리에게 필요한 것은 앎에 의한 제이의 천성이지, 앎 이전의 제일의 천성이 아니다.

제2계: 잘 질문한다;

외디프스가 그의 수수께끼를 풀었을 때에도 스핑크스는 자살을 할 수밖에 없었고, 오딧세우스가 그녀의 노래 소리를 들었을 때에도 사이렌은 자살을 할 수밖에 없었다.

우리에게는 영웅적인 용기와 匕首가 필요하다.

모든 진리는 시간과 장소에 의해서 규정되는 잠정적인 진리에 불과하다.

우리 학자님들, 그대들은 왜 노벨상을 타지 못하고, 한국문학 이론을 정립하지 못하는 즐거움만을 만끽하고 계시는지요? 도대체가 아무런 명명의 힘도 없는 그대들이 한국 사회의 파산 상태의 주범들이 아니시던가요?

제3계: 神의 권위도 인정하지 말라;

신은 우리 인간들에게 무조건의 예배와 복종을 강요하지만, 나는 그가 발기부전증의 환자라고 생각한다. 하나님은 동정녀 마리아와의 간통으로 예수를 얻었지만, 바로 그때, 치명적인 매독으로 성 기능의 장애를 입었다는 것을 우리 신성모독자들은 누구나 잘 알고 있다.

예수 이후, 하나님이 아들을 얻었다는 증거는 그 어디에도 없다.

神正論은 우리 인간들을 개나 돼지처럼 학대하는 관점에 불과하다.

제4계: 사상의 신전을 짓고 모든 사람들을 초대하라;

우리는 자기 자신을 세계의 중심에 놓을 필요가 있다.

나는 낙천주의자로서 '세계는 나의 범죄의 표상이다'라고 역설한 바가 있다. 이 말은 나의 범죄 행위가 있고, 그 다음에 세계가 있다라는 뜻이다.

創字에는 칼 도刀字가 들어 있다.

나의 사상의 신전, 낙천주의 속에는 우리 인간들의 꿈과 행복이 들어 있고, 언제나 행운의 여신이 미소를 짓고 있다.

제5계: 최고급의 인식의 제전을 펼쳐 보아라;

넓고 깊은 바다에는 모든 강물들이 다 흘러 들어오고 있다.

오늘도 파도와 파도가 부서지고 있다.

모든 물고기들은 '논쟁의 문화'를 향유하고 있다.

장미 같은 지식, 언제나 충직한 개 같은 지식, 화류계 여자 같은 지식, 기생오래비 같은 지식, 사이비 학자 같은 지식, 일본 병정이나 독일 병정 같은 지식, 유태인이나 중국인 같이 돈만 아는 지식, 단 하나의 진리만을 선호하는 기독교인이나 공산주의자 같은 지식, 공공복리와 애국심만을 떠들어 대는 지식, 언제나 인간이라는 종의 건강을 위해서 고군분투하고 있는 지식 등—.

우리들이 진정으로 소망하고 있는 최고급의 인식의 제전의 전사는 부분을 전체와 관련시켜 이해하고, 전체를 부분과 관련시켜 볼 줄 아는 깊이 있고 종합적인 시야를 확보한 지식인일 수밖에 없다.

제6계: 언제나 '실패의 여신'께 감사의 기도를 드려라;

우리는 실패를 할 때마다 더욱더 독수리처럼 자유롭게 날아다닌다.

제7계: 역사의 감각이 마비되지 않도록 조심하고 또 조심하라;

세목의 진정성 이외에도 전형적인 상황에서의 전형적인 인물의 창조—.

마르크스와 엥겔스의 말대로, 리얼리티, 혹은 역사의 감각이 마비되면 우리 인간들의 삶과는 무관한 뜬구름 속의 이야기가 되거나 언제나 부재하는 신들의 이야기가 될 것이다.

우리 사색인들의 지식은 언제나 땅 속 깊이 뿌리를 박고 하늘 높이 그 줄기를 뻗어가야 하며, 수많은 가지와 무성한 잎들로 넓게 넓게 퍼져 나가지 않으면 안 된다. 마치, 이그드라실 나무처럼—.

제8계: 언제나 낙천적이어야 한다;

고통도 두렵지가 않고 불행도 두렵지가 않다.

이 세상의 어중이 떠중이들, 혹은 의지박약한 자들만이 고통과 불행을 두려워 한다.

모든 시와 신화와 종교는 낙천주의를 양식화시킨 것이다.

제9계: 더욱더 강력한 적을 찾아 나서라;

나는 오늘도 나를 더욱더 호된 채찍질로 궁지에 몰아넣고 있다.

내가 존경하고 사랑하는 호머, 괴테, 셰익스피어, 니체, 쇼펜하우어, 부처, 예수……,

나는 언제나 더욱더 강력한 적들을 발견하고 최고의 행복을 느낀다.

제10계: 언제나 성실하게 생활을 하라;

우리 한국인들은 어떤 말을 해도 알아 듣지 못하고, 또 그것을 실천해낼 능력도 없다.

만인 대 일인의 싸움—,

무지몽매한 한국인들과 철학자와의 싸움—,

나는 오직, 고립무원의 단 한 사람의 성실성을 믿을 수밖에 없다.

— 제2장 「산책에 대하여」에서

이 책은 2000년 국학자료원에서 『어느 철학자의 행복』으로 출간되었던 것이지만, 약간의 수정과 보완을 거쳐서, 애초에 내가 의도하고 기획했던 대로 『행복의 깊이』 제3권으로 다시 출간을 하게 되었다.
아아, 나는 행복하고, 또 행복하다.

2006년 3월 1일 아침
'서양의 사상과 이론'으로부터 '대한독립만세'를 부르짖으면서
그리고, 또다시,
'愛知의 숲'을 거닐면서—.

|차례|

일러두기

참고문헌은 각 장의 말미에 표기했으며, 본문 중 인용문 표기는 (1: 23)으로 표기했다.

(1: 23)은 1권의 책 23면을 말한다.

제1장 독서에 대하여

소비를 통해서 자기 자신의 존재의 근거를 확보해 나간다는 것이 소비 사회의 이데올로기라면, 머릿속을 텅 비게 하는 쾌락 추구를 통해서 자기 자신의 행복을 찾을 수가 있다는 것이 대중문화의 이데올로기라고 하지 않을 수가 없다. 따라서 더 많이, 더 빨리, 더욱더 탐욕스럽게 소비를 하는 것이 미덕이 되던 시절도 있었고, 다른 한편, 더 많이, 더 빨리, 더욱더 요염하게 자극적으로 퇴폐적인 쾌락을 추구하던 시절도 있었다. 하지만, 어느덧 소비 사회의 이데올로기와 대중문화의 이데올로기들이 잠잠해지고, 그 현란했던 목소리와 몸짓들을 죽여가고 있는 것처럼도 보인다. 나는 소비 사회의 이데올로기와 대중문화의 이데올로기 속에서 매우 날카롭고 신경질적인 반응을 보일 수밖에 없었지만, 이제는 오히려 그것들의 현란했던 목소리와 몸짓들이 그리워지고 있기도 하다. 이러한 날카롭고 신경질적인 반응으로부터 그리움으로의 변모는, 그러나 소비 사회의 이데올로기와 대중문화의 이데올로기에 대한 사상과 이념과 취향의 변모 때문이 아니다. 그것은 어디까지나 IMF 사태로 지칭되는 한국 사회의 위기의 반영일 뿐이며, 보다 풍요롭고 행복한 사회에 대한 열망 때문이라고 해도 틀림이 없다. 진정으로 한국 사회가 풍요롭고 행복했던 사회일 수는 없었지만, 이제 보다 풍요롭고 행복했던 사회에서 모든 것이 부족하고 풍요롭지 못한 사회를 살아갈 수밖에 없는 것이 우리 한국인들의 운명일는지도 모른다. 한국 사회의 위기의 본질은 여러 가지 사정과 그 요인들이 중층적으로 겹쳐져 있겠지만, 기초 과학의 튼튼한 토대가 없는 경제 성적표가 IMF 사태를 초래한 것처럼, 서구의 사상과 이론만을 제멋대로, 무자비하게 베껴 먹었기 때문일는지도 모른다. 기초 과학의 튼튼한 토대가 없는 학문이 경제의 IMF 사태를 초래했고, 서구의 사상과 이론만을 제멋대로 무자비하게 베껴먹은 학문이 정신의 IMF 사태를 초래했다. 한국 사회의 위기의 본질은 이처럼 앎의 투쟁에서 처절하게 패배했기 때문이며, 이러한 위기의 징후를 발견하지도 못한 채, 호화사치와 방탕한 생활을 모두들 다 같이 즐겼기 때문이다. 물리, 수학, 화학 등의 기초 과학도 국제경쟁력이라고는 하나도 없고, 문학, 역사, 철학 등의 인문 과학도 국제경쟁력이라고는 하나도 없다. 뿐만 아니라, 부정 부패와 사기를 일삼고, 쓰레기 불법투기는 물론, 기초 생활 질서를 제멋대로 무시하는 한국인의 의식 수준도 국제경쟁력이라고는 하나도 없는 것이다. 우리 학자들이 한국 사회의 파산 상태의 주범이며, 우리 한국인들이 그 공범들인 것이다. 우리가 우리 후손들에게 진정으로 부끄럽지 않고 자랑스러운 문화유산을 물려 주어야 한다면, 모두들 다 같이 뼈를 깎는듯한 반성과 함께 속죄자의 길을 걸어가지 않으면 안 된다.

단추를 채워보니 알겠다
세상이 잘 채워지지 않는다는 걸
단추를 채우는 일이
단추만의 일이 아니라는 걸

단추를 채워보니 알겠다
잘못 채운 첫단추, 첫연애, 첫결혼, 첫실패
누구에겐가 잘못하고
절하는 밤
잘못 채운 단추가
잘못을 깨운다
그래, 그래 산다는 건
옷에 매달린 단추의 구멍찾기 같은 것이야
단추를 채워보니 알겠다
단추도 잘못 채워지기 쉽다는 걸
옷 한벌 입기도 힘들다는 걸
— 천양희, 「단추를 채우면서」 전문

천양희의 「단추를 채우면서」라는 시를 우의적으로 읽으면 한국 사회의 위기의 본질이 무엇이며, 그 위기의 책임이 어디에 있는가를 가장 명확하게 알 수가 있다. 한국 사회의 위기의 본질은 기초 교육이 잘못되어 있다는 데 있을 수밖에 없고, 그 위기의 책임은 잘못된 교육을 받고 잘못된 삶을 살아온 우리 한국인들에게 있을 수밖에 없다. 첫 단추를 잘못 채웠다는 것은 기초 교육이 잘못되었다는 것을 말하고, 기초 교육이 잘못되었다는 것은 주입식 교육의 폐해 속에서 도대체가 독창성이라고는 그 어디에도 없다는 것을 말한다. 독창성이 있다는 것은 살아 있는 교육을 배웠다는 것을 말하고, 독창성이 없다는 것은 죽어 있는 교육을 배웠다는 것을 말한다. 이처럼 살아 있는 교육이 아닌, 죽어 있는 교육을 배운 한국인들이 첫 단추를 잘 채우고, 첫 연애, 첫 결혼은 물론, 행복한 인생을 살아갈 수는 없는 것이다. "첫 단추, 첫 연애, 첫 결혼"의 실패를 뼈저리게 인식하면서도 그 책임을 타인에게 전가하지 않는 것이 천양희 시인의 장점이듯이, 우리 한국인들

역시도 "누군에겐가 잘못하고/ 절하는 밤/ 잘못 채운 단추가/ 잘못을 깨운다"라는 속죄자의 길을 걸어가지 않으면 안 된다. 바로 그럴 수 있을 때, 우리 한국인들은 초, 중, 고등학교의 어린 학생들에게 하나의 모범답안이 아닌, 살아 있는 독서 교육을 가르치게 될 것이고, 가까운 미래에 세계 속의 선진 국민이 될 수 있는 길을 확보하게 될 것이다. 하나의 모범답안만이 있는 교육은 죽어 있는 교육이며, 학생들 스스로가 독창적인 해답을 찾아낼 수 있는 교육만이 살아 있는 교육이다. 나는 초등학교밖에 졸업하지 못했고 아무런 기득권도 없는 사람이긴 하지만, 어쨌든 한 사람의 학자인 만큼 그 죄의식에서 자유롭지가 못하다. 나는 뼈를 깎는듯한 반성과 참회의 심정으로, 대학도서관의 책들과 나의 책들이 음산하고 불길한 대화를 나누느냐, 아니면 밝고 생기 있는 대화를 나누느냐가 그가 속한 사회와 민족의 운명이 걸린 문제라고 생각하지 않을 수가 없었다. 책을 읽지 않는 민족은 사색하지 않는 민족이며, 사색하지 않는 민족은 생존경쟁이라는 세계의 무대에서 소외되거나 소멸해 갈 수밖에 없다. 일본, 미국, 프랑스, 독일, 영국 등, 모든 선진국들에서는 독서 생활이 문화적으로 습관화되어 있지만, 한국 사회에서는 독서 생활이 문화적으로 습관화되어 있기는커녕, 오히려 경시되고 무시되고 있다고 해도 과언이 아니다.

> 나를
> 한번이라도 본 사람은 모두
> 나를 떠나갔다, 나의 영혼은
> 검은 페이지가 대부분이다, 그러니 누가 나를
> 펼쳐볼 것인가
> — 기형도, 「오래된 書籍」에서

한국 사회에서는 어느 누구보다도 독서를 사랑하고 앎을 육화시켜 나갔던 시인, 하지만 너무도 일찍 절망을 하고 그 절망의 벼랑 끝에서 요절해 갔던 시인의 「오래된 書籍」이 아니더라도, 한국 사회에서는 대학도서관의 책들과 나의 책들이 밝고 생기 있는 대화를 나누고 있기는커녕, 음산하고 불길한 대화만을 나누고 있는 실정이라고 하지 않을 수가 없다. 독서하지 않고 어떻게 사색을 할 수가 있으며, 사색하지 않고 어떻게 세계적인 앎의 투쟁의 무대에서 살아 남을 수가 있겠는가? 한국 사회의 위기를 타개하는 가장 근본적인 방법은 이제부터라도 책을 읽고, 사색하는 습관을 배양하는 길일 뿐이라고 생각된다. 책은 우리 인간들에게 자기 자신과 인생을 재발견하게 해주는 안내자가 되어주기도 하고, 아름답고 풍요로운 삶, 즉, 문명과 문화를 창조할 수 있는 자극제가 되어주기도 한다. 책은 지혜의 요술단지이며, 인생의 어머니이다. 염세주의자는 이 세상을 비방하고 증오하고 헐뜯기에 앞서서 이 세상을 찬양하고 긍정하는 방법부터 배우지 않으면 안 된다.

그렇다면 어떠한 책들을 읽고 어떻게 책을 읽어야 할 것인가? 쇼펜하우어는 "일찍이 생존했던 모든 철학자, 즉 타인의 견해를 해석하고 그것을 제공해준 사람들이 아니라 자기 자신의 생각을 짜낸 사람들의 책"을 읽으라고 말한 바가 있고(1: 27)*, 니체는 "나는 항상 똑같은 책에서 마음의 안식을 구하는데, 그것은 소수의 책이다. 그 책들은 나에게 가장 어울리는 책으로 증명된 책이다. 잡다하게 이 책, 저 책을 다 독하는 것은 나의 독서 방법이 못된다. 새 책에 대한 경계심, 심지어 적대감을 가지는 것이 다른 '인내', '아량', 또 '이웃 사랑'보다 나의 본능에 잘 어울리는 것 같다"라고, 말한 바가 있다(2: 218). 잡다하게 이 책, 저 책을 읽지 말고 자기 자신의 생각을 짜낸 사람들의 책을 읽으라는 것, 항상 새로운 책에 대한 경계심을 갖고 자기 마음에 드는 책을 여러 번 되풀이 읽으라는 것—, 이러한 쇼펜하우어와 니체의 말을 종합하여 검토해볼 때, 그것은 "고전을 열심히 읽으라/ 참으로 고전다

* (1: 27)은 1의 책 27면을 말한다.

운 고전을 열심히 읽으라"는 독일의 문예비평가인 슐레겔의 견해와도 일치한다고 하지 않을 수가 없다. 고전은 시대를 초월해서 살아 있는 책이며, 그 저자만의 독특한 사상이 완성되어 있는 책이다. 고전을 읽는다는 것은 『그리스 로마 신화』, 『성경』, 『불경』, 『희랍비극』, 『희랍희극』, 셰익스피어, 괴테, 단테, 『일리어드』, 『오딧세우스』, 발자크, 톨스토이, 제임스 조이스, 토마스 만, 플라톤, 아리스토텔레스, 스피노자, 칸트, 헤겔, 쇼펜하우어, 니체, 마르크스, 프로이트 등의 세계적인 대작가와 대 사상가들의 책을 읽는다는 것을 뜻하며, 그들이 주도 면밀하게 전개한 사상을 배우고, 한 걸음 더 나아가 역사 철학적인 문맥 속에서 자기 자신만의 사상을 전개시켜 나간다는 것을 뜻한다. 예컨대, 니체가 『이 사람을 보라』의 서문에서,

> 무화과 열매가 나무에서 떨어지고 있다. 그 열매의 달콤함, 그리고 향기로움이란! 그 열매가 떨어지면 붉은 껍질은 터진다.
>
> 나는 무르익은 무화과 열매를 떨어뜨리는 북풍일지니.
>
> 그러하니 무화과 열매처럼, 나의 가르침이 너희들에게 떨어지리라. 나의 벗이여, 그것의 즙과 그것의 향기로운 살을 먹어 보아라. 맑은 하늘 어느 오후에, 그것이 우리 곁에 떨어지고 있다(2: 192).

라고, 절규를 할 때, 우리는 그의 책이 위대한 고전의 전통 속에서 탄생되었음을 알 수가 있게 된다.

니체의 자기 과시적인 현학과 그 오만방자함에 거부감을 느끼는 사람은 그의 책을 읽지 않아도 되고, 더군다나 그의 가르침 따위를 배우지 않아도 된다. 하지만 그는, 바로 그것이, 천재의 징표임을 이해하지 못하는 우를 범하고, 인류의 역사상, 가장 위대한 철학자의 저서를 외면하는 과오를 범하게 될 것이다. 우리는 이처럼 자신만만하고 당당한 천재들이 있었기 때문에 불후의 고전들을 문화유산으로 물려

받고 있는 것이며, 그들의 사상의 즙과 향기로운 살을 먹으면서 살아가고 있는 것이다. 책을 읽는다는 것은 일차적으로 타인의 말과 사유에 깊이 있게 공감하고 그 공감을 통하여 새로운 것을 깨달을 수가 있다는 것을 뜻한다. 고전이란 수천 년, 혹은 수백 년의 역사를 통하여 모든 인류의 심금을 울려 왔기 때문에, 어떠한 비판이나 비난에도 불구하고 그 존재의 의의를 상실하지 않는 책을 말한다. 이러한 고전들의 공통점은 다양한 해석만이 있을 뿐이지, 그 정답이 없는데, 왜냐하면 우리 인간들의 인생이 마치, 풀어도 풀어도 풀리지 않는 수수께끼와도 같기 때문이다. 또한 이러한 고전의 공통점은 한두 번 읽고 그칠 수 있는 성격의 책이 아니라, 수없이 되풀이 읽고 또 읽어야 하는데, 왜냐하면 등장인물의 성격이나 사건의 전개 과정도 다양하고 매우 복잡하고 정교하게 얽혀 있기 때문이다. 등장인물의 성격이 저마다 독특하고 사건의 전개 과정이 매우 복잡하고 정교하다는 것은 우리 인간들의 삶의 상징적 축도로서 그만큼 흥미가 진진하다는 것을 뜻한다. 「햄릿」이나 「일리어드」나 「오딧세우스」가 그 좋은 예에 해당된다. 왜 햄릿은 아버지의 망령이 부과한 복수를 이행하지 못하고 차일피일 미루고 있었던 것일까? 니체는 그의 『비극의 탄생』에서 "무서운 진리에의 통찰이 행동을 유발시키는 모든 동기를 말소시켜 버린다"라고 해석한 바가 있고, 프로이트는 외디프스적인 욕망의 삼각 관계 속에서 창백한 지식인의 전형으로서 햄릿을 묘사해낸 바가 있다. 무서운 진리에의 통찰을 니체의 권력의 의지에 비추어 해석해 볼 때, 우리는 그것이 아버지—왕을 살해하고 그 왕의 지위를 차지하고 싶다는 욕망이라는 사실을 알 수가 있다. 또한 프로이트의 성적 욕망에 비추어 햄릿을 살펴 볼 때, 우리는 그것이 아버지를 살해하고 어머니와 동침하려는 욕망임을 알 수가 있다. 니체의 입장에서 햄릿의 숙부는 권력 욕망을 성취한 인물이지만, 햄릿은 그 욕망을 실현하지 못한 인물에 불과하고, 프로이트의 입장에서 햄릿의 숙부는 성적 욕망을 성취한 인물이지만, 햄릿은 그렇지 못한 인물에 불과하다. 왜 햄릿은 아버지의 망령이 부과한 복수를 이행하지 못하고 차일피일 미루고 있었던 것일까? 그것은 두말할 것도 없이 숙부와 내가 동일한 욕망—그것이 권력 욕망이든, 성적 욕망이든 간에—을 꿈꾸고 있었기 때문이고, 우리 인간들의 삶과 존재 방식에 대한 근본적인 회의를 느꼈기 때문이다. 니체의 권력 욕망과 프로이트의 성적 욕망은 그들의 학문 분야와 세계관의 차이만큼이나 매우 다른 것이기는 하지만, 바로 그곳에서 하이데거와 사르트르를 비롯한 실존주의자들의 철학이 배태되었다고 해도 과언이 아니다. 나는 니체의 권력 욕망과 프로이트의 성적 욕망에도 공감을 하고 있고, 인간이 인간에게 늑대가 된다라는 실존주의자들의 목소리에도 공감을 하고 있다. 하지만 나는 돈, 명예, 권력 등, 그 모든 것이 비록, 무의미하고 부질 없는 것이라고 하더라도, 그것은 어디까지나 쓸데없는 염세주의자의 산물일 뿐이라고 생각한다. 햄릿은 오딧세우스와는 대척적인 인물이며, 어디까지나 창백한 지식인의 전형일 뿐이다. 그에게는 어떠한 삶의 목표도 있을 수가 없고, 어떠한 의미도 있을 수가 없다. 아마도 그에게는 니체의 권력 욕망이나 프로이트의 성적 욕망 이전에, 어떠한 위기도 대처할 수 있는 능력이 거세되어 있었던 것인지도 모른다. 이 세상은 오딧세우스와도 같이 수많은 불행, 곤경, 위험 앞에서도 두 눈 하나 껌뻑하지 않았던 인물들이 살아가기에 알맞은 곳이지, 햄릿과도 같이 우유부단하고 창백한 지식인이 살아갈 수 있는 곳이 아니다. 우리들은 위대한 고전들을 수없이 되풀이 읽고, 또 읽어야 하지만, 마침내 자기 자신만의 새로운 해석을 제시해 놓지 않으면 안 된다. 우리는 이것을 창조적인 독서라고 부른다.

1

절망한 자들은 대담해지는 법이다—니체

도마뱀의 짧은 다리가

날개 돋친 도마뱀을 태어나게 한다

(최승호, 「인식의 힘」, 『고슴도치의 마을』, (文學과知性社, 1985))

2

'절망한 자들은 대담해지는 법이다'라는 니체의 경구를 에피그라프로 하고 있는 최승호의 2행시는 臨濟의 喝(할)의 그것처럼 힘이 있다.

힘, 힘, 인식의 힘!

"사자가 한번 부르짖으니,

여우의 머리골이 찢어지도다."

이건 『西翁演義 臨濟錄』(東西文化社, 1974) 중의 「到明化」에 대한 서옹 스님의 '着語'이다

— 박남철, 「인식의 힘」 전문

박남철의 「인식의 힘」은 최승호의 「인식의 힘」에 대한 패로디이면서도, 그것을 넘어서서 새롭게 변용시킨 창조적인 패로디의 수일한 예에 해당된다고 하지 않을 수가 없다. 절망한 자들은 대담해 지는 법이다라는 니체의 경구를 통해서, "도마뱀의 짧은 다리가/ 날개 돋친 도마뱀을 태어나게 한다"라는 것은 최승호의 「인식의 힘」이지만, 니체의 경구와 臨濟의 경구를 겹쳐 놓으면서, "사자가 한번 부르짖으니/ 여우의 머리골이 찢어지도다"라는 「인식의 힘」은 박남철의 시가 된다. 아니, 니체의 경구와 臨濟의 경구가 박남철의 「인식의 힘」으로 녹아들고, 전반부의 최승호의 시와 후반부의 박남철의 시가 그 「인식의 힘」으로 녹아든다. 거기에는 절망한 자의 자기 초극의 정신이 배어 있고, 자기를 초월한 자의 놀라운 힘의 위용이 또한, 펼쳐지고 있다. 진정으로 용기 있는 자는

햄릿과 반대 방향에서, 절망을 해야 될 때조차도 절망을 하지 않는 자를 말하고, 그 위기를 최선의 기회로 삼을 줄을 아는 자를 말한다. 또한 진정으로 용기 있는 자는 "날개 돋친 도마뱀으로" 자유롭게 살아가는 자를 말하고, 그 자유로운 존재론적 근거를 통해서 "사자가 한번 부르짖으니/ 여우의 머리골이 찢어지도다"에서처럼, 이 세계를 지배할 수 있는 자를 말한다. 최승호가 그 '인식의 힘'을 통하여 "날개 돋친 도마뱀"을 태어나게 했다면, 박남철은 그 '인식의 힘'을 통하여 날개 돋친 도마뱀을 사자로 변용시키고, 백수의 왕인 사자의 위용을 유감없이 드러냈다고 해도 틀림이 없다. 박남철의 「인식의 힘」을 피상적으로 읽을 때, 거기에는 니체, 臨濟, 최승호의 사유만이 있을 뿐, 그의 사유는 그 어디에도 찾아볼 수가 없는 시라고 생각할는지도 모른다. 그러나 그것은 어디까지나 피상적인 독서일 뿐, 니체와 臨濟의 사유를 대비시키고 최승호의 사유와 자기 자신의 사유를 대비시키면서, 「인식의 힘」의 공간을 아름답고 풍요롭게 변용시킨 그의 독창성을 보지 못한 것에 지나지 않는다. 절망한 자들은 대담해 지는 법을 알고 있는 자들이고, 그들은 날개 돋친 도마뱀을 태어나게 하는 자들이다. 그들은 날개 돋친 도마뱀처럼 자유로운 자들이고, 백수의 왕인 사자처럼 이 세계를 지배하는 자들이다. 박남철의 「인식의 힘」은 그의 앎에의 의지에서 비롯되기도 하고, 권력의 의지에서 비롯되기도 한다. 앎과 권력의 상관 관계를 분명히 인식하고 이 세계를 지배할 수 있는 자는 백수의 왕인 사자일 수밖에 없다는 것—, 이것이 박남철의 시적 전언이라고 하지 않을 수가 없다.

박남철은 이러한 「인식의 힘」을 쓰기 위하여 니체를 읽고, 臨濟錄을 읽고, 최승호의 시들을 읽는다. 그는 이러한 책들을 머리맡에 두고 走馬看山格으로 읽는 것이 아니라, 자다가도 읽고, 잠들기 전에도 읽고, 깨어나서도 또 읽는다. 그 읽기가 되풀이 되고 극단화될 때는, 아마도 그는 그것을 되풀이 베껴보고, 또 베껴보고 있는 것인지도 모른다. 박남철은 이러한 읽기의 힘, 혹은 창조적인 독서의 힘을 통하여 여러 시인들과 철학자들의 사유를 종합하고, 자기 자신만의 사유를 새롭게 펼쳐보인다. 박남철이 한국시문학사상, 최초로 새롭게 펼쳐 보이고 있는 '메타 시', 혹은 '비평시'는 자기가 속한 역사 철학적인 문맥을 아는 최선의 방법이며, 창조적인 독서의 가장 모범적인 예라고 하지 않을 수가 없다. 김명수의 「檢車員」에 대한 시에서처럼, 그의 시집을 머리맡에 두고, 읽고 또 읽으며, 시의 原音을 듣고자 했던 시인, 감태준의 『몸바뀐 사람들』을 머리맡에 두고, 읽고 또 읽으며, "구부러진 못 하나에도 집이 보인다"라는 시구에 입을 맞추며 철거민들과 함께, 눈물을 흘려야만 했던 시인, 그는 쇼펜하우어와 니체와 바슐라르와도 같이 느릿느릿 책읽기의 대가이며, 행복한 책읽기의 대가이다. 나는 박남철의 비평시집, 『龍의 모습으로』(청하, 1990)를 읽으면서, 김수영 이후, 한국에는 단 하나의 시인 '박남철'이 있을 뿐이다라고 생각하지 않을 수가 없었다. 그렇다. 독서만이 그대의 무지를 일깨워 주고, 독서만이 그대의 발걸음을 가볍게 해준다. 독서만이 그대에게 용기와 희망을 가져다 주고, 독서만이 어떠한 미로와 함정—그것이 남북분단이든, IMF 사태이든지 간에—마저도 극복할 수 있게 해준다. 독서만이 날개 달린 천사의 옷을 입혀 줄 수가 있고, 독서만이 우리 인간들의 불완전한 한계를 극복하고, 전지전능하신 신이 되어주게 해준다. 아아, 무식하고, 또 무식한 우리 한국인들이여, 이제는 제발 책을 읽는 방법부터 배워라!

우리 인간들의 삶은 해답이 없는 삶이며, 성공과 실패, 승리와 패배가 겹쳐져 있는 삶이다. 성공이 있기 때문에 실패가 있고, 실패가 있기 때문에 성공도 있다. 승리가 있기 때문에 패배도 있고, 패배가 있기 때문에 승리도 있다. 언제, 어디서나 성공과 승리만이 보장된다면, 그것처럼 무의미하고 권태로운 삶도 없을 것이다. 한두 번 책읽기로 모든 것이 다 해결된다면 그것은 위대한 고전이 될 수가 없다. 『코란』을 7만 번이나 읽었다는 어느 이슬람교 박사의 말도 있지만, 나는 내가 좋아하는 책들과 존경하는 철학자의 책들을 수십 번씩, 수백 번씩 되풀이 읽고 그것을 베껴 본 좋은 경험을 간직하고 있다. 모세는 이집트에서 노예 생활을 하고 있는 이스라엘 민족들을 발견하였고, 마호메트 역시도 뿔뿔이 흩어져 쓸데없는 우상숭배에 시달리고 있는 아랍 민족들의 삶을 발견하였다. 자기 민족이나 백성들의 삶을 발견해야만 위대한 지도자라고 할 수가 있듯이, 위대한 철학자는 자기 자신만의 비평방법과 문학 이론을 정립하지 않으면 안 된다. 나는 '주제비평의 부재', '철학의 빈곤 아닌 부재현상', '독창적인 비평방법론의 부재현상' 등, '제3세계의 문화적 풍토병'과 '비평의 만장일치제도'에 신음하고 있는 한국문학을 발견하였다. 따라서 지적으로 세련되고 노련한 名醫가 암적인 종양을 제거하듯이, 한국문학의 인식론적 장애물들을 제거하지 않으면 안 되었다. 아무도 인정을 하지 않고, 또 인정을 해줄 수도 없겠지만, 『행복의 깊이』와 『한국문학비평의 혁명』은 매우 호전적이고 전투적인 정신의 소산이며, 나는 그것을 통해서 한국인 최초로 문학이론의 정립과 낙천주의의 철학을 전개할 수가 있었다. 앞으로 한국문학의 현대성의 기점은 그 두 권의 저서가 되어야 할 것이고, 그렇지 않을 때, 우리 한국인들의 미래는 없게 될 것이다. 나는 스스로, 자발적으로, 우리 한국인들의 미래의 희망이라는 무거운 짐을 짊어질 수밖에 없었다.

우리 인간들은 음식물을 통해서 육체적으로 살고, 독서를 통해서 자양분을 흡수하며 정신적으로 살아간다. 전자는 모든 동식물들의 공통점이지만, 후자는 사색할 줄 아는 우리 인간들의 특성에 해당된다. 우리는 독서를 통하여 새로운 사상을 완성하고 이 세계를 제멋대로 손질을 할 수 있는 특권을 향유하게 되었다. 이 사색인의 권리, 만물의 영장으로서의 특권을 향유하려면 『그리스 로마 신화』에서 지적인 쾌감을 맛보아야 하고, 호머, 소포클레스, 아이스퀼로스, 에우리피데스, 아리스토파네스, 셰익스피어, 괴테, 플라톤, 아리스토텔레스,

스피노자, 쇼펜하우어, 니체 등으로부터 그 아름답고 신성한 숲의 향기를 맡아보지 않으면 안 된다. 고전은 우리 인간들의 삶의 터전이자 영원한 휴식처이기도 한 것이다. 토마스 칼라일에 따르면 이러한 고전들은 우리 인간들만이 선택받은 소유물이라고 하지 않을 수가 없다. 금속활자를 최초로 발견하고 한글의 우수성이 뛰어나다고는 하지만, 그것은 어디까지나 출판 과정의 도구일 뿐, 책 그 자체를 대체할 수는 없다. 책들 속에는 우리 인간들의 사유와 행동, 성격과 취향, 전통과 문화유산, 풍습과 도덕, 사회 질서와 법과 제도 등, 그 모든 것이 요술단지처럼 보존되어 있는 것이다. 이제 우리 한국인들은 영국의 세익스피어, 이탈리아의 단테, 그리스의 호머, 독일의 괴테처럼, 말하고, 읽고, 쓰는 법을 배우지 않으면 안 된다. 모든 것을 다 말하고 있으면서도 아무 것도 말을 하지 못하고 있는 우리 한국인들, 수많은 책들을 다 읽고 있으면서도 아무 것도 읽지 못하고 있는 우리 한국인들, 부지런히 쓰고 또 쓰고 있으면서도 아무 것도 쓰지 못하고 있는 우리 한국인들, 이제 우리 한국인들은 문화 이전의 야만의 상태에서 벗어나 어느 누구도, 시간도, 우연도 폐위시킬 수 없는 대작가들을 배출해 내지 않으면 안 된다. 대작가들은 영원불멸의 삶을 살아가는 황제이며, 우리 인간들의 보편적이고도 객관적인 전범(人神)들이라고 하지 않을 수가 없다.

나는 플라톤, 아리스토텔레스, 스피노자, 칸트, 쇼펜하우어, 니체 등 수많은 철학자들이 왜 결혼을 하지 않고 살아 갔는지, 그 이점들을 너무나도 뼈저리게 느끼고 있다. 처자식을 거느리지 않고 살아가면 자기가 하고 싶은 일에 무서울 정도로 정신을 집중시킬 수가 있지만, 결혼을 하게 되면 여기 저기 군살이 더럭더럭 붙은 퇴물 권투선수처럼, 그럴 수가 없다. 아이들의 병과 교육 문제, 야외놀이와 영화구경, 장인 장모의 생신, 아내의 투정과 잦은 말다툼, 허례허식 투성이인 관혼상제 따위 등이 바로 그것이라고 할 수가 있다. 서양의 철학자들은 모든 사사로운 인간 관계와 우리 인간들의 성적 욕망마저도 억제를 하고 학문을 위하여 출가를 했지만, 나는 아내의 덕을 보고 그 덕 가운데서 공부를 하기 위해 결혼을 했다. 이것이 억지 춘향이와도 같은 기구한 나의 인생인 것이다. 나는 결혼을 한 것을 너무나도 뼈저리게 후회하고 있고, 그에 대한 반작용으로서 어쨌든 죽자사자 학문에만 매달리고 있는 것인지도 모른다. "죽느냐/ 사느냐, 이것이 문제로다!"라는 화두는 어디까지나 햄릿의 문제일 뿐, 나의 심금을 울리지는 못한다. 나는 하루에도 수없이 "내가 인류의 역사상 가장 위대한 스승이 될 수 있느냐/ 없느냐! 이것이 문제로다"라고 되풀이 외쳐보고 있을 뿐이다. 아이들의 병, 학교, 야유회를 나는 모르고, 장인 장모의 생신이나 아내의 투정 따위를 나는 모른다. 진정으로 학문을 위해 출가를 할 수밖에 없었던 위대한 스승들을 떠올려 보면서 나는 나의 일과표를 소개해 보고자 한다.

아침 06:00시 기상; 06:00시부터 08:00시까지 공부(2시간); 08:00시부터 09:00시까지 아침 식사; 09:00시부터 12:00시까지 공부(3시간);

12:00시부터 14:00시까지 산책, 점심식사, 오침; 14:00시부터 17:00시까지 공부(3시간); 17:00시부터 19:00시까지 오후 산책 및 저녁 식사

19:00시부터 21:00시까지 공부(2시간). 총 10시간 공부.

예전에는 하루에 열두 시간씩, 열네 시간씩, 밥 먹는 시간과 화장실 가는 시간까지도 아까워하면서 공부를 한 적도 있었지만, 요즈음에는 도저히 그렇게 하지를 못한다. 여러 가지 사정과 요인이 있을 수도 있겠지만, 나이가 들면서 제일 문제점인 것은 역시 체력일 수밖에 없다. 하루에 열 시간씩 공부를 한다는 이 일과표 역시도 제대로 이행하지 못할 때가 많고, 술을 마시거나 등산을 하고 그밖의 잡다한 사건들에 소비된 시간들을 제한다고 하더라도 하루에 평균 5~6시간씩은 꼬박

꼬박 공부를 하는 셈이 된다. I.Q가 200이라도 둔재가 있는가 하면, I.Q가 120이라도 천재가 있다. 천재의 길은 I.Q의 높고 낮음의 문제가 아니라, 어느 분야를 막론하고 삶의 투신에의 문제이다. 이러한 투신은 모험이라고 부를 수가 있으며, 그 모험의 위험성만큼이나 열정의 강도가 그 천재성을 뒷받침해 준다. 이러한 자기 헌신과 자기 희생의 노력 없이는 어느 누구도 천재의 삶을 살아갈 수가 없다. 독자 여러분들을 위해서, 아니, 독서를 할 줄 모르고 공부를 할 줄을 모르는 우리 한국인들을 위해서, 내가 공개해야 될 또 하나의, 나의 재산목록 1호가 있다. 나는, 틈틈이, 내가 읽고 좋아하는 책들을 자그만 수첩에 필사해 두는 좋은 습관을 간직하고 있는 것이다.

1, 아리스토텔레스, 『니코마코스 윤리학』; 2, 니체, 『우상의 황혼』; 3, 니체, 『비극의 탄생』; 4, 니체, 『즐거운 지식』; 5, 니체, 『서광』; 6, 니체, 『선악을 넘어서』; 7, 니체, 『인간적인 너무나 인간적인』; 8, 니체, 『이 사람을 보라』; 9, 니체, 『반시대적 고찰』; 10, 니체, 『도덕의 계보』; 11, 『짜라투스트라는 이렇게 말했다』; 12, 크리스토퍼 라쉬, 『나르시시즘의 문화』; 13, 김현 편, 『수사학』; 14, 모리쇼 블랑쇼, 『문학의 공간』; 15, 질베르 뒤랑, 『상징적 상상력』; 16, 마르크스, 『자본론』 1, 2, 3 권; 17, 마르쿠제, 『일차원적 인간』; 18, 괴테, 『파우스트』; 19, 롤로 메이, 『창조와 용기』; 20, 마키아벨리, 『군주론』; 21, 쇼펜하우어, 『의지와 표상으로서의 세계』; 22, 미셸 푸코, 『지식의 고고학』; 23, 피터 버어거, 『사회학에의 초대』; 24, 미셸 푸코, 『감시와 처벌』; 25, 라키토프, 『컴퓨터 혁명의 철학』; 26, 바슐라르, 『몽상의 시학』; 27, 융, 『심리학』; 28, E. H. 카아, 『역사란 무엇인가』; 29, 칼 포퍼, 『열린 사회와 적들』; 30, N. 프라이, 『비평의 해부』; 31, 루카치, 『소설의 이론』, 32, 쿠르트 휘브너, 『신화의 진실』; 33, 장 보드리야르, 『소비의 사회』; 34, 신오현, 『자유와 비극—사르트르의 인간 존재론』; 35, E. 라이트, 『정신분석비평』, 36, 엘리아데, 『종교형태론』; 37, M. 토케어, 『탈무드』; 38, 스피노자, 『에티카』; 39, 들뢰즈/가타리, 『앙티 외디프스』; 40, 움베르트 에코, 『장미의

이름』; 41, 엘리아데, 『상징, 신성, 예술』; 42, 몽테뉴, 『수상록』; 43, 길희성 역, 『바가바드기타』; 44, 로제 카이와, 『놀이와 인간』; 45, 베르그송, 『사유와 운동』; 46, 플라톤, 『국가론』; 47, 플라톤, 『플라톤과의 대화』 등.

우리 한국인들의 나이로 마흔 다섯 살이나 된 지금, 하루 평균 다섯 시간 내지 여섯 시간을 공부를 한다는 것은 대단히 많은 시간이라고 생각한다. 공부를 하는 데 있어서 다섯 시간이나 여섯 시간이 중요한 것이 아니라, 얼마만큼 정신과 주의를 집중시킬 수 있느냐가 더 큰 문제라고 생각하지만, 어쨌든 나는 내가 좋아하는 학문을 위해서 그 모든 것을 생략하고 최선의 노력을 다 하고 있는 셈이 된다. 어떤 사람은 나의 일과표나 수첩목록을 보고 마치, 대학 입시를 준비 중인 수험생과도 같다고 비웃을는지도 모르고, 또 어떤 사람은 얼마나 머리가 둔하면 그처럼 빡빡한 일과표와 그처럼 무모한 짓을 되풀이 하겠느냐고 비웃을는지도 모른다. 그러나 나는 그들의 비웃음 따위는 전혀 의식조차도 하고 있지 않다. 이러한 수첩들이 나의 재산목록 1호가 된 것은 거기에는 수많은 시간과 학문에 대한 열정과 나의 성실성의 때가 거울과도 같이 맑고 반들반들하게 묻어 있기 때문이다. 이러한 수첩들 중 어느 하나만 있으면 시내버스가 한두 시간쯤 막혀버려도 좋고, 꼭 만나보고 싶던 사람이 한 두 시간쯤 늦게 나타나도 문제가 없다. 답답한 서재를 뛰쳐나와 맑고 상쾌한 공기를 마셔가며 양지 바른 언덕에서 공부를 할 수가 있어서 좋고, 또 이부자리에 누워서도 간편하게 읽고 넘길 수가 있어서 좋다. 대부분이 위대했던 천재들은 언제나 연구실과 서재만을 오고 갔던 공부벌레들이며, 무리를 이룬 다수로부터 떨어져 나온 외롭고 고독했던 개인들일 뿐이다. 그들의 비사교적인 몰취미가 그들의 성실함의 증거이며 위대함의 징표라고 하지 않을 수가 없다. 박세리 선수에게는 언제나 똑같은 일과와 똑같은 퍼팅 연습이 중요하듯이, 앎이 육화된 사람에게도 반복은 모든 학문과 진리 탐구의 어머니라고 하지 않을 수가 없다. 하루를 쉬면 그것을 만회하는 데 이틀이 걸리고, 이틀을 쉬면 그것을 만회하는 데 나흘이 걸린다. 1년을 쉬면 그것을 만회하는 데 2년이 걸리고, 2년을 쉬면 그것을 만회하는 데 4년이 걸린다. 나는 나의 서재에 '모든 천재는 인류의 스승이다'라는 좌우명을 붙여놓고 있다. 타인의 말과 사유를 받아들이고, 그것을 뛰어넘는다는 것이 그처럼 쉬운 일이 아니다. 이론은 안경과 같은 것이 아니라 총과 같은 것이라는 말이 있듯이, 오늘도 나는 '모든 천재는 인류의 스승이다'라는 그 좌우명을 향하여 전진을 하고, 또 전진을 하고 있을 뿐인 것이다.

어떠한 책들을 읽고 어떻게 책을 읽어야 할 것인가라는 서두의 질문들이 모두 해결된 지금, 나는 여러 독자들에게 좋은 문장, 좋은 문체를 만나면 끊임없이 되풀이 암기하고, 또 베껴볼 것을 권하고 싶다. 문체를 보면 그가 제일급인지, 아닌지를 알 수가 있는 것처럼, 좋은 문체는 그의 앎이 육화될 수 있을 때만이 비로소 획득될 수 있는 어떤 것이다. 시 한 구절에 우주 전체를 담으려고 노력하는 시인, 시 한 구절을 쓰기 위해서 동시대의 역사 철학적인 문맥을 가다듬고 또 가다듬는 시인, 니체처럼, 남들이 열 권의 책으로도 말하지 못한 것을 단 한 줄의 시구로 표현하려고 하는 시인 등—. 이러한 모든 시인들은 펜이 아닌, 붉디 붉은 피로써 자기 자신만의 문체를 구축해 놓고 있다고 해도 틀림이 없다. 제일급의 인사들의 문체는 "설득력 있고 화려"하기도 하고, "비교의 재능과 자유분방한 표현"을 구사할 줄도 알고 있다. 또한 제일급의 인사들의 문체는 "날카롭고 경쾌"하기도 하고, "간결하고 기지가 있기"도 하다(3: 354). 니체의 문체는, 예컨대,

> 짐승의 무리 중에서 많은 짐승들을 꾀어내기 위해—그러기 위해 나는 왔다. 군중과 짐승의 무리들은 내게 화를 내리라. 목자들에겐 짜라투스트라는 강도라고 불리우리라.

나는 목자들이라고 말하지만, 그러나 그들은 자신을 선한 자, 의로운 자들이라고 부른다. 나는 목자들이라고 말하지만 그러나 그들은 자신들을 올바른 신앙을 가진 신도들이라고 부른다.

보라, 저 선한 자들, 의로운 자들을! 그들이 가장 미워하는 것은 누구인가? 그것은 그들의 가치 표表를 부수는 자, 파괴자, 범죄자이다. —허나 그는 창조하는 자인 것이다.

보라, 온갖 신앙을 가진 신도들을! 그들이 가장 미워하는 것은 누구인가? 그것은 그들의 가치 표表를 부수는 자, 파괴자, 범죄자이다. 허나 그는 창조하는 자인 것이다.

창조하는 자는 길동무를 구한다. 시체를 구하는 게 아니고 또한 짐승의 무리나 신도들을 구하는 것도 아니다. 창조하는 자는 새로운 표表에 새로운 가치를 써넣을, 함께 창조하는 자를 구한다(4: 62).

라는 글에서처럼, 자기 자신의 존재를 압도적으로 인식시키고 있고, 쇼펜하우어의 문체는, 예컨대,

제일급의 정신에 어울리는 특징은 그 판단을 모두 자신이 직접 내렸다는 것이다. 그들이 제시하는 의견은 모두 그들이 사색하여 얻은 결과이며, 그 말하는 솜씨만을 보아도 언제나 제일급의 사람임을 분명히 알 수 있다. 따라서 그들은 독일 제국의 제후처럼 정신의 제국에 직속되어 있다. 이에 반해서 범용한 우리들은 모두 배신倍臣이다. 이것은 독자적인 특징을 나타내지 않는 그 문체로 알 수 있다. 진정한 사색가는 이런 점에서 군주와 같다. 그는 누구의 힘도 빌지 않고 독자적인 지위를 유지하며, 자기 위에 아무도 인정하지 않는다. 그 판단은 군주가 결정할 때와 마찬가지로 자신의 절대적 권력으로서 행하며, 자기 자신에서 그 근거를 찾는다. 즉 군주가 타인의 명령을 승인하지 않는 것처럼 사색가는 권위를 인정하지 않으며, 그 자신이 시인한 것 이외에는 아무 것도 승인하지 않는다. 이에 반해서 유행하는 각종 의견, 권위, 편견에 사로잡힌 속된

두뇌의 소유자는 법이나 명령에 묵묵히 복종하는 민중과 비슷하다(3: 223).

라는 글에서처럼, 자기 자신의 존재를 압도적으로 인식시키고 있다.

니체는 그의 아버지와 할아버지와 외할아버지가 모두 루터교 목사였지만, 철두철미하게 반기독교주의자로서 그의 일생을 마친 인물이었다. 그가 기독교 사상에 반발했던 것은 그것이 모든 것을 하향적인 평준화—예컨대 고귀하고 위대한 귀족의 가치관에 반하여 자유와 평등과 사랑이라는 천민의 가치관을 옹호하고 있는 것이 바로 그것이다—로 깎아내린 것은 물론, 쓸데없는 이상론에 치우쳐 있기 때문이었다. 그는 자칭, "선한 자, 의로운 자"들이라고 부르고 있는 있는 기독교 신자들을 "짐승의 무리"들이라고 부르며, 그들의 가치기준표를 파괴하는 범죄자가 되어 갈 수밖에 없었던 것이다. 그는 하늘 나라의 천국이나 이상이 아닌, 이 땅에 두 발을 튼튼히 내린 짜라투스트라, 즉, 고귀하고 위대한 초인의 상을 제시하면서, 비록, 아무런 실현 가능성도 없는 일이지만, "새로운 표表에 새로운 가치를 써넣을, 함께 창조하는" "길동무"를 구했던 것이다. 모든 창조자는 위대한 단독자이지, 짐승의 무리가 아니다. 또한 위대한 단독자는 그 모든 가치기준표를 파괴하는 범죄자이지, 언제나 자비롭고 친절한 사제가 아니다. 모든 문체는 개성화의 표지이자, 자기 자신의 존재의 증명이라고 하지 않을 수가 없다. 니체의 문체는 자기고백적인 에세이 문체이자, 잠언적이며 경구적인 문체이다. 그는 그의 언어를 날카로운 검객의 칼날처럼 사용하고 있으며, 그 멋진 문체를 위하여 대학 선생 따위는 과감하게 던져버릴 줄—그는 자기 투신의 대가이다—도 알고 있었다. 니체의 문체는 어떠한 논쟁마저도 사양을 하지 않고 있는 문체이며, 그만큼 호전적이고 전투적인 문체라고 할 수가 있다. 쇼펜하우어는 모든 이기적인 욕망과 우리 인간들의 삶의 의지마저도 부정했던 염세주의의 창시자이긴 하지만, 끝끝내 우리 인간들의 삶으로부터 도피를 하거나 허무에만 의지를 하지는 않았다. 전제 군주와도 같이 모든 것을 제멋대로 평가하고 명명할 수 있는 자는 절대로 염세주의자가 될 수 없으며, 그는 그 아름다운 염세주의의 창시자가 되기 위해서, "유행하는 각종 의견, 권위", "법이나 명령" 따위를 절대로 인정을 하지 않았다. 제일급의 정신의 소유자가 타인의 말과 사유 앞에서 노예적인 복종 태도를 지닌 '배신倍臣'이 될 수는 없으며, 그는 언제나 멋진 신세계 속에 자기 자신만의 "정신의 제국"을 건설해 놓았던 것이다. 쇼펜하우어의 문체는 자기 고백적인 에세이 문체이자, 어디까지나 단호한 내면적인 독백의 문체라고 할 수가 있다. 그는 절대로 화려한 수사를 앞세우지도 않고 있고, 자기 기만적인 허황된 포즈나 체제 전복적인 감수성을 내세우지도 않고 있다. 하지만 그의 문체는 그 역시도 대학 선생 따위는 과감하게 던져버린 것처럼, 그의 삶의 진실이 담겨 있고, 어떠한 환경이나 물리적인 압력에도 결코, 타협을 하지 않을 만큼의 대쪽같은 선비 정신이 담겨 있다.

이제는 한국의 현대 시인들의 문체를 좀 더 살펴보기로 하자. 황지우의 문체는, 예컨대,

> 현실: 꼼짝못함. 체형: 부동형 자세. 경제: 빚더미. 교육: 무지몽매. 예술: 신성한 거품의 OB 맥주. 아, 삶: 입구멍, 똥구멍, 오줌구멍만 뚫려 있음. 여기저기에 핀 포인팅. 종교: 없음

이라는, 「그대의 표정 앞에서」처럼, 싸늘하고 냉소적인 문체이며, 송찬호와 기형도의 문체는, 예컨대,

> 마른 번개 널름거리는 캄캄한 아가리 속 꿈틀거리는
> 욕망이여, 온몸 징그러운 무늬의 삶이여
> 예서 길이 끝나는구나 벼랑 끝에 서고 보니

길없는 깊은 세상이 더 가까워 보이는구나
마지막 한걸음, 뒤에서 등을 밀어
그래, 가자 가자

신 한 켤레 놓여 있는 물가
멀리, 깁고 기운 물갈퀴 하나
또 한세상 힘겹게 건너가고 있다
— 송찬호, 「門 앞에서」에서

내 얼굴이 한 폭 낯선 풍경화로 보이기
시작한 이후, 나는 主語를 잃고 헤매이는
가지 잘린 늙은 나무가 되었다.

가끔씩 숨이 턱턱 막히는 어둠에 체해
반 토막 영혼을 뒤틀어 눈을 뜨면
잔인하게 죽어간 붉은 세월이 곱게 접혀 있는
단단한 몸통 위에,
사람아, 사람아 단풍든다.
아아, 노랗게 단풍든다.
— 기형도, 「病」 전문

라는, 시들에서처럼, 밑바닥 모를 심연으로만 끊임없이 침잠하고 있는 절망적인 내면의 독백문체라고 할 수가 있다. 황지우의 문체 속에서는 어느 누구도 자유롭고 평화로우며 행복한 삶을 살아가지는 못한다. 자유롭고 평화로우며 행복한 삶을 살아가기는커녕, 황지우가 쳐놓은 그물, 혹은 마침표 속에 갇혀서 싸늘하고 냉소적인 한숨만을 덧보태게 된다. 그의 마침표 속에는 무지몽매한 교육과 빚더미에 올라 앉은 경제도 들어 있고, 입구멍, 오줌구멍, 똥구멍만이 있는 삶과 신선한 OB 맥주의 거품 같은 예술도 들어 있다. 또한 여기 저기에 핀 포인팅된 부동형의 자세도 들어 있고, 종교의 자유가 아닌 무신론의 자유마저도 들어 있다. 어떠한 희망도 없고 아무런 출구도 없다는 점에서는 송찬호와 기형도의 문체 역시도 마찬가지라고 하지 않을 수가 없다. "마른 번개 널름거리는 캄캄한 아가리 속 꿈틀거리는/ 욕망이여, 온몸 징그러운 무늬의 삶이여/ 예서 길이 끝나는구나/ 벼랑 끝에 서고 보니/ 길없는 세상이 더 가까워 보이는구나"라는 시구가 그렇고, "가끔씩 숨이 턱턱 막히는 어둠에 체해/ 반 토막 영혼을 뒤틀어 눈을 뜨면" "단단한 몸통 위에/ 사람아, 사람아 단풍든다"라는 시구가 그렇다. 황지우의 문체는 호전적이고 전투적이라기보다는 어느 것에도 긍정을 표시하지 않는 회의주의자, 혹은 냉소주의자의 문체이며, 송찬호와 기형도의 문체는 날카롭고 예리한 비판 정신과 부정 정신보다는 실존의 고뇌에서 빠져나오지 못하는 염세주의자로서의 처절한 울림의 문체에 가깝다. 황지우의 문체는 체제 전복적인 감수성과 결부될 때, 더욱더 그 빛을 발하게 되고, 송찬호와 기형도의 문체는 자기 자신의 존재를 부정하거나 자포자기와 체념에 결부될 때, 더욱더 그 빛을 발하게 된다. 나의 취향을 말한다면, 나는 자기 자산의 언어를 날카로운 검객의 칼날처럼 사용하는 시인을 더욱더 사랑하고, 그만큼 호전적이고 전투적인 문체의 소유자를 더욱더 사랑한다. 가령, 예컨대,

내 지나는 곳에는 고독만이 깔려 있고
내 지나는 곳에는 후회만이 몰아치고
씨양 지나가는 곳에는 분노만이 뒤덮인다
분노가 뒤덮이고 오기가 빵 터지면서
끄으윽 지나는 곳에는 술이
비처럼 내린다

비야 비야 오지 마라
이 내가 젖으면 비극이 되잖아

우후 내가 지나갈 때에는 약속과 외상만 깔린다

라는, 박남철의 「나그네」가 그 좋은 예에 해당된다. 박남철은 그의 문체 속에서 고독하게 살고 있기도 하고, 후회를 되씹으면서 살고 있기도 하다. 또한 그는 그의 문체 속에서 분노와 오기를 뺑 튀기면서 살고 있기도 하고, 그 분노와 오기가 부르는 '술의 비'에 젖어서 살고 있기도 하다. 그는 무리를 이룬 다수와는 언제나 대척적인 삶을 살고 있고, 그러한 나그네의 자유를 위해서 어느 누구보다도 단호하게 대처할 줄을 알고 있다. "지금도 그녀는 자면서도 싱긋 웃으면서 난 닭이 되고 싶어……(암탉이 울면……) 무슨 계란 같은 개꿈을 꾸고 있는 모양이다"의 「그리고 貪妻」도 그의 호전적이고 전투적인 정신의 산물에 해당되고, "학교라는 場은 개인의 교육장이며 선생님들도 배우는 곳입니다—이거봐 깨졌잖아 그건 깨진// 나는 정말 선생님을 사랑합니다 동시에 사랑하지 않습니다(바로 이게 중요합니다)"의 「卒業 또는 담배」, 그리고 "나야 뭐 돈이 없어서 그냥 어머니의 X지를 박차고 나왔지 뭐!"라는, 「第一聲」도 그의 호전적이고 전투적인 정신의 산물에 해당된다. 박남철의 문체는 니체의 문체에 가깝고 그만큼 호전적이고 전투적이다. 언제, 어느 때나 그의 문체는 야유, 독설, 기지, 위트, 그리고 천둥과 번개와도 같은 섬뜩함과 그 울림을 간직하고 있다. 박남철의 문체는 김수영의 문체처럼, 장중하고 울림이 큰 문체이며, 모든 천재, 바보, 기인, 미치광이, 범죄인들의 혈통이 여기에 속하게 된다. 황지우의 싸늘하고 냉소적인 문체, 송찬호와 기형도의 절망적인 내면의 독백 문체, 박남철의 호전적이고 전투적인 문체는 한국 사회에서 제일급의 문체임을 말해 줌과 동시에, 더 이상의 서명이 필요 없는 트레이드 마크가 되어버린지도 오래되었다. 그의 문체를 보면 그가 제일급인지, 아닌지를 알 수가 있고, 그가 자기 자신의 붉디 붉은 피로써 글을 쓰고 있는지, 아닌지를 알 수가 있다. 또한 그의 문체를 보면 그가 진정한 창조자인지, 아닌지를 알 수가 있고, 그가 언어의 외관을 뚫고 들어가 언어의 심장을 움직일 수 있는 마술사인지, 아닌지를 알 수가 있다. 시인은 보이지 않는 것을 보고, 표현할 수 없는 것을 표현하기 위해서 시를 쓴다. 모든 문체는 그의 개성화의 표지이자, 자기 자신의 존재의 증명이라고 하지 않을 수가 없다. 나는 우리 한국인들에게 진정으로 고전다운 고전을 읽고, 그것을 수십 번씩, 수백 번씩 되풀이 읽고, 또 읽어보기를 권한다. 그리고 좋은 문체, 좋은 문장을 만나면 그것을 끊임없이 되풀이 암기하고, 또 베껴보기를 권하고 싶다.

하지만 좋은 문체와 좋은 문장은 위대한 대작가들의 필수적인 조건일 뿐, 그것 자체로 위대한 고전이 될 수는 없는 것이다. 모든 위대한 고전이 그 작가만의 대범한 관점과 저마다 독특하고 새로운 사상을 전개하고 있다면, 좋은 문체와 좋은 문장이란 그 사상의 외관에 지나지 않는 것이다. 좋은 문체와 좋은 문장이란 형식을 말하고, 사상이란 그 내용을 말한다. 좋은 문체와 좋은 문장에 지나치게 신경을 쓰게 되면 형식주의의 함정에 빠져들 염려가 있고, 작가의 사상에 지나치게 신경을 쓰게 되면 경직된 현실주의의 함정에 빠져들 염려가 있다. 내가 좋은 문체와 좋은 문장을 강조한 것은 어디까지나 새 술은 새 부대에 담아야 된다는 말에 지나지 않는 것이다. 새 술은 새 부대에 담아야 된다는 말 속에는 그 내용과 형식의 문제가 변증법적으로 지양되어 있고, 따라서 더 이상의 쓸데없는 논쟁을 불러 일으키지는 않는다. 좋은 문체와 좋은 문장이 새로운 사상을 담고 있지 않을 리가 없고, 새로운 사상이 좋은 문체와 좋은 문장 속에 전개되지 않을 리가 없다. 닭이 먼저냐, 달걀이 먼저이냐는 식의 해묵은 논쟁을 떠나서, 제일급의 문체의 소유자는 선악을 넘어서서 대범한 관점과 새로운 사상을 전개하고 있다고 해도 과언이 아니다. 살부와 근친상간의 문제를 다룬 소포클레스의 「외디프스 대왕」을 생각해 보고, 팔라스 아테네의 성상을 훔치고 그 신전의 여사제를 학대했던 댓가로 머나먼 이역 만리에서 10여 년 동안을 떠돌아 다녀야만 했던 호머의 『오딧세우스』를 생각해 보라! "사느냐/ 죽느냐, 이것이 문제로다"라는 실존적 고뇌를 다룬 셰익스피어의 『햄릿』을 생각해 보고, 기상천외하게도 여인들의 성적 스트라이크를 통해서 날이면 날마다 전쟁만을 일삼던 남성들을 굴복시키고 마침내 평화를 쟁취해 내는 아리스토파네스의 「류시스트라테」를 생각해 보라! 나는 「외디프스 신화의 수용 양상과 재해석」이라는 짧지 않은 글에서 외디프스 신화를 해석할 수 있는 여러 관점들—神正論的 관점, 신성모독적 관점, 성적 욕망의 관점, 모방 욕망의 관점, 정체성 회복 욕망의 관점 등이 바로 그것이다—과 외디프스 신화는 무엇을 감추고 있는 신화인가—지배 계급 내의 권력 투쟁의 역사를 감추고 있다는 것이 그것이다—라는 것과 외디프스의 파멸은 성적 욕망이나 모방 욕망에 의한 파멸이 아니라, 정체성 회복 욕망에 의한 파멸이란 사실을 천착해낸 바가 있고(5), 『햄릿』의 해석의 문제는 이미 앞에서 언급한 바가 있다. 그렇다면 「류시스트라테」와 『오딧세우스』 중, 호머의 「오딧세우스」를 살펴보기로 하자. 오딧세우스라는 인물은 왜 오딧세우스이며, 무엇 때문에 호머의 『오딧세우스』는 그의 『일리어드』와 함께, 그리스 민족의 대서사시만이 아닌, 모든 인류의 대서사시로 일컬어지고 있는 것인가? 호머의 인생관과 세계관은 무엇이며, 그는 또한 어떠한 인물인가? 우리가 대작가, 혹은 대서사시인 앞에서 이러한 질문들을 던진다는 것은 그의 명예를 훼손하자는 불순한 의도도 아니고, 더 더군다나 무조건적인 찬양과 숭배를 하기 위해서도 아니다. 독서의 전제 조건은 타인의 의견과 타인의 사상에 이의를 제기하고 질문을 던질 수 있는 능력을 함양하는 것이고, 그 질문을 던질 수 있는 능력을 통해서 자기 자신만의 사상을 완성하는 것이다. 우리는 자기 자신만의 독자적인 생각과 독자적인 판단으로 숭배를 해야될 대상에는 숭배를 해야 되고, 그렇지 못할 때는 가차 없이 숭배를 하지 말아야 한다.

오딧세우스는 이 세상에 나올 때, 마악 성을 내고 나왔으므로, 이 세상에서 가장 욕을 잘하고 거짓말을 잘했던 그의 외할아버지가 붙여준 이름이라고 한다. 오딧세우스의 이름의 어원이 '성을 내다'라는 뜻을 지니고 있다는 것도 예사롭지가 않고, 그의 외할아버지의 이름짓기 능력이나 그의 전력도 예사롭지가 않다. 그것은 모두가 오딧세우스가 특별한 표지를 지니고 태어났다는 것을 말하고, 한 걸음 더 나아가, 선악을 넘어서서 위대한 문화적 영웅의 표지를 지니고 있음을 뜻한다고 해도 과언이 아니다. 예컨대, 오딧세우스는 이 세상에서 가장 거짓말을 잘하고 교활했던 자이기도 하고, 어느 누구보다도 진실하고 지혜로웠던 자이기도 하다. 또한 그는 이 세상에서 가장 나쁜 위선자이자 신성모독자이기도 했고, 어느 누구보다도 선량하고 독실한 신자이기도 했다. 요정 칼립소가 제의했던 영생불사의 삶도 거절하고 수많은 모험과 고통을 찾아 나섰던 사나이, 미래의 운명의 주인공이 되기 위하여 지하의 세계인 하데스를 방문하고 결코, 들어서는 안 되는 사이렌의 노래소리를 듣기 위하여 자기 자신을 돛대에 묶고 미칠듯이 발광해야만 했던 사나이, 위기를 수습하는 능력과 무서운 보복 능력으로 난공불락의 요새인 트로이 성을 함락시키고 수많은 청혼자들을 무자비하게 살해했던 사나이, 비굴하게 목숨을 구걸하는 목사는 살려주지 않고 신성한 노래를 부를 줄 알던 시인은 살려 주었던 사나이—. 오딧세우스는 천의 얼굴을 가진 사나이이며 수수께끼와도 같은 인물이라고 해도 틀림이 없다. 그렇지만 그 수수께끼와도 같은 사나이도,

> 제우스 신의 후예 라엘테스의 아드님 지혜 많은 오딧세우스여, 지금 이 시간에라도 그리운 고토로 돌아가실 것이 진정 그대 소원이십니까? 그렇다면 행

운이여, 그대와 함께 있으소서. 그대여, 얼마나 큰 재난이 그대 앞에 놓였는지, 또 언제 그대가 집에 돌아갈지 아시오? 그대 날마다 소원인 그리운 부인 생각에 못 견디시겠지만, 여기에 머물러 나와 함께 삽시다. 이 집을 지킵시다. 불사의 영생을 맛봅시다. 내 단언하오니, 용모나 태도나 진실로 부인께 떨어지지 않으리다. 사파의 여성이 어찌 용모나 태도에 있어 불사의 신과 비길 수 있으리오 (6: 342).

라고, 요정 칼립소가 제의했을 때, 그 요청을

여신이여, 여왕이시여, 이제사 노하지 마소서. 또 내 자신 페넬로페가 아무리 영리하지만 미에 있어서나 체구에 있어서나 그대를 따르지 못함도 아옵니다. 그는 죽음의 인간이오, 그대는 나이를 모르고 죽음을 모르는 분. 그래도 이 몸은 날이면 날마다 고향 길이 그립고 귀국의 날이 보고 싶으니 어찌하리오. 아니 그 뿐이리오. 비록 어느 신께서 검푸른 바닷 속에서 나를 해칠지라도 내 속에 정신이 고난과 싸워 이겨 보리다. 왜? 내 이미 고난에 썩고 썩은 사람, 파도와 전쟁에는 시달리고 시달려 온 터, 고난이여, 재화여, 올테면 오라 (6: 342).

라고, 정중하게 거절하지 않았던가? 오딧세우스는 날이면 날마다 그리운 조국(이타카)과 사랑하는 아내(페넬로페)와 아들(텔레마커스) 때문에 요정 칼립소와의 영생불사의 삶도 거절하고, 또한 그녀와 함께 사는 행복도 거절하지 않았던가? 비록, 신화(허구) 속에서의 일이기는 하지만, 유한한 존재자인 인간이 영생불사의 삶을 거절하고 인간의 삶을 살아가겠다는 것은 호머의 인생관에 해당되고, 내 "고난에 썩고 썩은 사람, 파도와 전쟁에는 시달리고 시달려 온 터, 고난이여, 재화여, 올테면 오라"는 것은 그의 세계관에 해당된다. 호머는 인간으로서 살아가기를 원했지, 신으로서 살아가기를 원하지는 않았다. 그는 고통에 고통을 가중시키면서 살아가기를 원했지, 무사안일한 생활과 나태한 삶을 살아가기를 원하지는 않았다. 어차피 우리 인간들의 인생이란 유한하고 고통의 연속이라는 것, 그렇다면 바로 그 고통과의 싸움속에 우리 인간들의 행복이 있다는 것, 이것이 호머의 인생관이자 세계관이라고 하지 않을 수가 없는 것이다. 오딧세우스의 조국애와 처자식에 대한 사랑도 모든 사람들의 심금을 울리고, 그의 인생관과 세계관도 모든 사람들의 심금을 울린다. 호머는 인류의 역사상, 최초로 전지전능한 신과 맞서서 휴머니즘을 옹호하고 그의 대범한 관점과 새로운 사상을 전개한 인물이라고 하지 않을 수가 없다. 인간이 인간을 옹호한다는 것은 우리 인간들이 이 지구상에서 소멸하지 않는 한 가장 중요한 일이라고 하지 않을 수가 없다. 아름다움이 오랜 노역의 결과인 것처럼, 『오딧세우스』나 그것을 창조한 호머라는 인물은 결코 우연의 소산일 수가 없다. 반 고호나 폴 고갱의 작품이 오랜 노역의 결과인 것처럼, 이 세상의 모든 예술작품들은 결코 우연의 소산일 수가 없다. 한 작가의 뛰어난 천재성은 엄청난 자기 희생과 자기 헌신의 결과이기도 한 것이다. 천재와 둔재의 차이는 백지 한 장의 차이일 수도 있지만, 이러한 자기 희생과 자기 헌신의 결과에 따라서 하늘과 땅 차이보다 더 크다는 것이 나의 생각이기도 하다. 우리는 누구나 천재가 될 수는 있지만, 천재의 삶을 살다가 간 사람은 극소수에 불과하다는 사실을 잊어서는 안 된다.

그러나 한국의 작가들은 거의 모든 사람들이 쓰기 위해서 글을 쓴다. 명예와 돈은 같은 무대에 들어가지 못한다는 말도 있지만, 그들은 다만 돈과 명예를 위해서 아무런 준비도 없이 글을 쓴다. 그들이 전적으로 기대하고 있는 것은 하나님의 은총과도 같은 행운이며, 눈앞의 사소한 이익과 명예를 위해서는 끊임없이 도로아미타불과도 같은 무모한 노력을 하고 있을 뿐인 것이다. 그들은 모두가 다 같이 글을 쓴다는 것을 너무도 쉽게 생각하고 어떠한 희생의 댓가도 지불하려고를 하지 않는다. 글을 쓴다는 허황된 포즈나 멋진 사기는 한국의 작가들의 외관이 되어버린지도 오래되었으며, 그 무모함과 야만성을 해소하기 위해서는 자기 자신들이 역사의 무대에서 퇴장해 버려야 할 배우가 되어버린지도 오래되었다는 사실조차도 인식하려고 하지를 않는다. 새로운 물이 유입되지 않거나 썩어버린 물이 그 배수로를 찾지 못할 때, 호수는 이미, 어떠한 생명체도 살 수가 없는 호수가 되어버린다. 돈과 명예만을 위해서 글을 쓴다는 것, 동시대의 사회 역사적 토대 위에서 가장 심각하고도 중요한 문제점들을 찾아내지 못하고 새로운 전망을 개진하지 못한다는 것은 모든 학자들이 문둥병을 앓고 있는 것과도 같다. 눈썹이 다 떨어져 나가고 손마디를 쥐가 다 갉아먹어도 아무 것도 인식하지 못하는 문둥병 환자들은 이 세계와 모든 지식인들을 문둥이의 천국으로 인도할 뿐, 그 사회 전체를 건강하고 튼튼하게 가꾸어 나가지 못하게 한다. '제3세계의 문화적 풍토병'과 '비평의 만장일치제도'가 바로 그것들이다. 그들이 글을 쓰면 쓸수록 악화가 양화를 구축하게 되고, 화려한 독버섯처럼 허황된 포즈와 멋진 사기가 더욱더 빛을 발하게 된다. 한국의 작가들은 문둥병 환자들이며, 불후의 고전을 모르는 날품팔이, 즉 위대한 저널리스트들이라고 해도 틀림이 없다.

진정으로 위대한 작가는 허황된 포즈나 멋진 사기를 모르는 인간이며, 글을 쓰기 위해서 쓰는 것이 아니라, 충분히 사색을 하고 글을 쓴다. 그는 호수의 오염원인이 무엇인가를 파악하여 여러 지류나 하천에 정화시설을 설비하고, 호수 밑의 대양이나 주민들을 위해서 더욱더 맑고 깨끗한 물을 흘려 보내고자 최선의 노력을 다 한다. 그에게는 글을 쓴다는 것 자체가 하나의 목적이 되어 돈과 명예가 거기에 끼어들 틈새도 없게 된다. 그는 동서고금의 위대한 책, 그 위대한 저자들의 비극적 운명에 더욱더 깊은 애착을 느끼며, 부처, 예수, 마호메트 같은 종교의 안출자들이 겪었던 비극적 운명에도 깊이 있게 공감을 하고 있다. 이제는 그가 충분히 사색을 하고 글을 쓴다는 말도 수정되지 않으면 안 된다. 왜냐하면 그는 글을 쓰는 것이 아니라, 글을 쓰는 삶 자체를 살아가고 있기 때문이다. 돈이나 명예를 바라지 않는 것처럼, 그는 어떠한 행운의 여신의 손길도 거절하면서 우연의 쳇바퀴를 필연의 힘으로 돌려가고자 노력한다. 이것이 최고급의 인식의 제전의 전모이며, 모든 역사의 원동력이기도 한 것이다. 한국의 작가들은 전체를 보지 못하고 부분적인 문제에 함몰되어 길을 잃고 헤매게 되지만, 그는 고공을 선회하는 독수리처럼 모든 것을 훤히 꿰뚫고 있다. 그가 높이 날면 높이 날수록 문둥병에 걸린 한국의 작가들은 그의 존재를 무화시키거나 예술의 무대에 또다시 등장할 수 없도록 수많은 파수병들을 배치해 놓게 된다. 충분히 사색하고 새로운 사상과 이념을 전개시키는 진정한 작가, 그 위대한 천재는 파멸적인 우행만을 되풀이 하는 대중들의 머릿속에서 사라져 가지만, 머나먼 외계의 혜성처럼, 먼 미래에, 그 미래의 주인공이 되어 지난 날의 모든 문둥병 환자들 위에 서게 될 것이다. 그는 대작가나 대철학자의 신화 속에서 영원불멸의 삶을 살아가면서, 무조건의 찬양과 숭배만을 일삼는 후손들에게 둘러싸이게 될 것이다.

열 번 백 번을 말한다고 해도 독서의 궁극적인 목적은 자기 자신의 사상을 완성하기 위한 것이다. 타인의 말과 타인의 사유를 받아들인다는 것은 언제, 어느 때나 환영해야 될 일지만, 그러나 타인의 말과 타인의 사유에 젖어서 언제까지나 빠져 나오지 못한다면, 그것은 결코 환영할 만한 일이 되지 못한다. 쇼펜하우어의 말을 빌리면 독서는 타인의 사상의 운동장에서 노는 것에 불과한 것인데, 이런 점에 있어서 우리 한국인들은 소화불량증 환자들에 지나지 않는다. 그들은 오늘도 읽고, 또 읽고 있지만, 결코 아무 것도 읽지 못하고, 오늘도 쓰고, 또 쓰고 있지만, 결코 아무 것도 쓰지 못한다. 그들은 한결같이 다독의 폐해에 젖어 있는 만성 소화불량증의 환자들에 불과하며, 언제나 성장할 줄을 모르는 발육불량의 소년들에 불과하다. 책을 많이 읽는 것보다는 안 읽는 것이 더 중요할 때도 있고, 때때로 산과 강을 끼고 거닐면서 산책을 해보는 것이 더 좋을 때도 있다. 신이 만든 침대도 있고, 목수가 만든 침대도 있고, 화가가 그린 침대도 있다. 신이 만든 침대는 이데아의 세계에 속하기 때문에 본질적인 것이 되고, 목수가 만든 침대는 실용적이기 때문에 쓸모가 있는 것이 된다. 하지만 화가가 그린 침대는 환상 속의 그림에 불과하기 때문에 아무런 효용가치도 없다는 것이 소크라테스의 말이라면, 우리는 이렇게 그의 말을 부정할 수도 있을 것이다. 신이 만든 침대 역시도 결국은 화가가 그린 침대에 지나지 않는 것이라고…… 왜냐하면 신은 한번도 그의 존재를 드러내 본 적이 없기 때문이고, 화가 그린 침대만이 하나의 상징적인 차원에서 불완전한 목수의 침대를 교정하고 보완해 줄 수가 있기 때문이다. 플라톤의 말은 기독교의 신자들이 날이면 날마다 십자가와 예수의 초상 앞에서 예배를 드리고 있으면서도 불교의 신자가 부처님의 초상 앞에서 예배를 드린다고 비난하는 말만큼이나 나쁜 말에 지나지 않는 것이다. 화가가 그린 침대가 신이 만든 침대이고, 신이 만든 침대가 화가가 그린 침대에 지나지 않는다. 또한 예수의 초상도 화가가 그린 그림이고, 부처님의 초상도 화가가 그린 그림에 지나지 않는다. 도대체가 무엇이 우상(환상)이고 무엇이 우상(환상)이 아니란 말인가? 이러한 평범한 사실을 이해하지 못할 때, 모든 시인들을 추방하고 이교도들을 무자비하게 학살하는 일이 생겨나게 된다. "인류를 사랑하는 사람이 할 일은 사람들로 하여금 진리를 비웃게 하고 진리로 하여금 웃게 하는 것"이라고 『장미의 이름』의 저자인 움베르토 에코가 역설한 바가 있지만, 우리는 독서를 통해서 타인의 말과 타인의 사유를 받아들이고, 그것을 재빠르게 변용시키거나 버리는 지혜가 필요하다고 하지 않을 수가 없다(7: 762). 너무도 많은 책을 읽고, 또 읽으면 타인의 말과 타인의 사유 앞에서 노예적인 복종 태도를 띠게 되고, 정신의 건강에도 심각한 타격을 입히게 된다. 때때로 산책을 하면서 타인들의 생각과 자신의 생각을 비교하고, 궁극적으로는 자기 자신만의 사상을 가다듬어 나가는 지혜가 필요한 것이다.

우리는 호머, 소포클레스, 셰익스피어, 괴테 같은 대작가와 대시인들을 문화적 영웅으로 부르지, 그저 그렇고 그런 어중이 떠중이들이라고 부르지는 않는다. 또한 우리는 오늘도 그들이 우리들 곁에 살아 있다고 생각하지, 영원히 사라져 갔다고 생각하지는 않는다. 비록, 그들의 육체는 죽어갔지만, 그들의 위대했던 업적은 살아남아 오늘날까지도 우리들에게 엄청난 영향을 끼치고 있다고 하지 않을 수가 없다.

저 행복한 동물원 가족들
귀여운 토끼 귀, 쫑긋과
앙증맞은 여우 신발, 사뿐히
엄마 아빠 손을 잡고
동백꽃 보러 간다

아빠, 동백은 어떻게 생겼어요,
곰 아저씨처럼 무서워요?

동백은 결코 땅에
항복하지 않는 꽃이란다
동백의 발바닥은 아주 붉지
그런 부리부리한 동백들이
앞발을 번쩍 들고
이만큼 높이에서 피어 있단다
동물원 쇠창살을 찢고
집을 찢고

아버지를 찢고
나뭇가지를 찢고 나와
이렇게
불끈, 모두 산경에 나오는 이야기란다
— 송찬호, 「山經가는 길」 전문

모든 책들의 궁극적인 목적이 자기 자신의 유한성의 껍질을 벗어버리고 경전을 꿈꾸는 것이듯이, 모든 식물들의 궁극적인 목적 역시도 자기 자신의 유한성의 껍질을 벗어버리고 아름다운 꽃으로 피어나는 것이라고 하지 않을 수가 없다. 경전은 책의 꽃이며, 동백은 동백나무의 꽃이다. 이러한 경전—꽃들은 최고의 삶의 정점이자 수많은 이성들을 불러들이는 에로티즘의 장소가 된다. 송찬호의 「山經가는 길」은 아빠와 엄마와 어린 아이가 동물원으로 즐겁고 기쁘게 소풍을 가듯이, 그 경전—꽃을 찾아가고 있는 시이며, 전지적인 관점에서 동화적인 분위기를 탈각시키고 기사도적인 모험 정신과 성자의 영웅주의가 배어 있는 시라고 하지 않을 수가 없다. "동백은 결코 땅에/ 항복하지 않는 꽃이란다/ 거친 땅을 밟고 다니느라/ 동백의 발바닥은 아주 붉지"라는 시구가 그렇고, "동물원 쇠창살을 찢고/ 집을 찢고/ 아버지를 찢고/ 나뭇가지를 찢고 나와/ 이렇게/ 불끈, 모두 산경에 나오는 이야기란다"라는 시구가 그렇다. 경전은 그 주체자의 앎이 육화되어야만 활짝 피어날 수가 있고, 동백꽃 역시도 그 주체자의 앎이 육화되어야만 활짝 피어날 수가 있다. 앎이 육화되어야 한다는 것은 진실해야 된다는 것을 말하고, 진실해야 된다는 것은 어떠한 만고풍상 앞에서도 비겁하게 우회하거나 좌절하지 않는다는 것을 말한다. 아름다움은 진실보다도 더욱더 높은데, 왜냐하면 아름다움 속에는 이미 진실이 내재되어 있기 때문이다. 송찬호는 그의 뛰어난 언어학적 상상력을 통하여 산경과 동백꽃을 일치시키고, 그 경전을 읽는 독서 행위와 꽃구경을 가는 행위를 일치시켜 놓고 있다. 그러니까 경전을 읽는 독서 행위가 꽃구경을 가는 것처럼 즐겁고 기쁘다는 말일 수도 있고, 꽃구경을 가는 행위가 경전을 읽는 것처럼 경건하고 성스럽다는 말일 수도 있다. 송찬호의 「山經가는 길」은 전자의 분위기에서 후자로 이어지며, 진정으로 독서의 행위가 고귀하고 거룩하고 비범한 인간의 향기를 맡는 일이라는 것을 암시하고 있는 것인지도 모른다. 이 세상의 만물이 경전이며 꽃이며 거울인 것이다. 다만, 이처럼 소중한 책들은 "저급한 정신과 빈약한 생명력을 가진 인간들이 읽느냐, 아니면 높은 정신과 힘찬 생명력을 가진 인간들이 읽느냐에 따라서 그 가치가" 달라지게 되어 있다(8: 57). 전자에게 있어서의 경전은 아무런 효용가치도 없는 것이 되고 그림 속의 떡이 될 것이다. 후자에게 있어서의 경전은 목 마른 자가 그토록 찾아 헤매 다니던 오아시스가 되고, 젖과 꿀이 흐르는 지상낙원으로의 길잡이가 될 것이다.

우리는 오늘도 '너 자신을 알라'라는 소크라테스의 샘물도 마시고, '나는 생각한다, 고로 존재한다'라는 데카르트의 샘물도 마신다. 우리는 오늘도 '세계는 의지의 표상이다'라는 쇼펜하우어의 샘물도 마시고, '신은 죽었다'라는 니체의 샘물도 마신다. 상징주의의 시조인 보들레르의 샘물도 마시고, 토마스 칼라일이 역설한 것처럼,

> 우리 잉글랜드 가정의 장식품 가운데, 다른 나라에 대해 우리 영국의 명예를 드높일만한 것으로서, 그보다 더 귀한 것이 무엇이 있습니까? 생각해 보십시오. 만일 다른 나라 사람들이 우리 잉글랜드인을 보고 인도와 셰익스피어 둘 중 어느 것을 포기하겠느냐고 묻는다면 어떻게 하겠습니까? 인도를 전혀 갖지 못한 경우와 셰익스피어 같은 인물을 전혀 갖지 못한 경우 둘 중 어느 것을 택하겠느냐고 묻는다면 어떻게 하겠습니까? 그것은 정말 큰 물음입니다. 공직에 있는 사람들은 의심할 나위 없이 공식적인 말로 대답할 것입니다. 그러나 우리는 이렇게 말해야 하지 않겠습니까? 인도야 있든 없든 상관없으나, 셰익스

피어가 없이는 살 수 없다고 말입니다! 어쨌든 인도 제국은 언젠가는 잃게 될 것입니다. 그러나 이 셰익스피어는 결코 사라지지 않습니다. 그는 영원히 우리와 함께 있습니다. 우리는 셰익스피어를 포기할 수 없습니다(9: 185).

라는, 셰익스피어의 샘물도 마신다. '위대한 리얼리즘의 승리'라는 마르크스—엥겔스의 샘물도 마시고, '세계는 범죄의 표상이다'라는 반경환의 샘물도 마신다. 모든 경전은 기사도적인 모험 정신과 성자의 영웅주의에 빛나는 문화적 영웅들의 소산이며, 지상낙원으로 가는 길목의 샘물이라고 하지 않을 수가 없다. 그 오아시스의 샘물에 의해서 모든 생명의 나무들이 자라나고, 이 세상에서 가장 밝고 밝은 빛인 지혜의 열매들이 주렁주렁 열리게 된다. '너 자신을 알라'라는 소크라테스의 말이 얼마나 많은 생명의 나무와 지혜의 열매를 맺게 했는지, 어느 누가 모르겠으며, '나는 생각한다, 고로 존재한다'라는 데카르트의 말이 얼마나 많은 생명의 나무와 지혜의 열매를 맺게 했는지, 어느 누가 모르겠는가! 또한 상징주의의 시조인 보들레르의 말도, 입체파의 기수인 파블로 피카소의 말도 얼마나 많은 생명의 나무와 지혜의 열매를 맺게 했는지, 어느 누가 모르겠는가! 하지만 눈 있는 사람은 눈을 더 크게 뜨고, 귀 있는 사람은 모든 청각의 문을 활짝 열고 들어보아라! 머나먼 동방예의지국의 불모의 땅에서 뿌리 깊은 생명의 나무가 마치, 돌연변이처럼 자라나, 백만 촉광의 지혜의 열매들을 주렁주렁 맺게 하고 있으니—, 그 생명의 나무와 지혜의 열매들은 '세계는 범죄의 표상이다'라는 낙천주의의 샘물의 결과라고 하지 않을 수가 없다. 이 모든 샘물의 소유자들은 종족창시자와도 같은 문화적 영웅들이며, 언어 자체의 기원을 소유한 사람들이라고 하지 않을 수가 없다. 호머가 전지전능한 신과 맞서서 과감하게 인문주의를 옹호하고 그 싸움을 벌인 인물이라면, 니체는 최종적으로 '신은 죽었다'라고 그 사망증명서를 발급해 준 인물이라고 할 수가 있다. 나는 앎이 육화된 사람으로서 호머의 샘물도 오랫동안 마신 사람이지만, 니체의 샘물도 오랫동안 마신 사람이라고 할 수가 있다. 독서의 힘은 위대하다. 독서만이 모든 가교의 역할을 할 수가 있고, 유한한 존재자인 우리 인간들로 하여금 영원불멸의 삶을 살아갈 수 있는 방법의 교사가 되어 줄 수가 있다.

여러 신들 중에서 하나의 신이 '신은 하나다'라고 외쳤을 때, 모든 신들이 웃다가 웃다가 죽었다는 것이 니체의 첫 번째 설명이고, 그의 두 번째 설명은 역사 철학적인 문맥에서 다음과 같다고 할 수가 있다.

> 종교적 잔혹성은 많은 단段을 가진 거대한 사다리와도 같다. 그러나 그러한 단 중에서 세 가지가 가장 중요하다.
>
> 일찍이 인간은 그의 신에게 인간을, 그것도 바로 가장 사랑하는 자를 제물로 바쳤다. 유사 이전의 모든 종교에서 첫 아이를 제물로 바치는 것이 이에 속하며 로마적인 모든 시대착오 가운데서도 가장 음산한 것으로 티베리우스 황제가 카프리 섬의 미트라스 동굴에 바친 제물의 경우 역시 마찬가지이다.
>
> 그 뒤 인류의 도덕적 시대에 이르러서 인간은 그의 신에게 자신의 가장 강한 본능들을, 자신의 '본성'을 바쳤다. 이러한 희생의 기쁨은 금욕주의자이자 '반자연주의적' 광신자의 잔혹한 눈에 생기를 더해 주었다.
>
> 마지막 단계에 이르러서는 제물로 바칠 무엇이 남았던가? 마침내 인간은 한때 위안이 되어주고 상처를 치유해 주고 신성한 것이었던 모든 것, 숨겨진 조화와 미래의 행복과 정의에 대한 모든 믿음과 희망을 희생해야만 되지 않았던가? 인간은 신 자체도 희생시키고 스스로에 대한 학대로서 돌, 중력, 어리석음, 운명, 무無를 위해 신을 희생한다는 식의, 잔인성의 최종 단계의 역설적 미스테리가 다가올 세대를 위해 남겨졌다. 우리 모두는 이미 그것에 관해 다소는 알고 있다(8: 79).

여러 신들은 힌두교와 그리스 로마의 신들을 말하고—소위 이교도의 신들을 말하고—, 하나의 신은 기독교적인 유일신을 말한다. 여러 사람들 중에서 어느 한 사람이 '자기만이 인간이고 모두가 짐승이다' 라고 말한다면, 그것처럼 어처구니 없는 일도 없듯이, 신은 하나다라는 말은 그만큼 어처구니 없는 웃음을 유발시켰는지도 모른다. 그 어처구니 없는 웃음 속에는 그만큼 니체의 냉소와 분노가 담겨 있는 것이고, 니체는 그것을 더 이상 묵과하지 못하고 신의 사망증명서를 발급해 주게 되었는지도 모른다. 기독교는 가장 야만적이고 잔인한 유일신의 종교이며, 모든 생명 부정에의 의지를 담고 있는 것처럼도 보인다. 기독교는 하나의 우화이며 파렴치한 양심의 최종적인 형태이다. 오늘날은 기독교 역시도 인간 제물이나 번제를 사용하고 있지는 않지만, 종교의 기원으로부터 무신론의 기원에로의 이행은 여러 단계를 지닌 "거대한 사다리"와도 같다고 하지 않을 수가 없다. 그중에서도 첫 번째는 일찍이 신 앞에서 첫 아이를 바친 것이고, 두 번째는 인류의 모든 욕망을 바친 것이며, 마지막으로 세 번째는 우리 인간들 앞에 전지 전능하신 신을 제물로 바친 것이라고 하지 않을 수가 없다. 전지 전능하신 신께 첫 아이를 바친다는 것은 다산과 우리 인간들의 풍요롭고 행복한 삶을 기원했다는 것을 말하고, 최근에도 잉카제국의 인간 제물이 발견되었듯이, 우리 인간들이 사는 곳이면 어느 곳에서나 보편적이고도 공통적인 의식이었음을 말한다. 인간 제물이 첫 아이로부터 파르마코프 같은 사회적 천민이나 소나 돼지나 양으로 대체된 과정을 거쳐서, 우리 인간들의 가장 소중한 본능인 모든 욕망들을 바치는 단계로 변모되지 않을 수가 없었던 것이다. 그 변모의 동기는 무자비한 살생의 야만성을 완화시키기 위해서였겠지만, 어쨌든 금욕주의는 기독교와 불교의 정수精髓라고 해도 틀림이 없다. 금욕주의는 따라서 성직자와 학자나 예술가에게 최고의 영적 상태를 이끌어 줄 수 있는 수단이 되고, 또한 최고의 권력을 전취할 수 있는 도구가 되어주기도 했다. 모든 잡념과 잡음을 일소하고 군더더기가 하나도 없는 맑은 정신으로 단 하나의 목표를 위해서 정진한다는 것, 그것이 목표(人神—열반—득도)—에 이르는 최고의 방법이며 수단이기도 했던 것이다. 그러나 그 방법에는 의식주의 문제와 외부의 적이나 여러 장애물들 이외에도 자기 자신의 욕망과의 싸움이라는 어려움이 뒤따른다. 임전무퇴, 초지일관, 험한 파도와 숱한 벼랑길을 오르내릴 수 있는 용기와 건강한 체력, 그리고 상대방의 전략과 전술을 꿰뚫어 볼 수 있는 백만 촉광의 지혜가 요구되기도 하고, 입고 싶은 것, 먹고 싶은 것, 사치와 쾌락과 성적 합일, 아내와 자식에 대한 무관심 등, 모든 욕망과 욕망을 절제할 수 있는 인내가 요구되기도 한다.

> 참음은 어제를 생각하게 하고
> 어제의 얼음을 생각하게 하고
> 새로 확장된 서울특별시 동남단 논두렁에
> 어는 막막한 얼음을 생각하게 하고
> 그리로 전근을 한 국민학교 선생을 생각하게 하고
> 그들이 돌아오는 길에 주막거리에서 쉬는 十분동안의
> 지루한 정차를 생각하게 하고
> 그 주막거리의 이름이 말죽거리라는 것까지도
> 무료하게 생각하게 하고
>
> 奇蹟을 기적으로 울리게 한다
> 죽은 기적을 산 기적으로 울리게 한다
> — 김수영, 「참음은」 전문

금욕주의는 "어제를 생각하게 하고/ 어제의 얼음을 생각하게 하고/ 새로 확장된 서울특별시 동남단 논두렁에/ 어는 막막한 얼음을 생각하게 하고/ 그리로 전근을 한 국민학교 선생을 생각하게 하고/ 그들이 돌아오는 길에 주막거리에서 쉬는 十분동안의/ 지루한 정차를 생각하게 하고/ 그 주막거리의 이름이 말죽거리라는 것까지도/ 무료하게 생각하게 하고// 奇蹟을 기적으로 울리게 한다/ 죽은 기적을 산 기적으로 울리게 한다". 이러한 금욕주의는 만사형통의 신의 손가락이며, 모든 종교의 의식 가운데서도 최고의 걸작품에 해당된다. 최고의 영적 상태도 죽은 기적을 산 기적으로 울리는 일에 해당되고, 절대 권력자의 위치도 죽은 기적을 산 기적으로 울리게 하는 일에 해당된다. 최고의 영적 상태나 최고의 권력이 아무렇게나 저절로 얻어지는 것이 아니다. 아름다운 여성의 각선미도, 큰 스님의 득도의 법열도 마찬가지이고, 투병하는 환자의 싸움이나 부모나 조상, 사회적 윤리, 그리고 신 앞에서의 종교적 의식조차도 마찬가지이다. 하지만 금욕주의는 궁극적으로 욕망과의 단절을 위한 싸움이 아니라, 더 큰 욕망을 얻고자 하는 데, 그 싸움의 치명적인 한계가 있는 것처럼도 보인다. 능숙한 사냥꾼은 사냥감을 쫓아서 이리저리 쫓아다니지 않고, 그 길목을 지키고 서서 오래 오래 참고 기다린다. 바로 이것이 나무아미타불의 기적이고 그 모든 것인지도 모른다. 이 세상에 공짜는 없고, 금욕주의자에게는 최고의 영광과 찬사가 바쳐지게 된다. 봉건 사회에서 자본주의 사회로 이행되던 시기에, 이러한 금욕주의의 틈새를 비집고 새로운 단계, 아니, 최종적인 단계의 신앙이 그 최초의 싹을 드러냈다고 해도 과언이 아니다. 마틴 루터의 종교 개혁, 루소의 사회계약론, 신앙내면화 운동, 프랑스의 시민 혁명,

> 신은 날마다 자기 '세라핀'들 쪽으로 파도처럼
> 밀려오는 詛呪를 대체 어떻하는 건가?
> 酒池肉林에 포만한 暴君마냥 우리들의
> 모독의 소리를 기분좋게 들으며 잠자고 있군

이라는, 보들레르의 「聖베드로의 否認」, 언제나 신앙 때문이 아니라

신앙의 자유 때문에 불평과 불만을 일삼았던 해방된 노예 계급들의 등장이 바로 그것이라고 할 수가 있다. 이 해방된 노예들이 오늘날의 부르조아지들이며, 그들은 그들의 출신성분만큼이나 사악하고도 비천하게 모든 욕망의 사슬들을 끊어버렸던 것이다. 오늘날은 청빈, 겸손, 정숙이라는 금욕주의의 미덕이 사라져 버린지도 오래되었고, 죽은 기적을 살아 울리게 하려는 모든 영웅적인 행위들도 그 자취를 감추어 버린지도 오래되었다. 모든 것이 더 많이, 더 빨리, 더욱더 탐욕스럽게 소비를 하는 욕망의 세태 풍조 속에 빨려 들어가게 되었고, 더 많이, 더 빨리, 더욱더 요염하게 자극적으로 알몸을 노출시키는 쾌락의 세태 풍조 속에 빨려 들어가게 되었다. 모든 지식인들이 신의 사망증명서를 발급해준 인간에 대한 사망선고를 내린 지도 오래되었고, 들뢰즈와 가타리가 그러했던 것처럼, 정신분열증 환자라는 새로운 종의 탄생을 선언해 버린지도 오래되었다. 이것이 종교의 기원으로부터 무신론의 기원에로의 이행의 모든 것이라고 하지 않을 수가 없다. 컴퓨터는 악마(정신분열증 환자)가 만든 걸작품이며, 유전자 공학은 현대 사회의 새로운 창조주이다. 아아, 박남철 시인이여, 이제는 돈이 없어서 어머니의 보지를 박차고 나왔다는 그대의 요설도, 이미 지나간 시대의 흘러가버린 유행가가 되었다는 사실을 명심해 주기를 바란다. 이제 "무를 위해 신을 희생한다는 식의, 잔인성의 최종 단계의 역설적인 미스테리가 다가올 세대를 위해 남겨졌다". 그렇다. 유전자 공학은 인간과 암소와 결합시켜 새로운 종의 인간(정신분열증 환자)을 만들어내고, 또한 인간과 호랑이와 결합시켜 섹스를 하지 않고도 즐겁고 행복한 새로운 종의 인간을 만들어낼 것이다. 그렇다. 니체의 예언은 우리들의 인류 문화사 전체를 꿰뚫어 볼 수 있을 만큼의 혜안을 지녔던 것이다.

독서의 힘은 위대하다. 나는 그 독서의 힘을 통해서 낙천주의의 창시자가 되었고, 이처럼 종교의 기원과 무신론의 기원까지도 살펴볼 수 있는 힘을 길렀다. 나는 인문주의를 옹호하는 입장에서, 현대 자본주의 사회와 그 문화의 흐름에는 불구대천의 원수와도 같이 부정을 하고 비판을 하고 있기는 하지만, 그러나 인간에 대한 모든 믿음을 조금도 버리지 않고 있다. 이 인간에 대한 무한한 신뢰와 믿음이 있기 때문에, 오늘도 책을 읽고 이처럼 글을 쓰고 있는 것인지도 모른다. 새로운 것, 낯선 것에 대한 명명의 힘은 모든 지식인들의 한결같은 꿈이다. 이 명명의 힘이 정교한 사상과 이념으로 무장되었을 때는 어떠한 지적 소유권을 주장하지 않더라도 원천적으로 복제가 가능하지 않다. 고전주의, 낭만주의, 현실주의, 초현실주의, 구조주의, 탈구조주의 등은 우리 인간들의 최고급의 지혜의 저장소인데, 다만, 우리 한국인들과는 아무런 상관 관계도 없다는 것이 유감스러울 뿐인 것이다. 한국사회에서 서울대학교가 대한민국 최고의 대학교라고 말한다면 그는 군건한 당원이나 변함없는 동지가 될 수도 있겠지만, 세계에서 900등씩이나 하는 삼류 대학교라고 말한다면, 그는 능지처참을 당하고 짓이겨져 중앙청 앞에서 화형을 당하게 될는지도 모른다. 이처럼 위대하고, 또 위대하고, 그리고 너무나도 위대하고 찬란하게 세계 최고의 꼴찌대학교의 축제를 벌이고 있는 우리 한국인들이여, 서울대학교 공화국의 주민들이여, 그대들을 위해서 김수영 시인이 부르짖었던 시 한 편을 들려주고자 한다.

興奮할 줄 모르는 나의 生理와
方向을 가리지 않고 서 있는 書架 사이에서
盜賊질이나 하듯이 희끗희끗 내어다보는 저 흰壁들은
무슨 鳥類의 屎尿와도 같다

오 죽어 있는 尨大한 書冊들
너를 보는 설움은 疲弊한 故鄕의 설움일지도 모른다

예언자가 나지 않는 거리로 窓이 난 이 圖書館은
創設의 意圖부터가 諷刺的이었는지도 모른다

모두들 공부하는 속에 와보면 나도 옛날에 공부하던 생각이 난다
— 김수영, 「國立圖書館」에서

한국 사회는 위대한 민족 신화도 없고 대작가의 신화도 없다. 종족 창시자도 없고 언어의 기원 자체를 소유한 문화적 영웅도 없다. 예언자가 나오지 않고 있는 한국사회는 앎이 육화되지 않은 사회이며, 새로운 종의 인간은커녕, 끊임없이 몰락과 쇠퇴의 길을 걸어가고 있는 사회에 지나지 않는다. 도서관의 흰벽들은 폐허의 그것처럼 새들의 똥들로 범벅이 되어 있을 뿐이고, 오래되고 낡고 케케묵은 책들은 그야말로 "죽어 있는 방대한 서책들"일 뿐이다. 김수영이 1950년대 중반에 이 「國立圖書館」을 노래했지만, 한국 사회는 아무 것도 달라진 것이 없다. 출세를 위한 공부, 진리 탐구와 학문 연구와는 무관한 공부, 서구 사회의 학자들은 2~30대에 그들이 평생 동안 연구할 주제를 가지고 출발하지만, 아무런 연구 주제도 갖지 못한 채, 거만하고 시건방지게 거드름만을 피울 줄 알고 있는 서울대학교의 선생님들—. 아아, 탐관오리와 아첨꾼들만을 대량생산해 내는 대한민국의 교육제도여, 어느 한국인 중의 한 사람이 그대를 개혁하고 10년 안에 서울대학교를 세계 50위권으로 진입시킬 수가 있다면 어떻게 하겠는가? 그를 중용할 것인가, 아니면 유배를 보낼 것인가, 그것도 아니면 화형을 시킬 것인가?

나는 한국의 독자들에게 마지막으로 惡書를 읽지 말라고 권하고 싶다. 악서는 정신의 독약이며, 끝끝내 그 주체자의 인생을 파멸시키고야 만다. 마광수의 『즐거운 사라』, 장정일의 『내게 거짓말을 해봐』, 김한길의 『여자의 향기』, 김홍신의 『인간시장』 등은 아주 저질적인 말초

신경을 자극하거나 값싼 감상을 통해서 오늘도 그대들의 호주머니만을 노리고 있을 뿐이다. 자본주의가 출판업자와 작가와 비평가들을 한 자리에 불러 모으고, 베스트 셀러라는 욕망의 똥통들을 대량생산해 내고 있는 실정이기도 한 것이다. 오늘날 대부분의 책들은 불과 몇 년 못가서 대부분이 휴지조각이 될 것이다. 고전을 읽으라, 참으로 고전다운 고전을 읽으라. 나는 아직도 대학도서관의 책들과 나의 책들이 음산하고 불길한 대화를 나누느냐, 아니면 밝고 생기 있는 대화를 나누느냐가 그가 속한 사회와 민족의 운명이 걸린 문제라고 생각하고 있다. 독서란 우리 인간들의 삶을 옹호하고 찬양하기 위한 것이다. 나는 이 평범한 진리를 옹호하기 위해서 너무나도 엄청난 죄를 짓고 있는 것인지도 모른다. 나는 모든 생성의 적이며 회춘의 적이기도 하지만, 거꾸로 그것을 도와주는 악마이기도 하다. 언제, 어느 때나, 당당하게 지옥으로 걸어 들어갈 준비가 되어 있다.

그 악마의 입을 빌어서 말한다면, 우리 인간들의 인생이란 어차피 줄다리기 게임과도 같은 것이다. 서로 끌고 당긴다는 것, 끌려오는 사람이 끌고 가는 사람이며, 끌고 오는 사람이 끌려 가는 사람인 것이다. 이 게임—유희가 어찌 즐겁지 않을 수가 있겠는가? 행복이 수많은 성인들의 말씀과 경전 속에 있는 것이 아니라, 네 마음 속에, 네 의지 속에 있는 것이라면, 모든 것이 가능한 이 세계가 어찌 즐겁고 행복하지 않을 수가 있겠는가? 낙천주의는 우리 인간들의 삶을 향유할 수 있는 사상이자, 우리들의 인생이 예술이라고 할 때의 바로 그 미학의 기초가 되는 사상이다. 슬퍼하는 자가 있어야 기뻐하는 자도 있고, 기뻐하는 자가 있어야 슬퍼하는 자도 있게 된다. 패배와 승리도 마찬가지이고, 성공과 실패도 마찬가지이다. 고통과 쾌락도 마찬가지이고, 선악이나 음양도 마찬가지이다. 문제는 이러한 평범하고도 자명한 원리를 이해하지도 못한 채, 저마다 자기 자신만의 건강하고 화려하고 눈부신 조명만을 원하고 있는데, 우리 인간들의 불행의 원인이 있는 것 같다. 낙천주의의 창시자로서 나는 불행도 행복한 삶의 한 요소라고 인정하지 않을 수가 없다. 불행하게 살고 있는 사람은 자기 자신의 불행이 죽기 싫도록 못마땅하고 소름이 끼친다고 생각하지 말고, 인생이란 예술의 자장에서 타인들의 행복을 떠받치는 건강한 천역이며, 행복 그 자체라고 인식하지 않으면 안 된다. 불행은 저주스럽고 혐오스럽고, 그리하여 버림받은 천역이 되겠지만, 그러나 그것을 선택받은 성역이라고 생각하지 않으면 안 된다. 제 아무리 어렵고 힘들더라도 술을 들거나 마약중독자가 되거나 자살을 하는 비율이 가장 낮았던 유태인들, 수천 년 동안 이역만리로 뿔뿔이 흩어져 살아 왔으면서도 선택받은 민족이라는 자긍심 하나로 그들의 언어와 종교와 문화유산과 민족의 정체성을 지켜왔던 유태인들, 최악의 조건 속에서도 언제나 주경야독으로 삶을 육화시키고 마르크스, 프로이트, 아인시타인, 오펜 하이머, 프란츠 카프카, 베르그송 등, 세계적인 대사상가들과 대작가들을 배출해 냈던 유태인들, 바로 그들은 그들의 천역을 성역으로 승화시키고, 오늘날 이 세계를 지배하고 있는 행복을 누리고 있지 않은가? 불행하다는 것도, 그것 자체로 우리들의 인생을 비방할만한 구실이 되지 못하고, 슬프다는 것도, 고통스럽다는 것도 마찬가지이다. 우리들의 삶은 회의되거나 부정되기 이전에 향유되지 않으면 안 된다. 이 대전제 앞에서만이 우리들의 삶을 향유할 수 없게 하는 그 모든 것들에 대한 비판이 가능해진다. 회의를 위한 회의나 부정을 위한 부정 따위는 정말로 더럽고 추하게 살아가는 정신의 문둥병 환자들에게 맡겨두고, 우리는 방법적인 부정 정신을 통하여 단 하나의 대진리, 위대한 낙천주의자의 삶을 살아가지 않으면 안 된다. 책을 읽는다는 것, 책을 읽고 또 읽는다는 것, 그 책의 내용을 새롭게 변모시키면서 자기 자신만의 새로운 사상의 싹을 틔워나간다는 것—. 이것이 바로, 보다 행복한 삶을 추구하기 위한 방법이 아니던가? 우리는 이 세상을 비방하고 헐뜯고 저주하기 위해서 책을 읽지는 않는다. 책을 읽는 자는 누구나 다같이 행복해 지기 위해서, 보다 잘 살기 위해서, 새로운 삶의 지혜를 배우고 연마하는 것이지, 애초부터 불순한 음모나 독살자의 기도로써 책을 읽지는 않는다. 책을 읽는 자는 전진을 원하는 자이며, 동물적인 퇴행이나 야만을 꿈꾸지는 않는다. 책을 읽는다는 것은 보다 세련된 인간의 삶에의 의지이며, 보다 행복하고 낙천적인 우리 인간들의 찬송가인 셈이다. 독서만이 위대하고 독서만이 낙천주의자를 인도하고 이끌어 줄 수가 있다. 아니, 인간만이 위대하고, 인간만이 독서의 기원이 되는 서책의 저자가 될 수가 있다. 인간은 불행하지만 독서하는 자는 행복하고, 인간은 유한하지만 人神으로서의 저자는 영원불멸의 삶을 살아간다. 학문의 세계에서 애국심을 떠들어대는 자는 外界로 추방해 버려야 하지만, 나는 프로메테우스와도 같은 심정으로 우리 한국인들을 위하여 횃불을 밝히고 있을 수밖에 없다. 아아, 한국인들이여, 책을 사랑하고 책과 함께 정신의 오르가즘을 맛볼 수 있도록 하여라!

시인들이 넘쳐난다—대소 시인, 유명한 시인, 잘 알려지지 않은 시인, 사랑받는 시인, 매혹하는 시인, 시를 위해 사는 자는 모든 걸 다 읽어야 한다. (……) 새 세대가 옛 세대를 깨운다. 옛 세대가 새 세대 속에 다시 살아난다. 시는 다양화될 때에야만 통합된다. 새 책들은 얼마나 우리에게 은혜를 베푸는가! 정말 매일 새로운 이미지들에 대해 말해 주는 책들이 바구니 가득 하늘에서 떨어졌으면 좋겠다. 이 誓願은 자연스럽다. 이 기적은 쉽다. 저기 하늘에서는, 천당이라는 거대한 도서관이 아닐까 싶어서이다.

하지만 받는 것만으로는 충분하지 않다. 잘 접대해야 한다. 같은 목소리로 교육학자와 영양학자는 말하고 있는데, '동화시켜야 한다'. 그러기 위해서는 너무 빨리 읽지 말기를, 너무 큰 덩치를 삼키지 않도록 충고한다. 사람들의 충고를 듣자면, 잘 해결할 수 있도록 난제를 가능한 한 많은 부분으로 나누라는 것이다. 그렇다, 잘 씹으세요, 조금씩 마시세요, 시를 한 행 한 행 맛보세요. 이 모든 규범은 아름답고 좋다. 그러나 하나의 원칙이 그것들을 통괄한다. 우선 먹고 마시고 읽으려는 좋은 욕망이 있어야 한다. 많이 읽고, 또 읽고, 계속 읽으려 해야 한다.

그래서 아침부터 내 책상 위에 쌓인 책 앞에서 독서의 신에게 나는 게걸스런 나의 독자의 기도를 드린다.

'오늘도 일용할 굶주림을 주시옵고'(10: 37).

바슐라르의 문체는 제일급의 요리사와 영양학자 같은 문체이며, 부드럽고 섬세한 감수성의 문체이다. 나는 바슐라르의 비사회성, 혹은 내면 세계로의 침잠은 그의 여성적인 부드러움에서 비롯된다고 하지 않을 수가 없다.

| 참고 문헌 |

1, 쇼펜하우어, 『의지와 표상으로서의 세계』, 집문당, 1994

2, 니체, 『이 사람을 보라』, 청하, 1982

3, 쇼펜하우어, 『쇼펜하우어』, 최혁순 편역, 을지출판사, 1984

4, 니체, 『짜라투스트라는 이렇게 말했다』, 청하, 1984

5, 반경환, 『한국문학비평의 혁명』, 국학자료원, 1997

6, 호머, 『오딧세우스』, 정음사, 1966

7, 움베르트 에코, 『장미의 이름』, 열린책들, 1992

8, 니체, 『선악을 넘어서』, 청하, 1982

9, 토마스 칼라일, 『영웅의 역사』, 소나무, 1997

10, 바슐라르, 『몽상의 시학』, 기린원, 1989

제2장 산책에 대하여

> 대학교수와 혼자서 걸어가는 학자 사이에는 옛날부터 일종의 적대 관계가 있다. 이 불화는 어쩌면 늑대와 개의 관계로 설명할 수 있다. (……) 대학교수들은 교수라는 지위 덕분으로 동시대 사람들에게 이름이 알려지는 큰 이점이 있다. 후세에 이름을 남기려면 또 많은 여러 가지 어려운 조건이 있기는 하나 어느 정도의 여가와 독립이 필요하다. (……) 대체로 대학교수라는 반추동물에게는 가축우리에 넣어 사료를 주는 것이 더 어울린다. 이와 반대로 자연 속에서 자기의 수확물을 얻는 사람은 들판에 내놓아 기르는 것이 낫다(1: 340)*.
>
> — 쇼펜하우어

철학자라는 이름의 인간육성자, 이 비범한 존재들은 이제까지 스스로를 지혜의 친구라기보다는 위험스러운 물음표, 불쾌한 바보라고 생각해 왔다. 그럼에도 불구하고 그들은 당대의 불쾌한 양심이 되는 것이 자신의 사명임을 자각해 왔다. 그러한 사명은 수행하기도 어렵고 달갑지도 않으며 그렇다고 회피할 수도 없는 것이었고, 궁극적으로 위대한 것이었다. 그들은 자신이 속한 시대의 미덕의 심장에다 메스를 댐으로써 그들의 비밀과업이 무엇인가를 드러

* (1: 340)은 1의 책 340면을 말한다.

냈다. (……) 우리들은 오늘날 그대들이 가장 불편스러운 곳으로 가야만 한다(2: 145).

— 니체

이미, 제1장 「독서에 대하여」라는 글에서 시사를 한 바가 있듯이, 나는 하루에 한두 번씩, 꼬박꼬박, 매우 규칙적으로 산책을 하고 있다. 답답하고 좁은 서재에서 벗어나 맑고 상쾌한 공기를 마시면서 산과 강으로, 혹은 좁다란 오솔길과 들로 산책을 나간다는 것은 새로운 신천지를 개척한다는 것만큼이나 즐겁고 기쁜 일이다. 하늘을 찌를듯이 솟아오른 나무들을 바라보는 것도 좋고, 금강의 새여울에서 피라미들이 튀어오르는 것을 바라보는 것도 좋다. 좁다란 오솔길을 따라서 귀에 익은 이명耳鳴의 소리가 선경의 메아리 소리처럼 들려오는 것도 좋고, 비닐하우스의 채소밭에서 앞니가 다 빠진 할머니와 할아버지가 부지런히 땀을 흘리고 있는 모습을 바라보고 있는 것도 좋다. 산책을 좋아하고 또 좋아하는 자의 입장에서는, 나의 발걸음을 자유 자재롭게 해주는 이곳 대청댐의 마을을 무엇보다도 사랑하지 않을 수가 없다. 한 사람의 사색인에게 제일 중요한 것은 기후와 풍토와 사회적 관습인데, 이 고장에서 태어나 이 고장의 문물을 익히며 자라온 나에게는 그 모든 것이 친근하게 보이며, 어느 것 하나 익숙하지 않은 것이 없다. 산과 강과 호수와 오솔길, 노산리의 넓은 들판과 언제 들어도 구수하고 정감이 가는 충청도 사투리들이 나의 발에 날개를 달아주고, 사유의 폭을 크고 깊이 있게 하여준다. 맛없는 음식과 맛없는 물을 마시면 위장이 좋아지지 않는 것처럼, 절대로 육체의 발이 절뚝거리지 않으며, 다독의 폐해에 젖어서 언제나 불협화음을 일으키고 있는 자처럼, 절대로 정신의 물결이 어수선한 파문을 불러 일으키지는 않는다. 나는 이 산책을 통해서 타인의 사유와 나의 사유를 비교하고, 그것을 넘어서서 자기 자신만의 독창적인 사상을 구축해 나가고 있다. 따라서 하루에 열 시간씩, 열두 시간씩 공부를 하는 것도 좋지만, 나는 무엇보다도 이 산책의 시간이 더욱더 소중하고 그만큼 유익하다고 하지 않을 수가 없다.

江이 조용히 빛나고 있었다
江가에 가득한 밀밭 위로
바람이 넘치고 있었다
흰 모래톱에 던진는 돌팔매
하늘 위의 몇 마리 새들과
무심한 물결이
빈 가슴에 들어와
어둠을 허물고 있었다
키 큰 밀밭 사이로
지난 밤의 하찮은 불면이
구름처럼 사라져 가는 것이
보였다
— 이덕영, 「신탄진」 전문

이덕영 시인은 1942년, 이곳 대전에서 출생하여 서라벌예대 문예창작학과를 졸업하고, 『한국일보』 신춘문예에 「化石」이 당선되었다고 한다. 향토적이고 토속적인 언어로, 박용래 시인의 뒤를 이어서, 전통적인 서정시의 세계를 추구하였지만, 1983년 11월, 41세의 젊은 나이로 안타깝고 애석하게 타계를 하였다고 한다. 나는 이덕영 시인을 만난 적도 없고 그의 시를 읽어본 적도 없지만, 지난 여름 자전거를 타고 대청댐의 물구경을 갔다가 그의 '詩碑'를 접할 수가 있었다. 「신탄진」은 이덕영 시인의 존재론적 내면 성찰이 담긴 시이며, 그의 삶에의 의지와 미래의 희망이 조용하지만 담담하고 그만큼 은밀하게 울려 퍼지고 있는 시라고 생각된다. 조용히 빛나는 강물에 돌팔매를 던지며 지난밤의 불면을 떨쳐버리는 것도 유쾌한 일이고, 하늘 위의 몇 마리 새들과 함께, 자유를 만끽하면서 하찮은 일상 생활의 사슬을 끊어버리는 것도 유쾌한 일이다. 불면을 떨치고 하찮은 일상 생활의 사슬을 끊어버리면 자유와 해방과 함께, 언제나 푸르고 푸른 강물의 유장한 흐름을 얻게 된다. 또한, 대범하고 꿋꿋한 의지와 함께 그 주체자는 성숙하게 되고, 존재론적 출구가 막혀버린 암영이 뚫리면서 미래의 희망이라는 돛단배를 띄우게 된다. 나는 이덕영 시인의 지난밤의 하찮은 불면이나 그 어둠의 깊이를 잘 알고 있지 못하지만, 그것은 어두운 시대의 산물이며, 가난, 무명, 병, 매명, 매문 따위 등과 매우 미묘하고 복잡하게 얽혀 있다고 생각한다. 이덕영의 「신탄진」은 우리 한국인들의 미덕의 심장에다 날카로운 비수를 들이대고 있는 시도 아니며, 전통적인 서정시의 한계를 뚫고 새로운 형식의 예지가 번뜩이는 시도 아니다. 알듯말듯한 애매모호함이 향토적이고 토속적인 언어 속에서 빛나고, 전반적으로 감미롭고 부드러운 분위기가 이 시를 읽는 독자로 하여금 날카로운 비판의 칼날을 거두어 들이게 한다. 나는 「신탄진」을 읽고 다음 날 그것을 필사해 오면서, 이 '산책의 장'에서 소개하고 분석을 하리라고 다짐을 해두었다. 이덕영 시인이여, 지하의 세계에서나마 밝은 꿈을 꾸고 부디 행복하소서!

산책의 시간이란 이처럼 뜻밖의 만남을 주선해 주기도 하고, 뜻밖의 행복을 가져다 주기도 한다. 울적하고 답답한 마음을 어루만져 주기도 하고, 존재론적 출구가 막혀버린 암영을 뚫고 미래의 희망을 가져다 주기도 한다. 또한, 다독의 폐해에서 벗어나 나의 사유와 타인의 사유를 비교해 주기도 하고, 끝끝내 정신의 제국 속에서 자기 자신만의 사상을 완성해 주기도 한다. 반성과 성찰을 하게 해주기도 하고, 대범하고 떳떳하게 해주기도 한다. 나는 이러한 산책을 통해서 글을 쓸 수 있는 주제의 가닥을 잡아 나가며, 읽어야 될 책들과 내가 가장 취약점을 보이고 있는 분야의 학문을 생각해 보기도 한다. 독서의 시간은 기초체력을 다지는 배움의 과정이고, 산책의 시간은 구체적인 전략과 전술을 연마하는 과정이다. 독서의 시간에서는 상대방의 주특기와 기술을 배우고 산책의 시간에서는 나만의 주특기와 기술을 연마한다. 적을 알고 나를 알면 백전백승이라는 말이 있듯이, 이 독서의 시간과 산책의 시간이 보다 더 정교하고 세밀하게 조화를 이룰 때, 우리는 자기가 보다 더 대사상가의 반열에 올라서고 있다는 것을 느끼게 될는지도 모른다. 글쓰기의 장은 모든 잡념과 잡음이 말소되고 군더더기가 하나도 없는 절제의 장이며, 모든 주체자의 생사가 걸린 싸움의 장이다. 나는 나의 의견에 언제나 이의를 제기하고 반대를 하는 자들이 있다는 것만으로도 행복하고, 보다 더 강력하고 위대한 적대자들을 찾아나설 수가 있다는 것만으로도 즐겁고 기쁘다. 산책의 시간은 낙천주의자의 사색의 시간이며, 비밀한 병기를 제조해 내는 구상의 시간이기도 하다. 산책을 사랑하는 자는 자기 찬미의 도덕으로 모든 것을 미화시킬 수 있는 자이며, 언제나 신의 정돈하는 손가락을 지닌 자이기도 하다.

나는 대청댐이 바라다 보이는 산 정상에 올라서서 황지우의 「山經」이란 시를 떠올려 보지 않을 수가 없었다.

無等山經

동쪽에서 무등산으로 들어가는 첫머리는 꼬두메이다. 본디로는 꽃두메이며 혹은 잣고개라고도 한다. 봄날 산허리에 진달래 참꽃이 만발하여 첫 햇살이 비추면, 마치 온 산에 붉은 비단 치마를 펼쳐놓은 듯하다. 이 참꽃을 술 담가 먹으면 매 맞아 얼든 데를 낫게 할 수 있다. 꼬두메를 넘으면 사람 없는 딴 세상이다.

십여 리 들어가면 밤실이라는 곳인데, 맑은 계곡물에 어디선가 복사꽃잎 떠

내려오고, 복사꽃 陰影에 꿀벌이 잉잉댄다. 또 온 골마다 밤꽃 향내 가득하다. 이곳의 어떤 풀은 생김새가 水蓮 같은데 푸른 꽃이 핀다. 이것을 먹으면 좀체 배가 고프지 않다. 이름을 芙芝라 한다.

다시 2십 리 들어가면 삿갓골이 나온다. 이곳의 어떤 나무는 생김새가 등나무 같은데 바람 불면 보랏빛 꽃망울에서 쟁쟁한 은방울 소리가 멀리까지 들린다. 이름을 鈴木이라 하며, 이 꽃을 찧어 바르면 칼로 찔리거나 베인 살이 흔적도 없이 아문다.

다시 시오 리 들어가면 靑鶴峰이 있는데, 그 둘레에 솔숲이 사방 십 리에 달하며, 靑松 위 한 떼의 흰 새들이 졸고 있다. 이 숲에는 기이한 풀과 열매가 많다. 靈草라고 하는 풀은 그 잎이 서로 겹쳐 나고, 꽃은 노랗고, 열매는 까만 염소똥 같은데, 이것을 먹으면 몸에 砲丸을 맞아도 안 다치며, 멀리 걸어도 발이 부르트지 않는다. 또 어떤 풀은 줄기가 길고 잎이 둥글게 세 겹으로 나 있으며, 붉은 꽃이 핀다. 이름을 焉山이라 하며, 이것으로 毒을 없앨 수 있다.

다시 5십 리 들어가면 洗人 폭포가 있다. 이 물을 맞으면 신경통이 낫는다. 폭포 아래 큰 못이 있는데, 여기에 매달 보름이면 선녀들이 내려와 滿月을 깨끗이 닦아, 하늘로 밤새 굴리고 올라간다.

다시 3백 리 들어가면 가파르고 험한 石徑이 나온다. 닥나무, 개암나무, 도토리나무가 우거지고, 기암 절벽에 이상한 풀과 열매가 많다. 어떤 풀은 잎이 삽처럼 생겼는데, 꽃이 희고, 열매가 검은 머루같이 생겼다. 이름을 요초라 하며, 이것을 먹으면 가위눌리지 않는다. 또 어떤 풀은 잎이 다섯 갈래이고, 노란 꽃에, 붉은 열매를 맺는다. 祝餘라고 하는 이 열매를 먹으면 큰 슬픔이나 원한을 삭일 수 있다. 또 잎이 엉겅퀴 같고, 푸른 꽃에 털이 난 흰 열매를 맺는, 강초라 하는 풀은 미침명을 낫게 한다. 또 山미나리는 먹을 때 지독한 구린내가 나

나, 세상 시름을 잊게 해준다. 어리석음증을 잡아주고, 어지럼증을 가시게 해주고, 미움증을 없애주는 이러이러한 풀과 열매와 뿌리들은 깎아지른 절벽의 바위 틈에, 가시덤불 속에 있다. 무릇 藥은 아프나니, 이 樂山 위에는 새로운 이름을 기다리는 수많은 풀꽃들이 자란다.

다시 5백 리를 들어가면 上峰이 나온다. 멀리 만리 밖 長城에서 바라보아 흡사 어느 슬픈 巨人이 있어 등을 돌려 눈물 흘릴 제 그 막막한 어깨처럼 드넓고 평평한 등성이가 바로 이 상봉이다. 無等이라는 이름은 이에 따름이다. 무등은 끝이 안 보이는 갈대밭으로 덮여 있는데, 목화솜 같은 갈꽃이 수시로 바람에 날려 새털구름이 된다. 세상은 아득하고, 갈대 구름 위로 난새가 높이높이 난다.

다시 4백 리 들어가면 瑞石이 있다. 이곳에는 아침 풀잎의 甘露를 마시며, 살결이 白雪마냥 희고 그 부드러움이 어린 계집 아이 같은 신선들이 어슬렁어슬렁 소요한다. 수풀에는 수줍은 天桃가 남모르게 홀로 붉어가고, 새끼 밴, 잠자는 암사슴 곁을 호랑이가 바스락거리는 발소리를 죽여 지나간다. 한 신선이 있어, 하루는 歲月의 날아가는 화살과 내기를 하였다. 신선이 이 서석 앞에 당도하니 이틀 뒤에 그 화살이 날아와 서석 바위에 박혔다.

다시 백 리를 들어가면 春雪軒이라는 곳인데, 신선들이 歌舞를 즐기는 곳이다. 봄눈에 찍힌 새 발자국 같은 찻잎, 따다 마시면 비로소 無音이 들린다. 끓는 물주전자가 있으니 푸른 솔밭이 아주 멀고, 芭蕉 부채 아래 숯불처럼 마음 더욱 붉다.

다시 백 리를 들어가면 立石帶에 닿게 된다. 이곳이 上上峰으로 올라가는 들머리이며, 거기에는 신선들이 하늘로 오르내려 다니던 계단의 첫 壇이 있는데, 그러나 이름을 來耳多라고 하는, 커다란 잠자리 모양의 검은 곤충이 지키고 있어, 아무도 접근할 수가 없게 되었다. 北溟에서 쫓겨온 마왕 米狗가 상상봉을 차지한 까닭이다. 입석 아래로는 사시사철 나뭇가지에 서러운 눈꽃이 피어 있다.

立石을 동쪽으로 돌아 和順으로 5백 리 가면, 雲舟寺에 다다른다. 수천 년 이래 謫仙들이 이곳에 모여 다시 세상으로 나갈 채비들을 하고 있다. 길 가는 이들은 뒤돌아보지 않는다. 돌아보면 모든 자취는 지워져 있고 追憶은 迷路이느니, 다시 세상으로 나아가는 雲舟 뱃전에 風雲이 물결되어 출렁일 따름이다.

그러므로, 길 가는 이들이여
그대 비록 惡을 이기지 못하였으나
藥과 마음을 얻었으면,
아픈 세상으로 가서 아프자.
— 황지우, 「山經」(『게 눈 속의 연꽃』, 문학과지성사)에서

황지우의 '無等山經'을 읽다보면, 술 담가 먹으면 매 맞아 얼든 데를 낫게 해준다는 참꽃도 나오고, 또 이것을 먹으면 좀체 배가 고프지 않다는 '芙芝'도 나온다. 이 꽃을 찧어 바르면 칼로 찔리거나 베인 살이 흔적도 없이 낫게 된다는 '鈴木'도 나오고, 이것을 먹으면 몸에 砲丸을 맞아도 안 다치며 멀리 걸어가도 발이 부르트지 않는다는 '靈草의 열매'도 나온다. 독을 없앨 수 있다는 '焉酸'도 나오고, 큰 슬픔이나 원한을 삭일 수 있다는 '祝餘'도 나온다. 또 게다가 세상 시름을 잊게 해준다는 산미나리도 나오고, 또 어리석음증과 미움증을 없애주는 신기한 풀과 열매와 뿌리들의 이름들도 나온다. 이러한 신기하고 영험한 식물들이 자나라고 있는 무등산에는 온 산에 붉은 비단치마를 펼쳐 놓은 듯한 꽃두메도 있고, 복사꽃 음영에 꿀벌들이 잉잉대는 밤실도 있다. 등나무 같은 鈴木이 자라는 삿갓골도 있고, 青松 위에 한떼

의 흰새들이 졸고 있는 青鶴峰도 있다. 이 물을 맞으면 신경통이 낫는다는 洗人폭포도 있고, 닥나무, 개암나무, 도토리 나무가 우거지고 기암 절벽에 이상한 풀과 열매들이 많은 石徑도 있다. 어느 슬픈 巨人이 눈물을 흘리고 있는 듯, 그 막막한 어깨처럼 드넓고 평등한 無等도 있고, 한 신선이 세월의 날아가는 화살과 내기를 하였다는 瑞石도 있다. 무등산의 꽃과 풀과 나무와 열매들은 상처를 입었거나 아픈 데를 낫게 해주고, 미침병을 낫게 해주거나 독을 없애 준다. 또한 그것들은 배고픔을 잊게 해주고, 원한을 삭힐 수 있거나 증오를 없애 준다. 이러한 사실들은 이 고장 사람들이 오래오래 소외되고 박해를 받았다는 것을 말해 주고, 그 원한 맺힌 저주의 감정들이 역으로 이처럼 신기하고도 영험한 식물들을 자라나게 하고 있다는 사실을 말해 준다. 다른 한편, '無等山經'의 성지와 성소는 아름다운 새와 나무와 동식물들과 기암기석을 자랑하며 수많은 신선들이 내려와 歌舞를 즐겼던 곳이기는 하지만, 죄 지은 선비들이 숨어들고 무등이란 거인이 그 넓고 평등한 어깨를 자랑하며 눈물을 흘리고 있는 곳이기도 하다. 따라서 무등산은 그 상상봉을 북명에서 쫓겨온 마왕 米拘에게 빼앗겨 버린—미군레이다 기지를 말한다—슬픈 고장에 지나지 않으며, 높은 곳, 하늘과 가까운 곳, 그 초월의 정기가 소멸되고 사그라진 슬픈 고장에 지나지 않는다. 무등산의 성지와 성소는 옛날의 부귀영화를 어렴풋이 간직하고 있을 뿐, 역사의 힘찬 발걸음 소리가 좀처럼 들려오지 않는다고 해도 틀림이 없다. 하지만 이 고장의 선남선녀들은 그들의 성지인 무등산에서 만인의 평등을 꿈꾸며, 그 아프고 병든 마음을 치유하고 있는 것인지도 모른다. 서로가 서로를 아껴주고 사랑하는 뿌리 깊은 '애향심'을 확인하며, 그들은 그들만의 공동체적 연대감을 가꾸어 나갈 수밖에 없는 것인지도 모른다.

그렇다면 황지우의 애향심과 전라도 사람들의 공동체적 연대감이 어떠한 차원에서 펼쳐지고 있는지, 그의 '南山經'과 '仁王山經'을 살펴

보지 않을 수가 없다.

南山經

南山의 첫머리는 會峴이라는 고개이다. 그 고개는 남산의 북향 그늘이 드리워져 늘 음습하고 차가워, 사람 살 곳이 못 된다. 이곳의 어떤 풀은 그 생김새가 푸른 지렁이 같고, 가느다란 털이 달려 있고, 끈끈이액이 나와, 사람이 다가가면 긴 줄기로 휘감아 잡아먹으려 든다. 이름을 蒼芙라 한다. 이것에 닿으면 오줌을 자주 눈다. 이곳의 어떤 나무는 가지가지가 모두 草綠뱀으로 되어 있다. 바람이 불면 찢어진 혀를 낼름거리며 사납게 울부짖는다. 이 蛇木의 까만 열매를 먹으면 아이를 못 낳는다. 廢水가 여기에서 나와 淸溪로 흐르는데, 그 속에는 입 없는 비닐뱀장어들이 많이 산다. 먹어서는 아니 된다.

회현 마루에서 남산 꼭대기까지에는 닭머리에 살무사 꼬리를 단, 커다란 거북이가 날개를 달고 날아다니는데, 이름을 鷄佛蚵라 한다. 이 새의 염통은 욕망이다. 그것이 그것을 날게 한다.

남산 꼭대기에는 폭군 熙를 죽이고 희의 양아들 樂潰에게 죽임을 당한 희의 신하 圭가 사지가 잘린 채 높은 고목에 걸려 있는데, 영생의 저주를 받아 죽지 않고 살아 있어, 계불가가 날마다 날아와 그의 목마른 입에 폐수의 물을 한 모금씩 떠넣어준다. 규가 목말라 소리쳐 울면 마른번개가 쳐, 부근에 풀과 나무가 없다.

남산에서 4백 리 가면 洛山이 있는데, 초목이 없고 메마르다. 이 산에 사는 어떤 새는 날개가 하나이고 눈이 하나이고 발이 하나이다. 鷺鷺라 하는 이 새는 암수의 날개와 눈과 발이 하나로 합쳐져야만 날아갈 수 있다. 이것이 한 번 지나가면 세상에 되는 일이 없다.

다시 북쪽으로 2백 리 가면 晟北山이라는 곳인데, 이곳의 어떤 짐승은 생김새가 돼지 같은데, 얼굴은 사람 같고, 눈이 네 개에다, 입이 앞뒤로 둘이고, 오리발을 하고 있으며, 그 소리는 사람이 되다 만 개 짖는 소리 같다. 이름을 蛔丈이라 한다. 이것이 나타나면 고을에 큰 도둑이 든다.

다시 북쪽으로 3백 리 가면 上溪山이 나온다. 초목은 자라지 않으나 물이 많다. 이곳의 어떤 짐승은 생김새가 긴꼬리원숭이 같은데, 앞발이 다섯이요 뒷발이 셋이다. 이름이 狗鯖이며, 소리는 나무를 찍는 듯하고, 이것이 나타나면 그 고을에 철거와 토목 공사가 많아진다.

다시 북쪽으로 2백 리 가면 水踰山이다. 수목이 울창하나 옛날에 많은 젊은 사람들이 죽어 묻힌 곳이다. 이곳의 어떤 새는 몸빛이 군청색이고, 부리가 희고, 발이 붉다. 이 새가 앉는 곳마다 붉은 꽃이 핀다.

(……)

다시 북쪽으로 5백 리 가면 小搖山이다. 이곳에는 바다 건너온 猩猩이들이 드글드글하다. 어떤 것들은 생김새가 사람 얼굴에 닭깃 같은 머리를 하고, 온몸에 노란 털이 났으며, 다리가 세 개인데 가운데 하나는 성기이다. 또 어떤 것들은 고릴라같이 새까맣다. 사람이 다가가면 잘 웃기도 하는데, 워낙 이 짐승들은 떼거리로 몰려 교미하기를 좋아하고, 난폭하다. 이것들은 고을의 젊은 여자들을 잘 잡아먹는다.

(……)

仁旺山經

仁旺山의 첫머리는 白岳山이다. 초목이 드물고 돌이 많다. 꼭대기에 큰 바위 세 개가 서 있다. 혹은 대머리산이라고도 한다. 금이 많이 난다. 이곳의 어떤 짐승은 여우같이 생겼는데, 턱이 뾰쪽하고, 귀가 없고, 꼬리가 40자나 된다. 이름을 시狼이라 하며, 이것이 나타나면 집안이 망한다.

서쪽으로 한 백 리 가면 媿佛山이라는 곳이다. 이곳의 어떤 짐승은 생김새가 살무사 같은 데 날개가 달려 있다. 사람의 말을 알아들어서, 그 싸우는 소리가 나면 정직한 자를 잡아먹는다. 義롭다는 말을 듣는 사람은 코를 베어먹고, 악하고 못돼먹었다는 말을 듣는 자에게는 짐승을 잡아다 갖다 바친다. 이름을 蛇僕이라 하며, 혹은 잡새라고도 한다. 이것이 나타나면 獄이 넘친다.

다시 서쪽으로 3백 리 가면 鞍山이 나온다. 뱀풀이 우거져 있다. 세상의 온갖 도둑들이 이곳에 들어와 사는데, 더러 신선들도 이곳에 내려와 더불어 살고 있다. 도둑과 신선들은 이곳에서 흘러나오는 靈川을 떠 마시고 이 물에 발도 닦고 목욕도 한다. 이 물을 마시면 두려움이 없어지고, 이 물에 몸을 담그고 나오면 온몸에 영롱한 광채가 난다. 靈川은 하늘로 흘러들어가 멀리 西海 구름 밑에 닿아 있다.

다시 서쪽으로 2백 리 가면 無岳山이다. 刑武가 이곳에서 天帝와 신의 자리를 놓고 싸웠는데 천제가 그의 목을 짤라 무악산 동쪽에 묻었다. 그러자 목이 없는 형무의 젖꼭지에 눈이 나고, 배꼽에 입이 생겨났다. 형무는 도끼와 방패를 들고 하늘로 쳐들어갔다. 무악산에는 늘 붉은 구름이 끼어 있다.

(……)

다시 서쪽으로 7백 리 가면 汶山이라는 곳인데, 북쪽으로 臨津水가 흐르고, 이 물은 서해로 들어간다. 이곳에는 이름이 氣蛇라 하는 큰 뱀이 있는데, 꼬리인 신촌에서 머리인 문산까지 무려 1,500리나 되는 긴 몸을 갖고 있다. 움직일 때 귀에서 푸른 안개가 나며, 숨을 내쉬면 거센 西風이 분다. 또 이곳에는 흰 狌狌이, 검은 狌狌들이 코끼리만한 두꺼비를 타고 다니는데, 이 두꺼비가 침을 쏘면 사람이 죽고 나무가 시들었다. 성성이들이 임진수를 지키고, 기사는 임진수를 건너지 못한다.

다시 서쪽으로 4백 리 가면 백령산이 있다. 백령산이 바다 한가운데 떠 있고, 뻘밭에서 게 한 마리가 西海를 바라본다.

— 황지우, 「山經」에서

황지우의 '南山經'과 '仁旺山經'에는 사람이 다가가면 긴 줄기로 잡아 먹으려는 '蒼芙'도 나오고, 가지가 초록의 뱀으로 되어 있는 '蛇木'도 나온다. 큰 거북이와도 같고 염통이 욕망으로 된 계불가도 나오고, 눈과 발이 하나씩이고 이것이 지나가면 세상에 되는 일이 없다는 鷺鷺도 나온다. 눈이 네 개에다 입이 둘이고, 오리발을 하고 있으며, 이것이 나타나면 고을에 큰 도둑이 든다는 蛔丈도 나오고, 엉덩이쪽에 머리가 달려 있이서 앞으로도 뒤로도 나가질 못한다는 道峰山의 어떤 짐승도 나온다. 또 사람의 말을 알아 들어서 그 싸우는 소리가 나면 정직한 자를 잡아먹는다는 어떤 짐승도 나오고, 이것이 나타나면 獄이 넘친다는 蛇僕도 나온다. 이처럼 기괴하고 음산하며 불길한 동식물들의 물적 토대로는 아이를 못낳는 여자들, 폭군 熙를 죽인 圭의 사지가 잘린 채 높은 고목에 걸려 있는 會峴도 있고, 철거와 토목 공사가 끊임없이 이어지는 上溪山도 있다. 은빛 개가 날개를 달고 사람을 잡아먹는다는 天摩山도 있고, 승농, 걸, 서희, 천제가 이전투구와도 같은 권력투쟁을 벌인 君子山도 있다. 또 의롭다는 말을 듣는 사람의 코를 베어먹고, 악하고 못돼먹었다는 말을 듣는 자에게는 짐승을 잡아다가 바친다는 媿佛山도 있고, 천제와 신의 자리를 놓고 싸우다가 목이 잘린 刑武는 도끼와 방패를 들고 하늘로 쳐들어 갔다는 無岳山도 있다. 사내 아이를 낳으면 3년만에 죽어버린다는 臥牛山도 있고, 흰 狌狌이, 검은 狌狌들이 코끼리만한 두꺼비를 타고 다니며, 이 두꺼비가 침을 쏘면 사람이 죽고 나무가 시든다는 汶山도 있다. 날이면 날마다 기괴하고 음산하며 불길한 동식물들이 출현하고 끊임없이 불순한 음모와 권모술수가 난무하는 곳, 정직하고 의로운 사람들은 목이 잘리거나 죽어가고 아이를 못 낳는 여자들과 흰 狌狌이와 검은 狌狌이들만이 판을 치는 곳—, 모든 예의와 법과 풍습의 미덕이 사라져 버린 곳이 '南山'과 '仁旺山'의 사회 역사적인 토대이기도 한 것이다.

황지우의 「山經」은 『山海經』의 패러디이며, 예컨대,

> 동쪽으로 500리를 가면 도과산이라는 곳인데, 산 위에서는 금과 옥이 많이 나고 기슭에는 무소와 외뿔소, 코끼리가 많다. 이곳의 어떤 새는 생김새가 교청새 같은데 머리가 희고 세 개의 발에 사람과 같은 얼굴을 하고 있다. 이름을 구여瞿如라고 하며 그 울음은 자신을 부르는 소리와 같다. 은수가 여기에서 나와 남쪽으로 바다에 흘러든다. 그 속에는 호교虎蛟가 사는데 생김새는 물고기의 몸에 뱀의 꼬리를 하고 있으며 소리는 마치 원앙새와 같다. 이것을 먹으면 종기가 나지 않고 치질을 낫게 할 수 있다(3: 64).

라는 것이나,

> 다시 동쪽으로 400리를 가면 영구산이라는 곳인데 초목은 자라지 않고 불이 많다. 그 남쪽에 중곡이라는 골짜기가 있어 동북풍이 여기로부터 불어나온다. 이곳의 어떤 새는 생김새가 올빼미 같은데 사람과 같은 얼굴에 네 개의 눈이 있고 귀도 달려 있다. 이름을 옹顒이라고 하며 그 울음은 자신을 부르는 소리와 같다. 이것이 나타나면 천하가 크게 가문다(3: 67).

라는 것처럼, 동일한 어법과 동일한 사유 체계가 주조를 이루고 있다고 해도 과언이 아니다. 하지만 『山海經』의 모든 것—인명, 지명, 사물명—이 가공적인 환상의 산물이라면, 「山經」은 그 가공적인 환상의 분위기만을 유지한 채, 보다 구체적인 세목들을 묘사했다고도 할 수가 있을 것이다. 따라서 「山經」은 그 의미가 애매모호하지 않고 보다 명확해진 것이 그 특징인데, 이것은 그가 현실주의자로서 우리 한국인들의 사회 역사적인 토대를 중요시 했다는 증거이기도 하다. 황지우는 그의 애향심을 통하여 하늘의 신선들과 전라도 지방 사람들의 마음씨를 결합시키고, 또한 버림받고 소외된 사람들의 마음씨와 온갖 신기하고 영험한 동식물들과 결합시킨다. 하지만 그는 비전라도 지방 사람들에게는 온갖 기괴하고 음산하며 불길한 동식물들과 결합시키고, 또한 그들의 마음씨에는 온갖 불순한 음모와 권모술수만을 결합시킨다. 전라도 지방에는 선남선녀들이 살고 있고, 비전라도 지방에는 사악한 남녀들이 살고 있다. 현실의 차원에서도 '전라도=피해자/ 비전라도=가해자'라는 이분법이 생겨나게 되고, 도덕의 차원에서도 역으로 '전라도=선한 자들이 살고 있는 곳/ 비전라도=사악한 자들이 살고 있는 곳'이라는 이분법이 생겨나게 된다. 뿐만 아니라, 이상적인 미래의 차원에서도 '전라도=성지, 성소/ 비전라도=지옥'이라는 이분법이 가능해지고 있는 것이다. 하지만 무등산, 혹은 전라도 지방만이 살기좋은 고장이라는 말도 나쁜 말이고, 무등산, 혹은 전라도 지방 사람들만이 착하고 선량하다는 말도 나쁜 말이다. 그것은 특정 지역에 의한 '역지역 차별주의'를 낳으면서 어느 누구도 포용하지 않고 있는 동년배 집단의 강령에 지나지 않는 것이다. 이 말은 통일 신라 시대부터 저 1980년대의 광주 항쟁에 이르기까지, 전라도 지방 사람들이 무수하게 짓밟히고 학대를 받았다는 사실을 몰이해하고 있어서 하는 말이 아니다. 우리는 황지우 시인에게 전라도 지방의 한과 그 아픔을 좀 더 의연하고 꿋꿋하게 참고 견디면서 세계 속의 변방인 우리 한국인들의 운명을 생각해 보고, 대한민국 제일급의 지식인이자 시인답게 우리 한국인들의 민심과 국력을 결집시킬 수 있는 방법을 모색해 보라고 권하고 싶은 것이다. (아아, 황지우 시인이여, 이제는 그대가 그렇게 소망하던 김대중 선생님이 大權을 잡았다. 그대는 아직도 '전라도 대 비전라도'의 이분법이 유효하다고 생각하는가?)

이러한 점에 있어서 박남철의 「전남 담양군 수북면 오정리」라는 시가 매우 시사적이라고 할 수가 있다.

잠실에서 전세금이 모자라 월계시영아파트 23동 302호로 이사 왔을 때
옆집에 사시던 아주머님네

갓 태어나서 데리고 온 해미르를 친자식보다 더 귀하게 키워 주셨던 아주머님, 그리고 그 가족들.

우리 사이에 전라도/ 경상도가 있었던가요,
선거 때는 거침없이 '김대중 선생님'을 주장하더라며 집사람은 웃었었지.

우리 사이에 전라도/ 경상도가 있었던가요,
작은 따님은 내가 한겨레출판사 경리로 취직시키며 재정 보증을 섰었지요.

우리 사이에 전라도/ 경상도가 있는가요,
증권회사에 다닌 큰따님 덕에 지금은 나에게 2백만원의 돈을 빌려주시고 계신 우리 아주머님네

고향, 전남 담양군 수북면 오정리 9번지
— 박남철, 「전남 담양군 수북면 오정리」 전문

나는 전라도 지방의 소외는 한국 사회에서의 권력투쟁의 부산물이며, 아주 저질적이고 야만적인 정치적 후진성의 한 예라고 생각하고 있다. 언제나 전라도 지방 사람들을 개 같이 학대를 하고 박해를 가한 자들은 소수의 지배 계급의 인사들이었지, 우리 한국인들 전체는 아니었던 것이다. 이러한 사회 역사적인 배경을 제대로 인식하지 못하고 비전라도인, 혹은 한국인 전체를 적대자로 몰고 간 것은 황지우의 크나큰 실수이며, 씻을 수 없는 죄가 된다. 황지우의 잘못된 애향심이

특정 지역을 중심으로 한 '역지역 차별주의'를 가능케 하고 있다면, 박남철의 '애향심'은 그 분열의 골을 메우면서 이타적인 사랑으로 하염없이 퍼져 나가고 있다고 하지 않을 수가 없다. 「전남 담양군 수북면 오정리」를 피상적으로 읽게 되면, '가해자'(경상도)의 입장에서 '피해자'(전라도)에게 일방적으로 화해의 제스처를 쓴 것 같지만, 이 시의 진정한 힘은 그처럼 조잡한 화해의 제스처에 있는 것이 아니다. 잠실에서 전세금이 모자라 월계 시영 아파트로 이사를 왔다는 것도 사실적이고, 갓 태어난 그의 아들을 친자식보다도 더 귀하게 키워주셨던 아주머님과 그 가족들도 사실적이다. 선거 때는 김대중 선생님을 거침없이 옹호했던 그 아주머님과 그 가족들도 사실적이고, 내가 작은 따님을 한겨레출판사 경리로 취직시켜주며 재정보증을 섰다는 말도 사실적이다. 이때의 사실성은 진정성이 담겨 있다는 것을 뜻하고, 진정으로 전라도와 경상도의 분열의 골을 메우려고 했다는 시인의 의지를 뜻한다. 박남철 시인은 자기 자신의 고향, 경상도를 사랑하는 것만큼이나 전라도를 사랑하고, 전라도를 사랑하는 것만큼이나 경상도를 사랑한다. "우리 사이에 전라도/ 경상도가 있었던가요"라는 시구는 진실했던 자만이 던질 수 있는 물음이며, '전라도/ 경상도' 이전에 진정으로 자기 고향을 사랑하고 우리 한국인들을 사랑하고 있는 자만이 던질 수 있는 물음이다. "고향, 전남 담양군 수북면 오정리 9번지"라는 시구는 '전라도/ 경상도'의 지역 차별주의를 넘어서서 우리 한국인들에 대한 사랑으로 하염없이 퍼져 나가는 시구라고 하지 않을 수가 없다.

어떤 사람은 하늘이 무너져 내려도 모든 것을 자기 탓으로 돌리려고 하지만, 어떤 사람은 손가락 하나만을 다쳐도 그 책임을 타인들에게 전가하려고 한다. 전자는 책임감이 강한 인간의 유형이고, 후자는 책임감이 전혀 없는 인간의 유형이다. 이처럼 책임감이 전혀 없는 인간이 자기의 고통과 병의 원인을 발견하는 데는 때때로 탁월한 재능을 발휘하게 되고, 그 재능을 빌미 삼아 사회주의자의 당원이 되거나 기독교의 사제가 되기도 한다. 그는 '내 탓이오'라는 말 대신에, '네 탓이다'라는 말을 더욱더 좋아하고, 소외되고 버림받았다는 사실을 과대포장하여 자기와 똑같은 무리들을 불러모으고, 그것에 반하는 적대자들을 공격하기에 여념이 없다. 황지우의 시에도 사회주의자나 기독교주의자와도 같은 냄새가 짙게 배어 있는데, 왜냐하면 모든 것을 원한 맺힌 저주 감정을 퍼부어야 할 대상으로만 삼고 있기 때문이다. 원한 맺힌 저주 감정의 입장에서는 선과 악, 적과 동지, 사랑과 증오, 저주받은 곳과 그렇지 않은 곳이 자명하고 명확하게 구분되고, 또한 세상의 이치와 삶의 방법 역시도 확연하게 드러나게 된다. 황지우의 「山經」은 결코 경전이 될 수 없는 범주가 구속된 사회의 도그마만을 보여주고 있을 뿐이다. 자유와 사랑과 평등은 전라도 지방 안에서만 맴돌 뿐, 그 지역 밖으로는 결코 퍼져 나가지 않는다. 거기에는 비전라도 지방 사람들과는 한솥밥을 먹을 수가 없다는 대단히 위험하기 짝이 없는 발상이 담겨 있다고 해도 틀림이 없다. 황지우의 「山經」은 교활한 복수심의 산물이며, 음흉한 간계의 산물일 뿐이다. 분노는 이성을 잃게 하고, 이성을 잃은 자는 세상의 이치와 사물의 이치를 제대로 깨닫지 못하게 된다. 사상과 이념에 갇힌 노예, 독창성을 잃어버린 노예, 계율 속에 갇힌 노예, 경전 속에 갇힌 노예, 단 하나의 진리만을 믿으며 진리 속에 갇힌 노예—. 그러나 이러한 노예들의 삶은 문화적 식민주의자들의 전략과 전술의 결과라고 하지 않을 수가 없다. 문화적 식민주의를 넘어서는 길은 뿔뿔이 흩어진 민심과 국력을 결집시키고, 새로운 민족주의를 창출해내는 데 있을는지도 모른다.

벼는 서로 어우러져
기대고 산다
햇살 따가와질수록
깊이 익어 스스로를 아끼고

이웃들에게 저를 맡긴다

서로가 서로의 몸을 묶어
더 튼튼해진 백성들을 보아라.
죄도 없이 죄지어서 더욱 불타는
마음들을 보아라. 벼가 춤출 때,
벼는 소리없이 떠나간다.
벼는 가을 하늘에도
서러운 눈 씻어 맑게 다스릴 줄 알고
바람 한 점에도
제 몸의 노여움을 덮는다.
저의 가슴도 더운 줄을 안다.

벼가 떠나가면서 바치는
이 넓디 넓은 사랑,
쓰러지고 쓰러지고 다시 일어서서 드리는
이 피묻은 그리움,
이 넉넉한 힘……
— 이성부, 「벼」 전문

이성부 시인은 제1연에서 '벼'에 대한 서정적인 묘사를 통하여 그것을 공동체의 연대 의식으로 자연스럽게 승화시키고, 제2연에서는 "죄도 없이 죄 지어서 더욱 불탄다"는 벼의 마음을 통해서 이타적인 사랑을 실천하고 있는 자의 그것을 노래한다. "죄도 없이 죄 지어서 더욱 불탄다"는 것은 "서로가 서로의 몸을 묶어/ 더 튼튼한 백성들을 보아라"는 시구에서처럼, 공동체 사회를 위해 살아가는 사람들의 연대 의식을 뜻하고, "벼가 춤출 때/ 벼는 소리없이 떠나간다"는 것은 자아를 망각한 존재의 무근거 상태로서 모든 것을 희생할 줄 아는 자의 이타적인 사랑을 뜻한다. 제3연에서는 "벼는 가을 하늘에도/ 서러운 눈 씻어 밝게 다스릴 줄 알고"에서처럼, 더러운 몸과 마음을 정결하게 씻어나가고 있는 자의 자기 고행의 삶을 노래하고, 제4연에서는 "벼가 떠나가며 바치는/ 이 넓디 넓은 사랑/ 쓰러지고 쓰러지고 다시 일어서서 드리는/ 이 피묻은 그리움/ 이 넉넉한 힘"에서처럼, 조국과 민족과 공동체 사회의 운명이 결정될 수밖에 없는 비극의 주인공의 삶을 찬양하게 된다. 이성부의 「벼」는 경상도에서도 자라나고 전라도에서도 자라난다. 3·8선 이북에서도 자라나고 3·8선 이남에서도 자라난다. 「벼」는 우리 한국인들의 보편적인 상징이며, 모든 것이라고 할 수가 있다. 적어도 박남철 시인과 이성부 시인의 시들은 우리 한국인들의 민심과 국력을 결집시키지, 분열시키지는 않는다.

우리 인간들은 수많은 민족들의 역사와 그 우수성을 발견해내는 데 최선의 노력을 다해 왔다고 하지 않을 수가 없다. 어떠한 민족이 우수한 민족인 것은 동일한 핏줄, 언어, 영토, 풍습 이외에도 그 민족에게 가장 고귀하고 소중하고 위대한 것을 발견하고 그것을 위하여 모든 민족의 힘과 역량을 결집시켜 왔기 때문이다. 혁명이나 내란을 통하여 민심이 흩어지고 국가의 힘이 분산되면 이민족의 지배를 받게 된다는 것, 이민족은 우방이나 혈맹이 아니라, 자기 이웃과 이웃 민족들의 내분을 이용하여 언제나 세계정복운동이라는 거대한 야심을 불태워왔다는 것—, 따라서 지배를 하는 자가 지배를 당하는 자이고, 지배를 당하는 자가 지배를 하는 자라는 이전투구의 무대를 종식시키기 위해서, 모든 우수한 민족들은 자기 자신들의 힘을 기르기 위하여 최선의 노력을 다해 왔던 것이다. 민족주의는 역사의 원동력이자 그 모든 것이라고 할 수가 있다. 하나님에 의해서 선택받은 민족이라는 유태인들의 민족주의를 생각해 보고, 이 지구상에서 가장 강력하고 부유한 왕국을 건설하려고 했던 로마와 나치의 민족주의를 생각해 보라! 또한 대영제국을 건설했던 앵글로 색슨족의 민족주의를 생각해 보고, 중화사상으로 천자가 통치하는 나라를 건설하려고 했던 중국인들의 민족주의를 생각해 보라! 이 세계를 지배하고 정복하는 것보다 그 민족에게 더 고귀하고 소중하고 위대한 것은 일찍이 없었다. 힘은 선악을 넘어서 있는 힘이며, 그것은 육체적이거나 물리적인 것이 아니라, 지혜의 샘물을 마시고 자라나는 생명나무의 열매라고 하지 않을 수가 없다. 우수한 민족이 힘을 가질 때 스스로를 선하다고 생각하고 행복하다고 느낀다. 우수한 민족은 자유와 평등과 사랑을 외치거나 주체성과 해방과 독립을 외치는 저열한 민족들을 무엇보다도 싫어하고, 세계 평화와 인류의 행복을 역설하게 된다. 세계 평화와 인류의 행복은 문화적 식민주의자들의 허울 좋은 가면이 되며, 그 가면의 인자한 웃음에 따라서 수많은 민족들의 민심이 흩어지고 국력이 분산되게 된다. 일찍이 힘을 가진 자나 우수한 민족이 스스로 양심의 가책을 느끼며 모든 권리를 포기한 적도 없었고, 진정으로 세계 평화와 인류의 행복을 위해서 '모든 것이 내 탓이오'라고, 어떠한 책임을 떠맡아 본 적도 없었다. 지혜란 세계정복운동의 원천이며, 이익을 낳고 또 이익을 낳는 생명나무의 열매일 수밖에 없다. 이익을 낳고 또 이익을 낳는 생명나무는 어떠한 비바람 속에서도 그 훼손됨을 모르는 황금의 나무와도 같다. 우리는 황지우의 잘못된 애향심을 바로잡고 흩어진 민심과 국력을 결집시키지 않으면 안 되고, 다른 한편,

무릇 經典은 여행이다. 없는 곳에 대한 地圖이므로.

누가 아빠 찾으면, 집 나갔다고 해라.

利他心은 利己心이다. 그러나 利己心은 利他心이 아니다.

내가 군대에서 배운 유일한 교훈은, 위장의 死活性이었다.

요즘은 종일 집 구석에 있소. 어디든 갈 수 있어요.

무릇 道는 교환과 방황을 위해 있다. 아니, 道는 약탈이다.

방광에 가득찬 한숨—게야, 바다 한가운데를 가보았느냐!

—「山經」 머릿글에서

라는, 황지우의 염세주의와 패배주의를 바로잡고, 위대한 낙천주의를 내면화시켜 나가지 않으면 안 된다. 사소한 이익 앞에서 눈이 멀게 되면 전체의 이익을 훼손하게 되고, "道는 약탈이다"라는 약육강식의 논리를 전면적으로 혐오하게 되면, 그 주체자나 그 민족은 치명적인 해악을 입게 된다. 황지우의 「山經」은 읽기 좋은 것도 아니고, 독창적인 것도 아니다. 아아, 황지우 시인이여, 하루바삐 문화적 식민주의자들의 그늘에서 벗어나, 이번에는 제대로 된 경전, 서양인들과 중국인들이 그것을 읽고 모방하지 않을 수 없는 천세불변의 경전을 어서 빨리 저술해 주기를 바란다.

나는 황지우의 「山經」에서 비롯된 민족주의를 생각하며 어느덧 섬뜩해진다. 반경환이여, 그대는 결국 광신적인 민족주의자에 불과하단 말인가! 그래, 그대 역시도 그 하찮은 민족주의 앞에서 우리들의 이성과 양심까지도 굴복시켜 버렸단 말인가! 나는 이러한 섬뜩한 내면의 외침 소리를 잠재우면서 대청댐의 수문을 바라다 본다. 모든 수문이 열리면서 우뢰와도 같은 폭포 소리가 들려오고 있는 것도 같았다. '위장의 死活性'—, 나는 이제 좀 더 세련되고 정교하게 민족주의를 은폐시키고, '사색인의 십계명'을 구상해 보기로 한다.

사색인의 십계명

제1계: 깊이 있게 배운다;

우리는 타인의 말과 타인의 사유와 함께, 오래 오래 살아볼 필요가 있다.

內面化의 오랜 과정—.

우리에게 필요한 것은 앎에 의한 제이의 천성이지, 앎 이전의 제일의 천성이 아니다.

제2계: 잘 질문한다;

외디프스가 그의 수수께끼를 풀었을 때에도 스핑크스는 자살을 할 수밖에 없었고, 오딧세우스가 그녀의 노래 소리를 들었을 때에도 사이렌은 자살을 할 수밖에 없었다.

우리에게는 영웅적인 용기와 匕首가 필요하다.

모든 진리는 시간과 장소에 의해서 규정되는 잠정적인 진리에 불과하다.

우리 학자님들, 그대들은 왜 노벨상을 타지 못하고, 한국문학 이론을 정립하지 못하는 즐거움만을 만끽하고 계시는지요? 도대체가 아무런 명명의 힘도 없는 그대들이 한국 사회의 파산 상태의 주범들이 아니시던가요?

제3계: 神의 권위도 인정하지 말라;

신은 우리 인간들에게 무조건의 예배와 복종을 강요하지만, 나는 그가 발기부전증의 환자라고 생각한다. 하나님은 동정녀 마리아와의 간통으로 예수를 얻었지만, 바로 그때, 치명적인 매독으로 성 기능의 장애를 입었다는 것을 우리 신성모독자들은 누구나 잘 알고 있다.

예수 이후, 하나님이 아들을 얻었다는 증거는 그 어디에도 없다.

神正論은 우리 인간들을 개나 돼지처럼 학대하는 관점에 불과하다.

제4계: 사상의 신전을 짓고 모든 사람들을 초대하라;

우리는 자기 자신을 세계의 중심에 놓을 필요가 있다.

나는 낙천주의자로서 '세계는 나의 범죄의 표상이다'라고 역설한 바가 있다. 이 말은 나의 범죄 행위가 있고, 그 다음에 세계가 있다라는 뜻이다.

創字에는 칼 도刀字가 들어 있다.

나의 사상의 신전, 낙천주의 속에는 우리 인간들의 꿈과 행복이 들어 있고, 언제나 행운의 여신이 미소를 짓고 있다.

제5계: 최고급의 인식의 제전을 펼쳐 보아라;

넓고 깊은 바다에는 모든 강물들이 다 흘러 들어오고 있다.

오늘도 파도와 파도가 부서지고 있다.

모든 물고기들은 '논쟁의 문화'를 향유하고 있다.

장미 같은 지식, 언제나 충직한 개 같은 지식, 화류계 여자 같은 지식, 기생 오래비 같은 지식, 사이비 학자 같은 지식, 일본 병정이나 독일 병정 같은 지식, 유태인이나 중국인 같이 돈만 아는 지식, 단 하나의 진리만을 선호하는 기독교인이나 공산주의자 같은 지식, 공공복리와 애국심만을 떠들어 대는 지식, 언제나 인간이라는 종의 건강을 위해서 고군분투하고 있는 지식 등—.

우리들이 진정으로 소망하고 있는 최고급의 인식의 제전의 전사는 부분을 전체와 관련시켜 이해하고, 전체를 부분과 관련시켜 볼 줄 아는 깊이 있고 종합적인 시야를 확보한 지식인일 수밖에 없다.

제6계: 언제나 '실패의 여신'께 감사의 기도를 드려라;

우리는 실패를 할 때마다 더욱더 독수리처럼 자유롭게 날아다닌다.

제7계: 역사의 감각이 마비되지 않도록 조심하고 또 조심하라;

세목의 진정성 이외에도 전형적인 상황에서의 전형적인 인물의 창조—.

마르크스와 엥겔스의 말대로, 리얼리티, 혹은 역사의 감각이 마비되면 우리 인간들의 삶과는 무관한 뜬구름 속의 이야기가 되거나 언제나 부재하는 신들의 이야기가 될 것이다.

우리 사색인들의 지식은 언제나 땅 속 깊이 뿌리를 박고 하늘 높이 그 줄기를 뻗어가야 하며, 수많은 가지와 무성한 잎들로 넓게 넓게 퍼져 나가지 않으면 안 된다. 마치, 이그드라실 나무처럼—.

제8계: 언제나 낙천적이어야 한다;

고통도 두렵지가 않고 불행도 두렵지가 않다.

이 세상의 어중이 떠중이들, 혹은 의지박약한 자들만이 고통과 불행을 두려워 한다.

모든 시와 신화와 종교는 낙천주의를 양식화시킨 것이다.

제9계: 더욱더 강력한 적을 찾아 나서라;

나는 오늘도 나를 더욱더 호된 채찍질로 궁지에 몰아넣고 있다.

내가 존경하고 사랑하는 호머, 괴테, 셰익스피어, 니체, 쇼펜하우어, 부처, 예수……,

나는 언제나 더욱더 강력한 적들을 발견하고 최고의 행복을 느낀다.

제10계: 언제나 성실하게 생활을 하라;

우리 한국인들은 어떤 말을 해도 알아 듣지 못하고, 또 그것을 실천해낼 능력도 없다.

만인 대 일인의 싸움—,

무지몽매한 한국인들과 철학자와의 싸움—,

나는 오직, 고립무원의 단 한 사람의 성실성을 믿을 수밖에 없다.

그러나 '사색인의 십계명'을 짓고 있는 나의 마음은 매우 착잡하고 어디선가 아물아물 물안개만이 피어오르고 있다. 그 물안개의 장막을 걷고 들어가 보면 앎이 육화되지 않고 사색인의 십계명 따위는 언제든지 무시하고 짓밟아버릴 수도 있는 우리 학자들의 대담한 배짱과 용기가 한 눈에 들어오고 있었다. IMF, 혹은 한국 사회의 파산 상태의 주범들은 우리 학자들인데, 그들의 연구실은 말끔히 정돈되어 있고 깨끗하기만 하다. 목수는 좋은 재목을 골라서 집을 짓는 것이 상식이지만, 우리 학자들은 썩은 고사목만을 골라서 집을 짓고 있다. 김소월, 이광수도 썩은 고사목들이고, 주요한, 김동인도 썩은 고사목들이다. 이상, 임화, 정지용도 썩은 고사목들이고, 김기림, 염상섭, 채만

식도 썩은 고사목들이다. 그들은 호머, 괴테, 셰익스피어, 단테, 톨스토이, 또스트옙프스키와는 비교도 안 되는 썩은 고사목들에 불과하고 일고의 가치도 없는 존재들에 지나지 않는다. 서울대학교를 비롯한 모든 대학교들의 석, 박사 학위가 여기에 집중되어 있고, 우리 학자들은 썩은 고사목들로 국제경쟁력이라고는 하나도 없는 이상한 집을 짓고 있다. 성수대교가 무너져 내려도 아무런 상관도 없는 없는 일이고, 삼풍백화점이 무너져 내려도 아무런 상관도 없는 일이다. 한국 사회의 파산 상태의 주범들이 썩은 고사목들을 꽤나 정성스럽게 쌓아놓고, 'IMF 사태의 축제'를 위하여 모두들 외출했는지, 그들의 연구실은 쥐 죽은 듯이 조용하기만 하다. 아아, 한국 사회의 파산 상태의 주범들이여! 그대들의 대학입시 부정과 고액과외비의 수입은 여전히 짭짤하고 세계적인 명승지인 금강산은 百聞而不如一見이던가? 홀로서기보다도 무리를 짓기 위한 호스테스의 유방은 여전히 풍만하고, 여 제자와 호텔방에서의 商談은 어떤 철학자의 명제보다도 더욱더 감미롭고 달콤하던가? 건배, 건배, 또 건배! 문화적 식민주의자들의 입맛에 따라 우리 한국인들의 백만 두뇌가 무력화된 것도 기쁜 일이고, 국제 금융자본의 입맛에 따라 20세기 말의 태평성대를 맞이하게 된 것도 기쁜 일이다.

나는 학문의 양심이 자행하는 온갖 기괴하고 파렴치한 행태들을 볼 때마다 사기꾼적 민족의 터전인 대한민국은 위대한 문둥병 환자들의 천국이라고 하지 않을 수가 없다. 한국 학자들의 천재성은 그들이 하버드대 박사이든, 옥스퍼드대 박사이든, 소로본대학의 박사이든, 베를린대학의 박사이든 간에, 어떠한 명명의 힘도 무시하고 배척할 수 있는 대담성을 배워왔다는 것이며, 그 독창성을 토대로 하여 사색당파와도 같은 권력투쟁에 무시무시한 자질과 재능을 발휘하고 있다는 점에 있을는지도 모른다. 세계적인 지휘자인 정명훈 씨가 이탈리아로 쫓겨난 한국문화계의 경사를 생각해 보고, 미국이나 일본의 TV 프로

그램들을 아무런 양심의 가책도 없이 제멋대로 베껴먹으면서도 아주 저질적이고 야만적인 수준에서 시청률 경쟁이나 벌이고 있는 한국문화계의 경사를 생각해 보라! 또 프로이트, 니체, 쇼펜하우어, 루카치의 50%만 따라가는 학자만 있었어도 서울대학교의 세계 대학 순위가 100위권 안에는 들었을 것이라는 사실을 생각해 보고, 김 교수, 백 교수, 유 교수 앞에서는 비평하기보다는 기꺼이 찬양하는 우리 젊은 학자들의 충성의 강도를 생각해 보라! 우리 한국의 학자들의 천재성은 대학제도의 심장부인 서울대학교에서도 서구의 유행사조(전위주의)만을 쫓아다닐 때, 더욱더 그 빛을 발하게 되고, 황지우, 이인성, 이성복, 최수철 등이 초현실주의적인 기법, 로브 그리예의 기법, 제임스 조이스의 기법, 프란츠 카프카의 기법, 새뮤엘 베케트의 기법 등을 제멋대로 베껴먹고 모사할 때, 더욱더 그 빛을 발하게 된다. 서구의 모델이 있는 전위주의는 그 독창성을 인정받게 되지만, 진정으로 새롭고 참신한 전위주의는 그 독창성을 인정받을 수가 없다. '아니다', '그렇지 않다'라고 이의를 제기하면 문학비평의 낙제점이 되지만, 무조건 '네', '그렇다'라고 대답하면 문학비평의 최우수 학점이 된다. 서울대학교 총장 이기준 박사는 "한국 사회에서는 썩은 나무도 베기 어렵다"(『중앙일보』, 1998년 12월 4일)라는 말로 한국 사회에서의 교육개혁의 어려움을 토로했는데, 나는 그 말의 참뜻을 제대로 이해할 수가 없었다. 썩은 나무도 베기 어려운 것이 한국 사회의 교육의 풍토라면, 그 썩은 나무를 베어버리는 것이 서울대학교의 총장의 임무가 아니던가? 그만한 어려움을 서울대학교의 총장의 임무로 받아들이지 않았다면, 왜 애꿎은 아들의 병역 문제로 집안 망신을 당하고 서울대학교의 총장에 출마를 했단 말인가? 이기준 서울대학교 총장은 썩은 나무도 베기 어려운 것이 한국의 현실이라는 보호막을 통해서 대학제도의 개혁을 차일피일 미루고 돈과 명예와 그 모든 것을 즐기고 싶어하는 것이나 아닌지도 모르겠다. 빛나는 이씨 가문과 이기준 서울대학교 총장의 명예를 걸고 지켜 볼 수밖에 없다. 나는 우리 학자님들, 즉, 김 교수, 백 교수, 유 교수, 이 교수, 황 교수, 그리고 최 교수가 진정으로 전위주의를 이해하고 사랑하고 있다면 어느 한적한 마을의 양돈사육장을 찾아가 보라고 권하고 싶다. 바로 거기서, '도태'라는 낙인을 찍히고도 빙긋빙긋 웃는 문둥병 환자(돼지)들과 그대들의 그 잘난 얼굴이 얼마나 잘 일치하고 있는지를 살펴보기를 바란다.

우리 학자들은 학문적으로 '주제형'이 아니라 '소재형'인데, 왜냐하면 그들은 어떤 역사 철학도 정립하지 못하고 있기 때문이다. 머리에서 발끝까지 철저하게 짜맞춰지고 기워진 것이 그들의 학문의 특징이라고 하지 않을 수가 없다. 사색인의 십계명을 이해하고 실천하지 못하는 그들은 이미 거세를 당한 불임의 동물들에 불과하며, 종의 건강보다는 종의 약화에 기여하는 정신의 문둥병 환자들에 불과하다. 일본인도 문둥병 환자들이 아니고, 중국인도 문둥병 환자들이 아니다. 서양인도 문둥병 환자들이 아니고, 아프리카 검둥이도 문둥병 환자들이 아니다. 대산문학상이나 5.16 문화상, 그리고 대한민국예술원상을 수상하면 한국에서 살 수가 있지만—한국문학비평의 문학상이 제대로 공정하게, 문학작품을 대상으로 주어졌다면 나는 '대산문학상'을 비롯하여 모든 문학상을 휩쓸었을 것이다. 질보다는 양을 중요시하고, 양보다는 학연, 혈연, 지연을 더 중요시하는 이 땅의 문학상의 수상제도와 심사위원급들의 천박하고 유치한 수준은 아마도 후세의 史家들에 의해서 화형이나 중죄로 다스려질 것이다—, 노벨상이나 괴테상을 타면 한국에서 살 수가 없다. 남북분단 같은 민족분열을 유도하고 지역 차별주의를 강조하면 한국에서 살 수가 있지만, 모든 학문과 예술과 교육시장의 개방을 강조하면 한국에서 살 수가 없다. 또 서울대학교를 나오면 한국에서 살 수가 있지만, 하버드대학교나 옥스퍼드대학교를 나온 해외 석학들은 한국에서 살 수가 없다. 아아, 서양인들이여, 일본인들이여! 우리 한국인들에게 고귀하고 세련된 취미나 늠

름하고 씩씩하고 진취적인 기상은 찾아보지도 말아라! 또한 우리 한국인들에게 사소한 이익을 버리고 전체의 이익을 생각하라고 충고를 하지도 말아라! 그대들이 그러면 그럴수록 우리 한국인들에게는 사소한 이익이 전체를 압도하게 되고, 그대들에게 무수한 욕설과 함께, 무차별적인 발길질을 해대게 될는지도 모른다. 이러한 한국 정신에 반대 의사를 갖고 있는 외국인들은 조건없이 금강산 구경도 식후경인 이 대한민국을 떠나가 주기를 바란다. 우리 한국의 학자들은 주제형이 아니라 소재형이며, 이미 거세를 당한 불임의 동물들에 불과하다. 우리 한국인들은 정신의 문둥병 환자들이며, 대한민국의 영토는 세계적인 나환자촌에 불과하다. 이 땅의 소설가 이청준의 말을 비꼬아 본다면, '그것은 당신들의 천국이지, 우리 문둥이들의 천국이 아니오!'라는 말이 그 어느 때보다도 더욱더 절실하게 울려퍼지고 있다고 해도 과언이 아니다. 하루바삐 이 지구상에서 소멸해 가는 것이 지구촌의 정화사업에 도움이 될는지도 모르는 우리 한국인들, 머리에서 발끝까지 짜맞춰지고 기워진 것이 그 특징인 한국 사태의 주범들인 우리 학자님들—. 나는 그들의 무목표, 무의지, 동정, 연민, 지역 차별주의, 자기 비하, 염세주의, 패배주의 등을 위하여 원자폭탄과도 같은 대청댐의 수문들을 모조리 폭파하지 않을 수가 없었다.

나는 비록, 지금은 저주받은 악마이기는 하지만, 그 위대한 과업들 중에서 어느 것 하나를 등한시 해본 적이 없는 성실한 악마이기도 하다. 나는 우리 한국인들의 미덕의 심장에다가 날카로운 메스를 들이대는 악마이기는 하지만, 언젠가는 '철학자라는 이름의 인간육성자'로 새롭게 태어날 악마이기도 하다. 나는 '위험스러운 물음표', '불쾌한 바보'라는 악마의 탈을 쓰고, 나의 발걸음을 천천히, 그러나 유유자적하게 옮겨 놓는다. 잠시 악마의 가면을 벗어들고 그것을 들여다 보고, 또 들여다 본다. 프로이트도 악마였고, 쇼펜하우어도 악마였고, 니체도 악마였다. 그러나 이 악마의 탈은 언젠가는 천사의 그것으로 변모

될 수 있는 상징적인 탈에 지나지 않는다. 나는 푸르고 푸른 호수에서 멋있고 화려하게 비상을 하고 있는 겨울 철새들을 바라보면서, 프로이트의 말과 쇼펜하우어의 말과 그리고 니체의 말을 떠올려 본다.

정신분석학이 쇼펜하우어의 철학과 많은 합치를 보이는 것은—그는 정동情動의 지배성과 성 충동의 절대적인 중요성을 강조했을 뿐만 아니라 억압의 기제機制도 알고 있었다—내가 그의 가르침을 알고 있어서가 아니다. 나는 내 생에서 아주 늦게서야 쇼펜하우어를 읽었다. 철학자 니체의 추측과 직관도 때로 놀랄만큼 정신분석학이 힘겹게 발견한 사실과 일치를 보이는 또 하나의 예인데 나는 바로 그 이유로 해서 그를 오랫동안 피했다. 누가 더 먼저냐 하는 문제가 걱정이 돼서가 아니라 마음의 짐이 되지 않게 하기 위해서였다(4: 108).

예컨대 우리의 의식은 물과 같은 것으로 분명히 의식에 떠오르는 사상은 그 표면에 불과하며, 그 물 전체는 불투명하고 느낌이나 직관한 것과 경험한 것이 의지의 독특한 기분과 뒤섞여 있으며 이 의지는 우리의 본성의 핵심이다. 이 의식 전체는 지력知力의 활동 정도에 따라 많든 적든 유동하고 있기 때문에, 표면에 나타나는 것은 공상의 형상이거나 또는 사상이나 의지 결정을 분명히 의식하여 말로 표현할 수 없는 것이다. (……) 밖으로부터 얻은 재료를 저작하여 그것을 사상으로 다듬는 것은 깊은 어둠 속에서 이루어지는 것이 상례이고, 이것은 대체로 무의식 중에 이루어지며, 자양분을 혈액이나 신체의 성분으로 삼는 것과 마찬가지이다. 그러므로 가장 깊은 사상은 흔히 해명할 수 없으며, 숨은 내부에서 생기는 것이다. (……) 의식은 우리 정신의 표면에 불과하며 그 내부는 지구의 내부와 마찬가지로 알 수 없고, 알 수 있는 것은 다만 껍질 뿐이다(5: 97~98).
— 쇼펜하우어

그러나 이러한 모든 일들은 성욕이 삶의 의지의 핵심이며, 모든 욕망의 초점이기 때문이라는 데 기인하고 있다. 내가 앞에서 생식기를 가리켜 의지의 초점이라고 말한 것은 그 때문이다. 뿐만 아니라 인간은 구체화된 성욕이라고까지 말할 수 있다. 그것은 인간이 남녀의 교합에 의해 태어나고, 인간의 욕망 중의 욕망은 이성과 교합하는 것이기 때문이다. 또한 이 욕망만이 인간의 모든 현상을 결합하고 영속시킨다. 삶에의 의지는 분명히 처음에는 개인의 유지에 대한 노력으로 나타나지만, 이것은 단지 종족을 유지하기 위한 노력의 첫 단계에 불과하다. 종족을 유지하려는 노력은 종족의 생활 자체보다도 더욱 큰 것이다. 이 노력은 오래 지속되며 널리 퍼지고, 가치로 따지자면 개인의 생존에 대한 노력을 능가하고 있다. 그러므로 성욕은 사람의 의지의 가장 완전한 표현이며 삶에의 의지의 가장 분명한 형태라고 하겠다. 이것은 개인이 본래 성욕에서 태어나고, 성욕은 자연 그대로의 인간에게 다른 모든 욕망을 앞지른다는 사실에 완전히 부합되고 있다(5: 145~146).

— 쇼펜하우어

우리의 가장 강한 충동, 우리 내부의 이 전제자 앞에서 우리는 이성뿐만이 아니라 양심까지도 굴복한다(2: 102).

기독교는 에로스에게 독을 먹여 버렸다. 에로스는 그것으로 죽지는 않았지만 그 대신 타락해 버렸다(2: 103).

어째서 유럽에서는 하필 기독교적 색채가 가장 강했던 시기에 성적 충동이 사랑으로 승화되었는가(2: 112).

— 니체

우리 인간들의 욕망은 본질적으로 성적 욕망이다라는 명제를 통하여 현대 정신분석학의 창시자가 된 프로이트, 최초의 진리의 발견자로서 人神의 반열에 올라선 프로이트, 그러나 나는 프로이트가 쇼펜하우어와 니체를 읽지 않았다는 것을 믿지 않으며, 그가 교묘하게 위선의 탈을 쓰고 있다고 생각한다. 예컨대 "우리의 의식은 물과 같은 것으로 분명히 의식에 떠오르는 사상은 그 표면에 불과하다"는 말도 프로이트보다 6~70년이나 앞선 생각이고, "성욕"은 "삶의 의지의 핵심이며 모든 욕망의 초점"이라는 말도 프로이트보다 6~70년이나 앞선 생각이다. "우리의 가장 강한 충동, 우리 내부의 이 전제자 앞에서 우리는 이성뿐만이 아니라 양심까지도 굴복한다"라는 말도 프로이트보다 3~40년은 앞선 생각이고, "어째서 유럽에서는 하필 기독교적 색채가 가장 강했던 시기에 성적 충동이 사랑으로 승화되었는가"라는 말도 프로이트보다 3~40년이나 앞선 생각이다. 진정으로 늙은 말이 콩을 마다하지 않는 것처럼, 프로이트가 대철학자인 쇼펜하우어를 읽지 않았던 것이고, 또한 그는 참새가 방앗간을 그냥 지나가는 것처럼, 대철학자인 니체를 읽지 않았던 것일까? 나는 프로이트를 국제학술 청문회에 출석시켜서 이 점을 따져보고 싶은 생각도 들었지만, 그것은 인류의 역사에 있어서 가장 위대했던 대사상가에 대한 예의가 아니라고 생각할 수밖에 없었다. 따지고 보면 '무의식의 최초의 발견자'라거나 '성적 욕망의 발견자'라는 프로이트에 대한 찬사 역시도 이처럼 '신화의 옷'을 입힌 수사에 지나지 않고 있는 것인지도 모른다. 하지만 우리 인간들은 사회적 동물이며, 무리를 짓고 살아가는 동물의 특성상, 수많은 역사와 전통과 문화적인 토대 위에서만이 새로운 인식의 진전이 가능하다. 있는 것을 토대로 하여 새로운 것을 창출하는 것과 있는 것을 부정함으로써 새로운 것의 창출이 가능하다는 '전통수용론'은 이러한 점에 있어서 어느 누구도 부인하지 못할 진리라고 하지 않을 수가 없다. 위대한 천재는 우연의 산물이 아니라, 필연의 산물이며, 그의 독창성 역시도 전대의 사유에 의해서만이 그 빛을 발할 수가 있는 것이다. 천재는 선천적인 것이 아니며, 언제나 느닷없이 출현한다. 이 느닷없음은 기존의 사유와 풍습과 문화와 전통에 우리들이 안주하고 있을 때, 그 안주의 기반을 뿌리째 흔들면서 그가 새로운 시대와 새로운 사상의 등불을 들고 나타나기 때문이다. 유태인이라는 사실 하나만이라도 오랫동안 소외되고 버려졌던 프로이트, 먹고 살아가야 할 생계의 문제 때문에 그토록 소망했던 학자의 길을 버리고 정신분석의사로서 출발해야만 했던 프로이트, 모든 인간의 욕망은 본질적으로 성적 욕망이다라는 말 한 마디 때문에 대학 강의를 빼앗긴 것은 물론, 10년 동안이나 외롭게 파묻혀 지내야만 했던 프로이트, 유럽의 천덕꾸러기가 미국의 클라크 대학 강연 때, 최고의 환영과 찬사를 받게 되고, 드디어 국제정신분석학회를 창립했던 프로이트, 그러나 그것도 잠시 뿐, '유아성욕이론'의 파문 속에서 끝끝내 그가 가장 사랑했던 융과 아들러를 잃게 되고, 그 배신감과 적대감을 어찌할 수 없었던 프로이트, 이것 저것 잡다하게 쫓아다니지 않고 단 한 가지의 주제와 문제에 집중하는 버릇을 가지고 있었던 프로이트, 프로이트의 파란만장했던 생애 역시도 니체와 쇼펜하우어에게 결코 뒤지지 않는다. 우리가 이제와서 프로이트에게 '무의식의 최초의 발견자'라거나 '성적 욕망의 발견자'라고 말할 수는 없지만, '무의식을 탐구하는 과학적 방법'과 '성적 욕망을 탐구하는 과학적 방법'의 창시자에 대한 예의를 잊어서는 안 된다. 왜냐하면 쇼펜하우어와 니체의 말은 아주 중요하고 본질을 꿰뚫은 말이기는 하지만, 그것은 어디까지나 검증이 되지 않은 가설에 불과했기 때문이다. 이처럼 어느 누구도 문제를 삼지 않고 묻어두었던 미묘한 문제들, 예컨대 표절과 베끼기, 그리고 표절과 베끼기를 넘어서서, 프로이트가 자기 자신만의 독창적인 사상을 이끌어낸 것을 나는 나의 사색의 힘을 통해서 깨달을 수밖에 없었다. 하늘 아래 새로운 것이 없듯이, 한 천재의 업적은 최고급의 격세유전이며, 우리 인간들의 역사가 뜻밖에 피워낸 한 떨기의 꽃과도 같다.

오른손 엄지손가락이 나를 거부한다
처음에는 어깨가 그냥 결리더니

팔꿈치가 저려오다가 어느 날 아침
오른손 엄지손가락이 말을 안듣는다
나를 배신한다 복종해 온 지 오십년쯤 되니
이제는 주인 말을 안듣고 제멋대로
쌀뒤주 열쇠도 챙기고 마나님 엉덩이도
모두모두 마음대로 만져도 된다는 뜻일까
오른손 높이 들어 콧구멍도 쑤시고
젊은 여자의 순결도 잘 익은 꽈리를 깨물듯
장난삼아 망가뜨리며 돌아다닐 때
나팔꽃보다 작은 우산 속으로 숨어도
가슴마다 피는 숯불 손톱 위의 반달모양
하얗게 죽으면서도 숨을 쉬었다
늦은 겨울 아침처럼 식어가는 손가락이
하늘 멀리 한 점 그리움을 가리킬 때
손가락마다 민들레 씨앗 같은
금침 은침 맞으며 울고 있다
아직은 다 작별하지 못한 사랑도
아직도 다 마르지 않은 눈물도
나를 거부하는 오른손 엄지손가락 위에
자꾸만 저려오는 슬픔으로 잠재운다
— 오탁번, 「슬픔의 잠」 전문

구수한 입담과 서정적인 가락으로 '에로티즘의 미학'을 선보이고 있는 오탁번, 나이가 들어 육체적인 질병에 시달리면서도 그것을 과장하지 않고, 생사를 넘어선 달관의 눈빛으로 성찰하고 있는 오탁번, 깔끔하고 담백하면서도 중후한 선비 정신을 느끼게 하고 있는 오탁번, 「슬픔의 잠」마저도 무의미하고 텅 빈 염세주의의 체취를 걷어내고 언제나 생의 의지를 북돋아 주고 있는 오탁번, 반신불수와도 같은 중병의 고통과 죽음에 대한 공포를 대범한 정신과 용기와 인내로써 극복하고, "쌀뒤주 열쇠도 챙기고 마나님 엉덩이도/ 모두모두 마음대로 만져도 된다는 뜻일까"라는 시구와 "젊은 여자의 순결도 잘 익은 꽈리를 깨물듯/ 장난삼아 망가뜨리며 돌아다닐 때"라는 시구를 절묘하게 결합시키며 에로티즘의 미학을 선보이고 있는 오탁번, 오탁번의 에로티즘의 미학은 서정주의 동물적인 관능을 넘어서서 한국 현대시의 진경의 세계라고 할 수가 있다. 그 진경의 세계는 수많은 벌과 나비들이 날아오고 오늘도 선남선녀들이 두 손을 맞잡고 찾아오는 세계라고 하지 않을 수가 없다. "쌀뒤주 열쇠도 챙기고 마나님 엉덩이도/ 모두모두 마음대로 만져도 된다는 뜻일까"라는 시구와 "젊은 여자의 순결도 잘 익은 꽈리를 깨물듯/ 장난삼아 망가뜨리며 돌아다닐 때"라는 시구도 뛰어나고 아름답지만, 요컨대 그러한 시구들이 놓일 수 있는 시간과 공간이 더욱더 아름다운 것이다. 하나의 진리와 하나의 시구는 시간과 공간의 문제이기도 하고, 역사 철학적인 문맥의 문제이기도 하다. 시간과 공간이 하나의 진리와 하나의 시구를 규정하고 역사 철학적인 문맥이 그 시구들을 더욱더 생동감 있게 살아 움직이게 한다. 「슬픔의 잠」이라는 노년의 시간과 공간을 구축하고, 염세주의와 실존주의의 세계를 넘어선 오탁번의 시세계가 한 사람의 철학자인 나의 심금을 울리고, 이처럼 비평의 칼날보다도 기꺼이 찬양하게 되는 글을 쓰게 하고 있다. '마나님의 엉덩이'가 나를 그렇게 만들고 있고, '젊은 여자의 순결'이 나를 그렇게 만들고 있다. 이제 나의 몸과 마음은 나의 몸과 마음이 아니고, 에로스의 어릿광대가 되어가고 있는 것인지도 모른다. 어쨌든 우리 인간들의 성적 욕망은 그 대상에 대한 차별이 없는 욕망이며, 완벽한 금제가 가능하지도 않은 욕망이다. 르네 지라르와 들뢰즈/ 가타리가 아무리 그를 공격하고 뒤흔들어도 우리들은 프로이트라는 생명의 나무와 그 지혜의 열매들을 포기할 수는 없는 것이다. 자기 자신의 머리 속에서 자기 자신만의 언어로, 아무도 생각할 수 없고 예상하지 못했던 일들을 이루어내는 것, 이것이 가장 뛰어난 천재의 표지이자 위대함의 징표라고 해도 틀림이 없다.

하지만 나의 프로이트에 대한 애정과 존경심은 맹목적인 것도 아니고, 순종적인 것도 아니다. 나는 「외디프스 신화의 수용양상과 재해석」이라는 글에서 프로이트의 '성적 욕망'의 장, 단점을 비판적으로 검토한 바도 있고, 르네 지라르의 '모방 욕망'의 장, 단점도 비판적으로 검토한 바가 있다(6). 나의 그 글은 아리스토텔레스 이래로 엄격한 문학작품을 기초로 한 글이며, 그 결과, 외디프스의 파멸은 성적 욕망이나 모방 욕망에 의한 파멸이 아니라, '정체성 회복 욕망'에 의한 파멸이라는 사실을 천착할 수가 있었다. 프로이트의 성적 욕망이나 르네 지라르의 모방 욕망은 매우 독창적이고 그 울림이 큰 것은 분명하지만, 그것은 어디까지나 외디프스 신화를 제대로 읽지 않고, '살부와 근친상간'만을 문제로 삼은 그들의 특권화된 독단—한 사람은 정신분석학의 창시자로서, 다른 한 사람은 문학사회학의 종사자로서—일 뿐이었다. 나는 지금도 나의 '정체성 회복 욕망'의 관점을 어느 누구의 관점보다도 더 사랑하고 신봉하고 있지만, 아무튼 나는 그 글을 통해서 수많은 좌절과 우여곡절을 겪게 되었다. 「외디프스 신화의 수용양상과 재해석」은 '정체성 회복 욕망'의 관점 이외에도, 죄를 짓고 죄악을 정당화한다는 또다른 관점을 역설했기 때문에, 그것이 문학과지성사의 편집자의 검열에 걸리고 나의 첫 평론집, 『시와 시인』(문학과지성사 간, 1992년)은 정신적인 불구자가 될 수밖에 없었다. 김현이여, 그대가 세운 문학과지성사는 한 사람의 비평가의 글을 제멋대로 검열하고 정신적인 불구자로 만들어도 된단 말인가? 이 모욕과 수치심을 생각하면 지금이라도 당장 지옥의 불길 속으로 뛰어 들어가 그대와 담판을 벌이고 싶다는 생각이 들기도 한다. 아아, 프로이트여! 나도 한국 전쟁 통에 몰락한 양반 가문—나는 대대로 장원급제를 하고 이조

판서와 형조판서를 지낸 가문의 직계 후손으로 태어났다—의 산지기 아들로 태어나서 그대의 전철과 똑같은 운명을 뒤따라 가고 있다. 그대와 나는 "일찍부터 반대파에 속하며 무리를 이룬 다수와는 다른 운명에 처하게 된 것"일는지도 모른다(4: 15).

지혜의 나무는 생명의 나무이며, 생명의 나무는 지혜의 나무이다. 나는 선악과를 따먹듯이, 프로이트의 열매도 따먹고 쇼펜하우어의 열매도 따먹고 니체의 열매도 따먹어 본다. 그 맛과 향기가 유난히 달콤하고 독특하다. 나는 나의 자유로운 발에 날개를 달고 금지된 성, 혹은 에덴동산의 담장을 훌쩍 넘어 들어가 본다. 전지전능하신 하나님은 아담에게 명명의 힘을 비롯하여 모든 것을 주셨지만, 두 가지만은 결코 허락하지를 않았다. 선악(지혜)을 알 수 있는 나무의 열매를 따먹지 말라는 것이 그 하나이며, 생명나무의 열매를 따먹지 말라는 것이 그 둘이다. 하지만 아담과 하와는 뱀의 꾐이든, 그렇지 않든 간에, 선악을 알 수 있는 나무의 열매를 따먹게 되고 에덴동산에서 추방을 당하고 말았다. 그 추방은 단순한 추방이 아닌데, 왜냐하면 그 주체자들에게는 예수가 십자가를 짊어진 것만큼이나 무서운 고통과 형벌이 부과되었기 때문이다. 뱀에게는 그의 일생 내내 땅바닥을 배로 기어다니고 흙을 먹을 운명이 주어졌고, 하와에게는 그녀의 일생내내 뱀과의 원수지간으로 지내는 것은 물론, 출산의 고통과 함께 아담(남편=남자)을 섬겨야 할 운명이 주어졌다. 뿐만 아니라, 아담에게는 이마에 땀을 흘리고 그 노동의 댓가로 먹고 살아가야 할 운명이, 마치, 씻을 수도 없는 원죄처럼 주어졌던 것이다. 하나님이 아담과 하와에게 명령한 것은 선악과를 따먹는 것 자체에 있지 않고, 그 선악과를 따먹고 그들이 영생불사할까봐 두려웠기 때문이다.

> 여호와 하나님이 가라사대 보라 이 사람이 선악을 아는 일에 우리 중 하나 같이 되었으니 그가 그 손을 들어 생명生命나무 실과도 따먹고 영생할까 하노

라 하시고.

—「창세기」, 3장 22절에서

하나님은 우리 인간들에게 유한한 존재자의 삶을 허락했지, 영생불사의 삶을 허락하지는 않았다. 또한 하나님은 우리 인간들에게 무지하게 살 것을 명령했지, 지혜롭게 살아가기를 명령하지는 않았다. 유한하고 무지한 자는 순순히 복종을 하게 되지만, 영생불사하고 지혜로운 자는 그 지혜를 가지고 사사건건 이의를 제기하고 의심을 하게 된다. 그렇다면 우리 인간들의 지혜 자체가 신성모독적인 것이며, 씻을 수 없는 죄 자체가 된다. 그런데 이상한 것은 똑같은 구약 성경 속의 「잠언」 편에는 온갖 우리 인간들의 지혜에 대한 찬양으로 일관하고 있는 것이라고 할 수가 있다. 예컨대,

지혜를 얻은 자와 명철을 얻은 자는 복이 있나니

이는 지혜를 얻는 것이 은을 얻는 것보다 낫고 그 이익이 정금보다 나음이니라.

—「잠언」, 3장 11~12절에서

지혜로운 자는 영광을 기업으로 받거니와 미련한 자의 현달함은 욕이 되느리라.

—「잠언」, 3장 35절에서

게으른 자여 개미에게로 가서 그 하는 것을 보고 지혜를 얻으라.

—「잠언」, 6장 6절에서

지혜 있는 자의 교훈은 생명의 샘이라 사람으로 사망의 그물을 벗어나게 하느리라.

—「잠언」, 13장 14절에서

등의, 「잠언」의 구절이 바로 그렇다. 내가 판단하기로는 성경이란 인간이 쓰고 인간이 만든 것에 지나지 않는다. 따라서 성경의 수많은 판본과 이본들이 존재하듯이, 그때 그때의 상황의 논리에 의해서 우리 인간들의 지혜가 악이 되고 선이 되기도 한다. 지혜가 악이 되는 것은,

내가 떠나기 전에 길은 제 길을 밟고
사라져 버리고, 길은 마른 오징어처럼
펴져 있고 돌이켜 술을 마시면
먼저 취해 길바닥에 드러눕는 愛人,
나는 퀭한 地下道에서 뜬눈을 새우다가
헛소리하며 찾아오는 東方博士들을
죽일까봐 겁이 난다

이제 집이 없는 사람은 天國에 셋방을 얻어야 하고
사랑받지 못하는 사람은 아직 欲情에 떠는 늙은 子宮으로 돌아가야 하고
분노에 떠는 손에 닿으면 문둥이와 앉은뱅이까지 낫는단다, 主여
— 이성복, 「出埃及」에서

라는, 이성복의 시에서처럼, 아버지(신)의 도덕과 법과 권위에 도전할 때이고, 지혜가 선이 되는 경우는 유한한 존재자가 예컨대,

내가 많은 돈이 되어서
선량하고 가난한 사람들을 위해 맘 놓고 살아갈 수 있는
터전을 마련해 주리니

내가 처음 일으키는 微風이 되어서
내가 不滅의 平和가 되어서
내가 天使가 되어서 아름다운 音樂만을 싣고 가리니

내가 자비스런 神父가 되어서

그들을 한번씩 訪問하리니

— 김종삼, 「미사에 參席한 李仲燮 씨」 전문

라는, 김종삼의 시에서처럼, 아버지 앞에 무릎을 꿇고 복종할 때이다. 이성복이 조금만 살짝 건드려도 제 집 속으로 숨어버리는 달팽이처럼 '연애시'로 도피를 하기 전, 그는 진정으로 아버지를 살해한 신성모독자라고 할 수가 있었다. "내가 떠나기 전에 길은 제 길을 밟고/ 사라져 버린다"는 것은 어떠한 출구도 없다는 것을 말하고, "길은 마른 오징어처럼/ 퍼져 있고 돌이켜 술을 마시면/ 먼저 취해 길바닥에 드러눕는 愛人"은 그녀 역시도 나와 마찬가지로 노숙자의 생활을 하고 있다는 것을 말한다. 아무런 희망도 없고 마른 오징어와 술에 취해서 풍찬노숙의 생활을 하고 있는 자들에게 아기 예수의 탄생이나 구세주에 대한 믿음은 쓸데없는 헛소리에 지나지 않는다. 따라서 천국에서도 셋방을 얻어야 된다는 걱정과 함께, 늙은 자궁의 헛된 욕망만이 쌓이고 있을 뿐인 것이다. 신의 완벽한 부재 증명 뒤에는 분노가 자리잡고 있고, 그 분노에 의해서 앉은뱅이와 문둥이가 치료된다는 이상한 역설이 가능해진다. 「出埃及」은 유토피아를 지시하지 않고 최후의 종말을 지시하고 있다. 이성복이 죄를 짓고 죄악을 정당화했던 대표적인 시인이라면 김종삼은 선을 행하고 선을 정당화했던 대표적인 시인이라고 할 수가 있다. "내가 많은 돈이 되어서/ 선량하고 가난한 사람들을 위해 맘놓고 살아갈 수 있는/ 터전을 마련해 주리니"도 예수님 말씀의 복사판이고, "내가 처음 일으키는 微風이 되어서/ 내가 不滅의 平和가 되어서/ 내가 天使가 되어서 아름다운 音樂만을 싣고 가리니"도 예수님 말씀의 복사판이다. 이성복 시인의 지혜는 하나님이 거부하는 지혜이며, 김종삼 시인의 지혜는 하나님이 허락하신 지혜이다.

그러나 모든 역사는 신성모독의 역사라고 할 수가 있다. 우라노스도

크로노스에게 살해되었고, 크로노스도 제우스에게 살해되었다. 브라만도 비쉬누에게 살해되었고, 비쉬누도 시바에게 살해되었다. 이처럼 아버지 (하나님)를 상징적으로 살해한 대표적인 예가 예수에게도 적용된다고 해도 틀린 말이 아니다. 아브라함, 이삭, 야곱 등은 지배계급의 인사들이었고 예수의 열두 제자들은 모두가 사회적 천민 출신들이었다. 지배 계급의 인사들은 우리는 진실한 사람들이라는 '자기 찬미의 도덕'을 안출해 냈고, 피지배 계급의 인사들은 '부유한 자, 힘 있는 자, 지배하는 자는 사악하고 천당 못간다'는 원한 맺힌 저주 감정으로 효용성에 입각한 도덕을 만들어 냈다. 프로이트의 『토템과 금기』, 르네 지라르의 『폭력과 성스러움』은 예수의 신화를 '속죄양'의 관점에서만 이해하고 분석하지, 아버시를 살해했던 위대한 영웅 신화로는 읽지 못하고 있다. 또한 그들은 다같이 예수가 '해로운 존재'—아버지를 살해한 존재—에서 '이로운 존재'—인류의 죄를 대속한 존재—로의 변모 과정만을 이해하고 분석하지, 그가 지배 계급의 모든 가치관을 전복시키고 사회적 하층민들의 새로운 가치관을 안출해 냈다는 사실은 읽어내지도 못하고 있다. 예수가 성화의 대상이 되고 끊임없이 찬양과 예배의 대상이 된 것은 어디까지나 사회적 하층민들을 구원하려 했던 복음 때문이지, 우리 인간들의 죄를 대속한 속죄양이기 때문이 아니다. 예수는 수많은 사회적 하층민들을 구원하고 자기 자신이 신이 되기 위해서 아버지를 살해한 죄인이지, 우리 인간들의 죄를 대속한 희생제의의 속죄양이 아니다. 예수의 영웅주의를 비영웅주의로 왜곡하고 그를 성화시킨 것은 기독교적 본능의 걸작품이라고 하지 않을 수가 없다. 프로이트, 르네 지라르, 모든 기독교인들은 모두가 한결같이 판단의 어릿광대들이란 말인가? 나는 수천 년의 역사와 수천만 명의 기독교인들의 의견에 반대를 표명하지 않을 수가 없고, 이처럼, 사회적 하층민들이나 기독교인들의 입맛에 따라 변질된 사건의 전말에 대하여 커다란 놀라움을 표명하지 않을 수가 없다. 진정한 사색의 힘은 이처럼 성경을 주체적으로 해석하고 자기 자신만의 사상을 완성하게 해준다. 모든 기독교인들의 놀라울 만큼의 우행을 넘어서면, 지혜의 상징인 뱀이 우리를 부른다. 뱀은 우리 인간들의 영원한 스승이며, 하와는 모든 인류의 어머니이다. 우리 인간들에게 사유를 하지 말라고 하는 것은 그의 존재의 근거를 송두리째 박탈하는 일일 것이다. 나는 오늘도 선악과의 열매를 따먹고 생명나무의 열매도 따먹는다. 왜냐하면 지혜 있는 자는 생명의 샘물을 마시고 영생불사의 삶을 살아갈 수 있다고 하나님의 아들 솔로몬이 말하고 있기 때문이다.

이러한 산책길에서 나를 움직이게 하는 것은 나의 건강하고 튼튼한 두 발이지만, 그러나 나를 더욱더 행복하고 풍요롭게 하는 것은 끊임없이 하늘을 선회하는 독수리의 날갯짓과도 같은 사유이다. 사유의 날개가 모든 것을 발밑으로 내려다 보면서 유유자적하게 하늘을 날고 있을 때, 나는 행복하고, 부리부리한 눈동자와 날카로운 발톱과 그리고 거대한 몸짓만을 보고도 수많은 새들이 혼비백산을 하고 달아날 때, 나는 행복하고, 또 행복하다. 언제나 유유자적하게 날고 있으면서도 천 길 벼랑 밑의 하얀 토끼나 사슴을 발견하였을 때, 나는 행복하고, 나의 의지와 힘에 비례하여 좀 더 강력하고 좀 더 위대한 적대자를 발견했을 때, 나는 행복하고, 또 행복하다. 알렉산더가 알렉산더인 것은 두 눈 하나 껌뻑하지 않고 수백만 명을 살해할 수 있는 대범성이 있기 때문이며, 알렉산더가 알렉산더인 것은 거대한 제국을 건설하고 그리스 민족의 천년 왕국을 건설해 주었기 때문이다. 산책의 길의 행복은 나의 발에 거대한 날개를 달아준 사유에 있으며, 그 자유로운 사유가 정신의 제국을 건설해 주는 데 있다고 해도 과언이 아니다. 아무도 보이지 않는 울창한 수목의 오솔길과 오늘도 그 유장한 흐름을 멈추지 않는 금강과 내수면 국립공원을 연상케 하는 대청호의 아름다운 풍광들, 머나먼 남국에서 시베리아까지 오고 가는 무수한 철새들과 텃새들, 이처럼 아름다운 풍광 속을 홀로 거닐면서 어떻게 타인의 말과 타인의 사유 앞에서 노예적인 복종태도만을 지닐 수가 있단 말인가? 사색은 자유로워야 하고, 자기 자신을 하나님처럼 받들어 모실 때, 정신의 제국을 건설할 수도 있을 것이다.

어둠의 늪 속에서 뒤척이며
오랫동안 기다려온
이무기 한 마리
벗어도 벗어도 달라붙던
밤의 허물 벗어버리고
입으로 빛을 뿜으며
하늘로 솟아오른다
온몸의 비늘 번쩍이며
날카로운 네 발로 구름 헤치고
새벽 하늘로 날아오른다
사슴처럼 드높은 뿔을 세우고
앞날을 쏘아보듯 두 눈을 부릅뜨고
마음의 소리까지 알아듣는
어진 귀를 쫑긋거리며
용의 모습으로 떠오르는
우리의 꿈을 보아라
때로는 천둥번개 장난치고
눈을 내려 하얗게 세상을 뒤덮고
달빛 속에 혼자서 생각에 잠기는
용의 모습으로 올해는
산과 강과 도시와 마을
곳곳의 하늘 위에서
떠돌며 머물 것이다

우리의 바람이 이루어질 때까지

— 김광규, 「용의 모습으로」 전문

오오, 모든 사유인들이여, 우리 한국인들이여!
언제나 제왕답게 사유를 하고 제왕답게 행동을 하라!
너희들은 나의 신민이다!
나는 너희들을 통치해 나갈 제왕이다!
너희들의 운명은 언제까지나 자비롭고 친절한
나의 손길에 달려 있다.
오오, 모든 사유인들이여, 우리 한국인들이여!
제발 쩨쩨하게 사리사욕이나 당리당략을 따르지 말고,
좀 더 넓고 크게 바라다 보고
정신의 제국의 제왕이 되는
행복을 맛볼 수 있도록 하여라!
오오, 모든 사유인들이여, 우리 한국인들이여!
언제나 제왕답게 사유하고,
언제나 자비롭고 친절한 손길로
그대의 신민들을 보살필 수 있는
꿈을 꾸도록 하여라!
오오, 모든 사유인들이여, 우리 한국인들이여!
눈에 보이지 않는 사유의 제국이
세계를 지배하는
역사의 제국이 되고,
수많은 이방인들로 인산인해를 이루는
문화의 제국이 될 수도 있으리라!
동방지혜지국, 학문의 요람, 문화의 요람인
삼천리 금수강산,

이 모든 것은 네가 스스로 제왕답게 사유하느냐,

아니냐에

달려있는 것이다.

오오, 위대한 우리 한국인들이여, 대한민국이여!

| 참고 문헌 |

1, 쇼펜하우어, 『쇼펜하우어』 최혁순 편역, 을지출판사, 1984

2, 니체, 『선악을 넘어서』, 청하, 1982

3, 정재서 역주, 『山海經』, 민음사, 1993

4, 프로이트, 『프로이트의 자서전』, 탐구당, 1989

5, 쇼펜하우어, 『의지와 표상으로서의 세계』, 집문당, 1994

6, 반경환, 『한국문학비평의 혁명』, 국학자료원, 1997

제3장 일에 대하여

나는 한 겨울의 들판에서 불을 사르며 로빈슨 크루소를 생각해 본다. 깻짚 한아름과 로빈슨 크루소, 콩짚 한아름과 로빈슨 크루소—, 나는 로빈슨 크루소, 로빈슨 크루소를 되풀이 외쳐보면서 그의 사나이다운 모험심과 무인도에서의 초인간적인 생활과 그리고 대영제국의 이상과 가치관을 반영하고 있는『로빈슨 크루소』를 생각해 본다. 다니엘 디포의『로빈슨 크루소』는 대단한 소설일 수는 없지만, 로빈슨 크루소의 이상야릇하고도 신비한 체험 때문에 불후의 고전의 반열에 올라선 작품이라고 하지 않을 수가 없다. 아버지의 뜻대로 법관이 되거나 중산층의 안락한 삶과 행복을 거절하고 머나먼 이역땅으로 유랑생활을 선택한 로빈슨 크루소, 해적왕의 노예생활을 하다가 천신만고 끝에 탈출을 하고 브라질에서 농장 경영주가 되는 로빈슨 크루소, 일손이 부족하여 흑인 노예들을 밀수입하려다가 무인도에 정착하게 되는 로빈슨 크루소, 야만적인 식인종들과 사나운 맹수들에 대한 두려움과 공포 때문에 제대로 잠을 이루지 못하는 로빈슨 크루소, 스스로 파멸할 운명을 지니고 태어났다고 하면서도 영국인이라는 사실과 기독교

신자로서 아버지 하나님께 기도를 드리는 로빈슨 크루소, 로빈슨 크루소의 28년 2개월 간의 무인도의 생활은 사회로부터 유리된 인간의 그것이라고 할 수밖에 없다. 로빈슨 크루소는 비참, 망명, 소외, 추방에 어울리는 인간이기는 하지만, 그는 그것을 초인간적인 의지와 용기로써 극복을 해냈다고 해도 과언이 아니다. 나는 로빈슨 크루소의 초인간적인 의지와 용기도 높이 평가를 하고 있기는 하지만, 지금 이 자리에서 내가 주목을 하고 싶은 것은 언제나 열심히, 성실하게 일을 하고 있는 로빈슨 크루소의 모습일 뿐인 것이다. 왜냐하면 로빈슨 크루소가 그 불행한 환경 속에서 그 불행한 환경을 극복해낼 수가 있었던 유일한 방법은 '일'일 수밖에 없었기 때문이다.

> 이런 연장(삽, 곡괭이, 가래—인용자)이 없기 때문에 하는 일들이 무척 지지부진하였다. 작은 울타리, 곧 담으로 둘러싼 집을 완성하는데 만 1년 가까이 걸렸다. 내가 들 수 있을 만한 나무를 숲에서 잘라 다듬고 집으로 옮기는 데도 굉장한 시간이 걸렸다. 어떤 때는 기둥 하나를 잘라 집으로 날라 오는데 이틀이 걸렸고, 사흘째야 땅에 박을 수 있었다. 기둥을 박는데도 처음에는 무거운 나무를 썼으나, 나중에야 쇠지레 생각이 나서 그걸 찾아내 썼지만, 그래도 무척 힘들고 지루한 노력을 해야 했다.
>
> 그러나 시간이 남아 도는데 할 일이 지루하다고 무슨 상관이 있겠는가? 그 일이 끝난다 하더라도, 적어도 내가 예측할 수 있는 어떤 딴 일이 있는 것도 아니었다. 있다면 식량을 찾아 산을 돌아다니는 것 뿐인데, 그것은 크든 작든 매일 해오고 있는 것이었다(1: 78)*.

> 첫째로, 나는 이 사악한 세상으로부터 완전히 떠나 있었다. 육욕도 없고 물욕도 없고 생활의 허영도 없었다. 생활에 필요한 것은 모두 가지고 있으니 더 탐낼 것도 없었다. 나는 장원莊園의 주인일 뿐더러, 내키는 대로 하자면 내 소유

---

* (1: 78)은 1의 책 78면을 말한다.

인 이 나라의 왕이자 황제라고 자칭할 수 있었다. 적도 없었고, 주권이나 통치권을 둘러싸고 내게 도전할 경쟁자도 없었다. 배 한 척에 가득 실을 만큼 곡식을 많이 키울 수도 있지만 그럴 필요가 없었다. 그래서 나 혼자 쓰기에 족할 양만 농사를 지었다. 거북이도 풍족해서 필요한 대로 한 마리씩 잡기만 하면 되었다. 또한 1개 함대를 건조하기에 충분할 만큼 재목도 많았다. 포도도 풍부해서 술을 빚을 수도 있고 말려서 건포도를 만들 수도 있으며, 그 풍부한 재목으로 1개 함대를 짓는다면 거기에 가득 실을 수 있을 만큼 많은 포도주와 건포도를 만들 수도 있었다(1: 153).

한 마디로 말하자면, 로빈슨 크루소의 무인도에서의 생활은 경제학의 잣대가 필요없는 생활일 뿐이었다. 시간도 무한히 늘어져 있고, 공간도 무한히 펼쳐져 있다. 돈과 명예와 권력도 필요가 없고 허례허식과 사치도 필요가 없다. 하지만 자기 자신이 장원의 주인이자 황제였던 무인도의 생활에서마저도 로빈슨 크루소는 일을 하지 않고는 살아갈 수가 없었다. 일은 첫 번째로 그의 의식주를 해결해 주었고, 두 번째로 그의 불행한 환경과 모든 인간 관계를 잊게 해주었다. 뿐만 아니라, 무한히 늘어지고 펼쳐진 시간과 공간 속에서 무의미와 권태에 빠져 들지 않고 미래의 희망을 갖게 해주기도 했던 것이다. 그는 날이면 날마다 집을 짓거나 사다리를 만들지 않으면 안 되었고, 사냥을 나가거나 농사를 짓지 않으면 안 되었다. 또한 그는 날이면 날마다 동굴을 파거나 요새를 만들지 않으면 안 되었고, 배를 만들거나 그밖에 생활에 필요한 소품들을 만들지 않으면 안 되었다. 로빈슨 크루소에게는 이처럼 힘찬 일터가 있었기 때문에 무척이나 어렵고 힘든 무인도에서의 생활도 문제가 되지를 않았고, 모든 악의악식과 무의미와 권태로운 일상생활마저도 문제가 되지를 않았다. 우리 인간들이 일을 하지 않으면 살아갈 수가 없듯이, 로빈슨 크루소의 무인도에서의 생활은 그의 '작업 일지'에 지나지 않고 있는 것인지도 모른다. 하루에 간신히 밥

세 끼를 해결하고 어렵고 힘든 육체 노동에 시달리고 있기는 하지만, 이처럼 힘찬 일터가 있었다는 것은 로빈슨 크루소의 크나큰 축복이며 행복일 수밖에 없었던 것인지도 모른다. 일 자체의 기쁨은 무보상적인 기쁨이며, 어느 것에도 한 눈을 팔지 않는 집중의 기쁨이다. 그 기쁨은 무사안일과 나태함을 넘어서서 그의 성실성에서 솟아나오는 기쁨이며, 손마디가 부르트고 팔과 다리와 어깨가 결려오는 데서 얻어지는 기쁨이다. 우리 인간들은 일을 하지 않으면 살아갈 수가 없고, 로빈슨 크루소는 그 일을 통하여 자기 자신의 장원의 주인이자 황제가 되어갔던 것이라고 하지 않을 수가 없다.

나는 호모 루덴스Homo Ludens라는 말도 사랑하고, 호모 사피엔스Homo Sapiens라는 말도 사랑한다. 하지만 나는 그 말들의 심연에서 든든한 중심축으로 작용하고 있는 호모 파베르Homo Faber라는 말을 더욱더 사랑한다. 니체는 스피노자의 '자기 보존 본능'을 힘에의 의지의 한 기능으로 전도시키며 스피노자의 말을 반박한 바가 있지만, 그것은 인류의 역사상 가장 위대한 철학자였던 니체의 중대한 오류일 뿐이라고 생각하지 않을 수가 없다. 모든 유기체에게는 자기 보존 본능보다 더 우선하는 것은 있을 수가 없다. 내가 있고 세계가 존재하는 것처럼, 힘에의 의지는 자기 보존 본능의 유효한 수단일 뿐이며, 우리는 이러한 자기 보존 본능이 있기 때문에 이 세계를 살아가며, 인간이라는 종을 유지해 나갈 수가 있는 것이다. 자기 보존 본능은 힘에의 의지로 무장되어 있으며, 그 구체적인 수단이 일이라고 할 수가 있다. 일은 모든 유기체의 유일무이한 삶의 수단이며, 인간과 인간, 인간과 세계, 혹은 인간과 사물이 관계를 맺는 방식이다. 이마에 땀을 흘리고 손마디가 부르트도록 일을 하지 않으면 우리는 이 세계를 살아나갈 수가 없다. 일을 하는 모습은 자기 보존 본능에 충실한 모습이며, 그가 살고 있는 세계에 질서를 부여해 나가는 모습이다. 이 세계에 질서를 부여하는 힘이 매우 미약하고 비천했을 때, 우리 인간들을 '나쁜 자연'을 안출해 냈고, 이 세계에 질서를 부여하는 힘이 매우 강력하고 그 정도를 넘어섰을 때, 우리 인간들은 '좋은 자연'을 안출해 냈다. 나쁜 자연은 온갖 천재지변과 재앙에 둘러싸여 있는 세계를 말하고, 좋은 자연은 문명과 문화의 발전 속에 생태환경이 파괴된 풍요로운 세계를 말한다. 우리 인간들은 그 나쁜 자연을 극복하기 위해서 더욱더 정교하게 과학과 산업의 수단들을 발전시켜 왔던 것이며, 이제는 그 문명의 利器들의 폐해 속에서 거꾸로 생존의 위협을 느끼고 있다고 하지 않을 수가 없다. 하지만 루소식의 자연이 '좋은 자연'의 原音이 될 수도 없으며, 우리 인간들의 삶의 모형이 될 수도 없다. 인간이 인간의 삶을 살아가기 위해서는 어느 정도의 자연을 파괴할 수밖에 없는 것이며, 그것이 거꾸로 자연스러운 삶이 될 수밖에 없는 것이다. 문제는 우리 인간들이 과연 자기 자신의 문명과 문화를 발전시켜 나가며 생태환경을 파괴하지 않을 수가 있느냐에 달려 있는 것이고, 그것은 매우 어렵고도 중요한 문제일 수밖에 없는 것이다. 요컨대 우리 인간들은 일을 하지 않고는 살아갈 수가 없으며, 일을 통해서만이 이 세계에 질서를 부여할 수가 있는 것이다. '놀이하는 인간'이나 '지혜를 사랑하는 인간'은 '일을 하는 사람'의 하나의 보색이며 부산물에 지나지 않는다. '일을 하는 사람'은 '놀이 하는 인간'이나 '지혜를 사랑하는 인간'의 시원이며 원형일 수밖에 없다.

하얗게 눈이 덮이었고
전신주가 잉잉 울어
하나님 말씀이 들려온다

무슨 啓示일까.

빨리

봄이 오면
罪를 짓고
눈이
밝어

이브가 해산하는 수고를 다하면

무화과 잎사귀로 부끄런 데를 가리고

나는 이마에 땀을 흘려야겠다
— 윤동주, 「또 太初의 아침」 전문

아담과 이브가 선악과를 따먹기 이전의 에덴동산은 그리스 신화 속의 '황금의 종족'이 살던 시대와도 같고, 아담과 이브가 선악과를 따먹고 에덴동산에서 쫓겨난 시대는 그리스 신화 속의 '철의 종족'이 살던 시대와도 같다. 황금의 종족은 신에 의해서 선택을 받은 종족이며, 그들에게는 어떠한 고통이나 슬픔마저도 있을 수가 없었다고 한다. 그들은 신과도 같은 생활을 하며 애써 일을 하지 않아도 모든 것이 저절로 자라나고 풍요로운 수확물을 낳았다고 한다. 그러나 그들은 선악과를 따먹고 신의 권력에 도전하는 죄를 범하게 되었고, 따라서 저주받은 인간으로서 살아가지 않으면 안 되게 되었다고 한다. 그들은 성격이 매우 거칠었지만 일을 하지 않을 수도 없었고, 또한 수많은 고통 속에서 벗어날 수도 없었다고 한다. 더욱이 그들의 자손들은 아버지보다도 못하고 권력의 숭배가 정의라고 여겨질 정도로의 사악한 시대를 살고 있으며, 모든 사람들이 선을 미워하고 악을 선호하게 되었다고 한다. 우리 인간들은 철의 종족의 후예들이며, 언젠가는 제우스 신에 의해서 파멸을 당하게 되어 있는 것인지도 모른다.

유태민족의 신화인 기독교와 그리스 신화 속의 소식들은 한결같이 어둡고 불길한 것들뿐이지만, 그러나 우리는 그 신화의 의미를 거꾸로 뒤집어서 생각해볼 필요가 있다. 만일, 아무런 부족함도 없는 에덴동산에서의 삶이 무의미와 권태뿐인 삶이라면, 우리 인간들이 어렵고도 힘든 육체노동을 통해서 살아간다는 것은 즐겁고도 행복한 삶이 될 수가 있는 것이다. 아담과 이브가 우리 인간들의 삶을 창조했듯, 이 사악하고도 비천한 철의 종족들이 우리 인간들의 삶을 창조했다. 유태민족의 신화와 그리스 민족의 신화가 신성모독의 죄와 그 노역만을 강조하고 있기는 하지만, 또다른 방향에서 생각해 보면, 모든 유기체들에게 있어서 일이란 어느 만큼의 신에 대한 도전이며 침공적인 행위일 수밖에 없다. 산을 깎고 유실수를 심는 것도 그렇고, 강둑을 쌓고 농경지를 경작하는 것도 그렇다. 생명이 생명을 먹는 것도 그렇고, 산업공해와 쓰레기들을 배출해 내는 것도 그렇다. 일은 인위적인 것이며, 자연에 대해서는 그만큼 도전적이고 침공적인 행위일 수밖에 없다. 우리 인간들은 일을 하지 않으면 의식주를 해결할 수도 없고, 문화적인 삶은 물론, 어떠한 삶도 영위해 나갈 수가 없다. "하얗게 눈이 덮이었고/ 전신주가 잉잉" 운다는 것은 우리 인간들의 삶 이전의 암흑기를 말하고, "하나님의 말씀이 들려온다"는 것은 죄를 짓지 말라는 생명부정에의 의지를 말한다. 그러나 죄를 짓고 죄악을 정당화하지 않으면 우리 인간들의 삶이 없게 되고, 따라서 윤동주는 "빨리/ 봄이 오면/ 罪를 짓고/ 눈이/ 밝어// 이브가 해산하는 수고를 다하면// 무화과 잎사귀로 부끄런 데를 가리고// 나는 이마에 땀을 흘려야겠다"라고 노래하게 된다. 빨리 봄이 오면 죄를 짓고 싶다는 것은 삶에의 의지를 말하고, "나는 이마에 땀을 흘려야겠다"는 것도 삶에의 의지를 말한다. 그것은 죄가 아니라 신성한 일에 대한 찬가이며 우리 인간들의 삶을 옹호하는 낙천주의의 노래일 수밖에 없는 것이다. 유태민족의 신화와 그리스 민족신화 속의 신성모독은 일의 성격과 특성 자체에 대한 속죄의식이 만들어 낸 것에 불과하며, 그것이 원죄로서 유전되어 오는 것은 자연과 다른 생명에 대한 감사함의 다른 표현일 수밖에 없는 것이다. 산을 깎고 유실수를 심는다는 것도 죄의식을 낳고, 강둑을 쌓고 농경지를 경작하는 것도 죄의식을 낳는다. 생명이 생명을 먹는다는 것도 죄의식을 낳고, 산업공해와 쓰레기를 배출해 내는 것도 죄의식을 낳는다. 이러한 죄의식은 감사함의 다른 표현이며, 따지고 보면 함부로 자연을 파괴하거나 살생을 하지 말라는 옛 성인들의 말씀이 대대로 유전되어 오는 것에 지나지 않는다. 유태 민족의 신화나 그리스 민족 신화의 문맥을 모르면 밑도 끝도 없는 죄의식에 사로잡혀서 우리 인간들의 삶이 위축되고 생기를 잃게 된다. 나쁜 자연과 좋은 자연은 죄의식과 감사함을 제대로 이해하지 못한 데서 나온 이분법적인 산물일 뿐이라고 생각하지 않을 수가 없다.

나는 윤동주의 「또 太初의 아침」을 분석하면서 한 사람의 철학자로서 크나큰 행운을 얻게 되었다. 어쨌든 「또 太初의 아침」은 그만큼 신선하고 역동적인 시이며, 낙천주의자의 노래라고 하지 않을 수가 없다. 나는 나의 일터에서 불꽃이 활활 타오는 것을 바라보면서 김수영의 「事務室」을 떠올려 본다.

남의 일하는 곳에 와서 아무 목적 없이 앉았으면 어떻게 하리
남이 일하는 모양이 내가 일하고 있는 것보다 더 밝고 깨끗하고 아름다웁게 보이면 어떻게 하리

일한다는 의미가 없어져도 좋다는 듯이 구수한 벗이 있는 곳
너는 나와 함께 못난 놈이면서도 못난 놈이 아닌데
쓸데없는 도면 위에 글씨만 박고 있으면 어떻게 하리
엄숙하지 않은 일을 하는 곳에 사는 친구를 찾아왔다
이 사무실도 네가 만든 것이며
이 많은 의자도 네가 만든 것이며

네가 그리고 있는 종이까지 네가 製紙한 것이며
청결한 공기조차 어즈러웁지 않은 것이
오히려 너의 냄새가 없어서 심심하다

남의 일하는 곳에 와서 덧없이 앉았으면 비로소 설워진다
어떻게 하리
어떻게 하리
— 김수영, 「事務室」 전문

김수영의 「事務室」은 한국 현대문학사에 있어서 비교적 제대로 평가되지 않은 걸작품이며, 내가 너무나도 사랑하고 선호해 왔던 애송시에 해당된다. 「事務室」에는 진정으로 일을 사랑하고 그것을 실천하고 있는 시인이 그와 마찬가지로 일을 사랑하고 있는 친구를 찾아가 노래한 시이기는 하지만, 거기에는 무엇보다도 일에 대한 사랑이 광기에 가까운 집착으로 나타나 있다고 해도 과언이 아니다. "너는 나와 함께 못난놈이면서도 못난놈"이 아니라는 시구는 이중적인 의미를 띠고 있는데, 하나는 밥벌이를 위한 엄숙하지 않은 일에 종사한다라는 의미이며, 또다른 하나는 밥벌이와는 아무런 상관도 없는 일을 하고 있다라는 의미이다. 밥벌이를 위한 일은 엄숙하지 않은 일에 해당되고, 밥벌이와는 아무런 상관도 없는 일은 엄숙한 일에 해당된다. 비록, 시인과 친구는 못난놈이면서도 못난놈이 아니다라는 동류의식으로 맺어진 사이이기는 하지만, 선의의 경쟁 관계이든, 적대적 경쟁 관계이든 간에, 어떠한 경쟁도 승리를 전제로 하지 않은 경쟁이란 있을 수가 없다. 이 선의의 경쟁심이 "남이 일하는 곳에 와서 아무 목적 없이 앉았으면 어떻게 하리/ 남이 일하는 모양이 내가 일하고 있는 것보다 더 밝고 깨끗하고 아름다웁게 보이면 어떻게 하리"라는 시구를 낳게 하고 있고, 그 패배의 두려움이 마지막 연의 애상조의 '설움'까지도 낳게

하고 있다. 아무런 목적 없이 방황하고 있다는 것도 설움의 한 요소가 되지만, 그러나 김수영의 「事務室」의 전정한 힘은 "남이 일하는 모양이 내가 일하고 있는 것보다 더 밝고 깨끗하고 아름다웁게 보이면 어떻게 하리"라는 시구에 맺혀 있다고 해도 틀림이 없다. 그것은 진정으로 일을 사랑하고 있는 자로서의 '설움'의 요소이며, 한국적인 애수를 넘어서서 '설움의 미학'으로까지 승화될 수 있는 것이기도 하다. 김수영의 설움 속에는 사물에 대한 구걸이 제거된 채 일 자체의 사랑만이 밝고 깨끗하고 아름답게 담겨 있으며, 또한 그것은 그의 "力耕主義"(「토끼」)가 담겨 있는 것이기도 하다. 그는 설움의 미학을 통해서 그 설움을 힘에의 의지로까지 승화시킨 장본인이며, 내가 가장 사랑하고 진정으로 존경하는 최후의 한국인이기도 하다. 아직도 「事務室」을 읽는 나의 마음 속에는 "진짜 농부는 부삽질을 하는 것이 아니다. 그는 자신의 노동을 모른다"라는 말도 들리고, 흙에 대한 사랑을 육화시켜 나가면서 "자연은 성당이다"(「反詩論」)라는 말도 들린다. 또한 10원이나 20원 때문에 그의 정력을 낭비해야만 했던 「飜譯者의 고독」의 목소리도 들리고, 구차하지만 아무런 대책도, 출구도 없었던 「養鷄 辨明」의 목소리도 들린다. 하지만 그러한 못난놈의 생활을 넘어서서 "아무 일도 하지 않는 것보다는 도둑질이라도 하는 것이 낫다"(「장마 풍경」)라는 목소리도 들리고, "모험은 자유의 서술도, 자유의 주장도 아닌 자유의 이행이다. 자유의 이행에는 전후좌우의 설명이 필요없다. 그것은 원군이다. 원군은 비겁하다. 자유는 고독한 것이다. 그처럼 시는 고독하고 장엄한 것이다"(「詩여 침을 뱉어라」)라는 혁명가로서의 목소리도 들린다(2). 이처럼, 항상 근면하고, 정직하고, 성실하고, 용기 있는 자의 모습이 김수영의 진면목이며, 그의 밝고 깨끗하고 아름다운 시인의 모습이기도 한 것이다. 선린상고를 졸업하고 일본유학까지 다녀온 김수영이 경제학의 기초를 무시하고 시인이 되었다는 것도 우스운 일이지만, 좀 더 아름답고 뛰어난 시쓰기를 희망하지 않고 일 자체의 사랑만을 강조했다는 것도 우스운 일에 해당된다. 그러나 이러한 우스운 일, 이처럼 바보같은 순진성과 천진성이 있었기 때문에 우리 인간들의 사나운 야수와도 같은 독성을 해독할 수가 있는 것이며, 우리 인간들의 미래에 희망을 걸 수가 있는 것인지도 모른다.

남으로 窓을 내겠소

밭이 한참갈이
괭이로 파고
호미론 풀을 매지요

구름이 꾀인다 갈 리 있소
새 노래는 공으로 들으랴오
강냉이가 익걸랑
함께 와 자셔도 좋소

왜 사냐건
웃지요

— 김상용, 「남으로 窓을 내겠소」 전문

김상용의 「남으로 窓을 내겠소」는 도연명의 「歸去來辭」와도 같은 시이며, 시인의 삶에의 의지가 밝고, 투명하고, 아름답게 전원교향곡처럼 울려 퍼지고 있는 시라고 할 수가 있다. "남으로 窓을 내겠소"라는 시구는 양지바른 곳에 터를 잡는다는 것을 말하고, "밭이 한참갈이"이란 시구는 그렇게 크지도 작지도 않은 아담한 규모의 넓이를 말한다. "괭이로 파고/ 호미론 풀을 매지요"라는 시구는 타인의 일손을 빌리지 않고 시인이 손수 일을 하겠다는 것을 말하고, "구름이 꾀인다 갈 리 있소"라는 시구는 뜬구름처럼 허황된 도시의 삶에 더 이상의 미련이 없다는 것을 말한다. "새 노래는 공으로 들으랴오"라는 시구는 싸늘한 이해타산이 아닌, 자연친화적인 삶을 말하고, "강냉이가 익걸랑/ 함께 와 자셔도 좋소"라는 시구는 이 시를 읽는 불특정 다수의 독자를 말한다. 마지막으로 "왜 사냐건/ 웃지요"라는 시구는 어렵고 힘든 삶의 문제를 건강하고 씩씩한 웃음으로 답하겠다는 것을 말하고, 또한 그만큼의 행복한 삶을 살아가겠다는 것을 말한다. 「남으로 窓을 내겠소」라는 시에는 돈과 명예와 권력 등, 모든 것이 필요 없는 힘찬 일터도 있고, 또한 아름다운 새의 노래 소리도 들어 있다. 진정으로 일을 사랑하는 시인의 삶의 의지도 배어 있고, 언제나 너와 내가 정답고 반갑게 만날 수 있는 열린 공간도 들어 있다.

나는 도연명의 「歸去來辭」도 좋아하고, 김상용의 「남으로 窓을 내겠소」라는 시도 좋아한다. 나는 자연을 힘찬 일터로 인식하고 있기도 하고, 김수영처럼 성당으로 인식하고 있기도 하다. 죄의식의 이면에는 감사한 마음도 들어 있고, 감사한 마음의 이면에는 죄의식도 들어 있다. 좋은 자연이 나쁜 자연이 되고 나쁜 자연이 좋은 자연이 된다. 이제 내가 말하는 좋은 자연은 루소식의 자연이 아니라, 좋은 자연과 나쁜 자연이 변증법적으로 지양되고, 우리들의 낙천주의가 자라나는 토양이라고도 할 수가 있다.

나는 1997년 여름, 10여 년에 가까운 타향 생활을 청산하고 이곳 충청도로 내려올 수가 있었다. 나에게는 좁고 답답한 서재의 공간을 벗어나 힘찬 일터가 무엇보다도 필요했었고, 나는 마침내 그토록 소망했던 200여 평의 밭을 얻을 수가 있었던 것이다. 지난 해 가을걷이를 끝낸 깻짚과 콩짚에서 하늘 높이 불꽃이 솟아오르고 있었고, 나는 영하 10도의 추위에도 아랑곳하지 않을 수가 있었다. 진정으로 일을 사랑하는 한 사람의 철학자의 글을 읽고, 전혀 일을 사랑하지 않고 있는 자의 입장에서 평가를 하고 충고를 해올 때가 있다. 나는 이 판단의 어릿광대들의 말이 아무리 감미롭고 달콤하게 들린다고 하더라도 언제나 거절을 할 수 있는 준비가 되어 있다. 나는 어떠한 친구도 동지도 없지만, 나의 길만을 가야 하며, 어느 훗날, 더 아름답고 풍요로운 세계와 더욱더 많은 수확물들을 보여주고, 그들을 인도해 가지 않으면 안 된다. 나는 틈틈이 삽과 괭이로 200여 평이나 되는 밭을 파고, 동산의 낙엽을 30여 가마나 나르고, 여러 가지 작물들을 심었었다. 나의 노동의 댓가는 감자 28 상자, 고구마 26 상자, 들깨 3~4말, 오이, 호박, 옥수수, 채소 등의 풍요로운 생산물로 나타났고, 나는 그것을 모든 친지들과 이웃들에게 아낌없이 나누어 줄 수가 있었다. 오늘도 나는 나의 낙천주의의 사상의 결실이 우리 한국인들의 문화적 양식으로서, 혹은 모든 한국인의 희망이자 인류의 희망으로서 자라나기를 빌고, 또 빌고 있다. 내일이면, 나는 또다시 썩은 낙엽을 실어 나르고, 삽과 호미와 괭이로 땅을 파고 또 파게 될 것이다.

우리 인간들에게는 일만이 소중하고 일만이 또 유익하다. 일만이 나와 타인들을 '우리'라는 사회적 관계로 맺을 수 있게 해주고, 일만이 불완전한 인간의 한계를 극복하고 전지전능한 신이 되어주게 해준다. 인간은 유한하지만 진정으로 일을 사랑하는 자는 무한하고, 인간은 불행하지만 진정으로 일을 사랑하는 자는 더없이 행복하다. 빵 다섯 조각과 물고기 두 마리로 오천 명이 먹고도 남을 만큼의 기적도 우연이 아니고, 홍해 바다가 갈라지고, 구름이 길을 인도하고, 바위는 샘물을 내뿜고, 하늘에서는 만나가 쏟아지는 기적도 우연이 아니다. 사색인들의 정신적 노동이 사적인 개인들과 우리 인간들의 한계를 극복해낼 수 있는 종교를 안출해 냈다면, 노동자들의 육체적인 노동이 의식주의 문제는 물론, 천재지변이나 어떠한 재앙도 이겨낼 수 있는 기적을 연출해 냈던 것이다. 과일은 식물의 생존과 노력의 집결체이고, 수확은 인간의 생존과 노력의 집결체이다. 일은 생산의 아버지이고, 대지는 생산의 어머니다. 일과 대지가 결합할 때, 나는 그들의 충실한 노예가 된다. "강냉이가 익걸랑/ 함께 와 자셔도 좋소"라는 말도 일의 의미와 본질이 담겨 있는 말이고, '자연은 성당이다'라는 말도 일의 의미와 본질이 담겨 있는 말이다. 이러한 성스러운 말들이 있기 때문에, 우리 인간들은 서로를 사랑하고, 이 아름답고 풍요로운 세계를 가꾸어 나가게 된다. 일만이 위대하고 일만이 불가능을 무화시키고 기적을 연출해낼 수가 있다.

우리 인간들은 어떠한 형식으로든지 이러한 일들을 통해서 자기 자신의 생명을 유지하는 것은 물론, 타인들과 이 세계와 관계를 맺으면서 살아나가고 있다. 로빈슨 크루소마저도 사회로부터 결코 독립된 개인이 될 수는 없었으며, 그가 돌아간 곳은 너무나도 당연하게 영국 사회일 수밖에 없었다. 명약과 독약이 따로 없듯이, 이처럼 소중하고 귀중한 일을 우리가 어떻게 수행하고 실천하느냐에 따라서 그가 속한 사회의 건강과 문화적 수준이 결정된다고 해도 과언이 아니다. 모든 욕망을 제거하고 일 자체를 사랑한다면 그가 속한 사회는 모든 기적을 연출해 내는 유토피아(자연=성당)가 될 것이고, 일 자체를 돈벌이를 위한 필요악으로 생각하게 되면, 그가 속한 사회의 미래는 반드시 디스토피아(반자연=폐허)로 이어지게 될 것이다. 생산의 아버지인 일은 인자한 아버지이면서도 노여워하는 아버지이기도 한 것이다. 일 자체를 사랑하지 않고 돈만을 사랑하는 우리 한국인들, 소유하는 자는 소유당한다는 평범한 이치를 깨닫지 못하고 악착같이 사물들에게 구걸을 하고 있는 우리 한국인들, 좋은 자연만을 알고 나쁜 자연은 알지도 못하고 있는 우리 한국인들, 나쁜 자연만을 알고 좋은 자연은 알지도 못하고 있는 우리 한국인들, 일의 의미와 그 본질을 이해하지도 못하면서 서구인들의 노예가 되어가고 있는 우리 한국인들, 인간과 사물, 인간과 인간, 인간과 세계의 관계마저도 파멸시키며, 최후의 종말을 향해서 가고 있는 우리 한국인들, 나는 우리 한국인들에게 진정으로 이마에 땀을 흘리고 사랑과 애정이 담긴 산물들을 생산하라고 권하고 싶다. 모든 가치관이 전도되고, 사랑과 애정이 담긴 식물들을 먹지 못하고 자란 우리 경제인들—, 이미 들뢰즈와 가타리가 역설한 바가 있듯이, 그들은 무서운 정신분열증의 환자들에 지나지 않는다.

> 자본은 그야말로 자본가의 혹은 차라리 자본가라고 하는 존재의 기관들 없는 신체다. 그러나 이런 것이기 때문에 그것은 그저 돈이 流動하며 굳어진 실체가 아니고, 돈의 불모성에다가 돈이 돈을 낳는 형태를 주게 된다. 기관들 없는 신체가 그 자신을 재생산하는 것처럼, 자본은 잉여가치를 생산하고, 스스로 발아하여, 우주의 끝까지 뻗는다. 그것은, 고정된 자본으로서 기계 속에서 전적으로 스스로를 구체화시키면서, 그 기계로 하여금 상대적인 잉여가치를 만들어 내게 한다. 그리고 기계들과 생산자들은 자본에 매달리어, 그것들의 작용 자체가 자본에 의하여 기적을 이루는 데까지 이른다(3: 27).

> 만일 인류가 살아남는다면, 미래의 인간들은 우리의 이 밝은 시대를 정말 蒙昧의 세기로 보리라고 나는 상상한다. 그들은 아마 이 상황의 아이러니(장난)를 우리들보다 더 재미있게 즐길 것이다. 그들은 우리를 우습게 볼 것이다. 그들은 우리가 정신분열증이라고 부르고 있었던 것이 사실은 빛이 우리들의 닫힌 정신들의 틈바구니들 속에 비쳐 들어오기 시작한 형태들 중의 하나였다고 하는 것을 알 것이다……광기는 반드시 붕괴인 것은 아니다; 그것은 또한 파괴일 수도 있다……자아상실이라고 하는 초월론적 경험을 하는 사람은, 여러 가지 방식으로, 평형을 잃을 수도 있고 잃지 않을 수도 있다. 이때 그는 미친 사람으로 여겨질 수 있다. 그러나 미쳤다는 것과 병들었다는 것, 이 두 말이 우리들의 세계에서는 相補的인 것이기는 하나, 미친 것이 반드시 병든 것은 아니다(3: 203).
>
> — 로날드 레잉

우리가 일 자체를 사랑하면 자연은 '성당'이 되지만, 우리가 일 자체를 사랑하지 않으면 자연은 '폐허'가 된다. 우리가 일 자체를 사랑하지 않을 때, 일은 우리를 배반하게 되고, 일이 우리를 배반하게 될 때, 우리 인간들은 이 세계와 모든 인간 관계의 파탄을 맞이하게 될 것이다. 탐욕이 담긴 일이 자연을 파괴하게 되고, 사랑과 애정이 담겨 있지 않은 음식물이 모든 가치관을 전도시키고, 우리 인간들을 사악하게 만들게 될 것이다. 좀 더 극단적으로 말한다면 자본주의 사회는 일 자체를 사랑하지 않는 사회이며, 이 사회와 모든 인간들을 파멸시키고, "기관 없는 신체들", 즉, 무서운 정신분열증의 환자들을 대량 생산하는 사회에 지나지 않는다. 일 자체의 목적도 "돈이 돈을 낳는 형태"를 띠게 되고, 인간과 사물, 인간과 인간, 인간과 세계의 관계마저도 폐허의 중층 구조 속에서 파탄을 맞이하게 된다. 무서운 정신분열증의 환자들인 우리 인간들은 일 자체를 성스럽거나 경건하게 생각하지도 않고 있고, 타인들과 이 세계마저도 사랑과 애정이 담긴 세계로 이해하고 있지도 않다. 일 자체가 돈벌이를 위한 필요악으로 전락한 지도 오래되었고, 타인들과 이 세계가 하나의 수단으로써 전락한 지도 오래되었다. 우리는 다만, "자아상실이라는 초월론적 경험"을 축적해 가면서, '기관들 없는 신체들'을 '몽매의 세기'를 향해서 몰고 나가고 있을 뿐인 것이다. 나는 영하 10도의 추위를 활활 타오르는 불꽃 속에 집어던지며, 이내 사그라지는 검은 잿더미들을 바라다 본다. 나는 검은 잿더미들을 단순하게 바라보지 않고, 우리 인간들의 미래의 운명과 연결시키면서 바라보고 있다. 모든 것이 가고 모든 것이 되돌아 오지 않는다. 모든 것이 되돌아 오지 않고 싸늘한 폐허(반자연)의 잿더미들만이 이리 저리, 산산이, 흩어져 가고 있다.

어디선가 나는 살고 싶다, 나는 살려고 노력해야 된다라는 목소리가 들려오고 있는 것도 같다. 또한 어디선가 우리 인간들은 모두가 살려고 노력하지 않으면 안 된다라는 목소리도 들려오고 있는 것도 같다. 다시 말해서, 일이란 자기 보존 본능에 충실한 삶에의 의지를 말하고, 최고의 선이란 불행으로부터 떠난 모든 것을 말한다. 최악의 상태란 모든 재난과 재앙에 둘러싸여 존재론적 근거가 흔들리는 것을 말하고, 행복이란 존재론적 근거가 든든하고 안정적인 상태를 말한다. 에피쿠로스와 프로이트와 아리스토텔레스와 니체와 쇼펜하우어가 역설하고 있듯이, 우리 인간들은 불쾌를 피하고 쾌락을 추구하는 동물들이라고 할 수가 있다. 따라서 우리 인간들은 일을 통해서 최악의 상태를 피하고 최선의 상태, 즉, 행복을 추구한다고 할 수가 있다. 일의 궁극적인 목적은 행복이며, 행복이란 모든 것을 할 수도 있고, 아무 것도 하지 않을 수도 있는 존재의 충일감을 말한다. 그는 항상 모든 것이 젖과 꿀처럼 자라나는 곳에서 살아가며, 자기 자신이 시바神이 되거나 제우스神이 되는 행복감을 맛보기도 한다. 그 존재의 충일감—신적인 상태의 기반은 일 자체를 사랑하는 사람의 입장에서 보자면, 예컨대,

> 내가 재벌이라면
> 메마른
> 양로원 뜰마다
> 고아원 뜰마다 푸르게 하리니
> 참담한 나날을 사는 그 사람들을
> 눈물 지우는 어린 것들을
> 이끌어 주리니
> 슬기로움을 안겨 주리니
> 기쁨 주리니
> — 김종삼, 「내가 재벌이라면」 전문

라는, 김종삼의 시에서처럼, 자기 자신의 생명을 보존하고, 그가 속한 사회와 그 이웃들에게로 하염없이 퍼져 나가고 있는 부유함이라고 하지 않을 수가 없다.

한 푼을 아끼고 두 푼을 절약하여 태산을 이루게 하는 것이 재벌

들의 속성이라면 미리부터 쓸 돈을 계산하고 이타적으로 살아가겠다는 것은 김종삼 시인의 아름다운 거짓말에 지나지 않는 것인지도 모른다. 재벌은 수입의 규모보다는 지출의 규모에 더없이 인색한 자를 말하고, 호탕한 사람은 수입의 규모보다는 지출의 규모에 더없이 후덕한 자를 말한다. 전자는 수전노나 구두쇠라고 부르고, 후자는 호탕한 사람이라고 부른다. 간혹, 재벌이 된 자가 그의 모든 재산을 사회에 환원—자선사업이나 육영사업을 통해서—하는 자도 있으며, 우리는 그들을 성자나 위대한 영웅으로 숭배를 하게 된다. 아무튼 김종삼의 이타적인 사랑은 비록, 그것이 아름다운 거짓말일지라도 진정으로 일을 사랑하는 자의 그것과도 같다고 하지 않을 수가 없다. 진정으로 일을 사랑하는 자는 예술가와도 같고, 그에게 있어서 이해타산이란 매우 쩨쩨하고 어리석은 일에 지나지 않는다. 호탕함은 진정으로 사적인 개인의 욕망을 비우고, 일을 사랑하는 자의 천성에 해당되며, 「내가 재벌이라면」이라는 시를 진정한 예술 작품으로 승화시켜 주는 요소가 된다. 나는 "내가 재벌이라면/ 메마른/ 양로원 뜰마다/ 고아원 뜰마다 푸르게 하리니/ 참담한 나날을 사는 그 사람들을/ 눈물 지우는 어린 것들을/ 이끌어 주리니/ 슬기로움을 안겨 주리니/ 기쁨 주리니"라는 김종삼의 시를 위대한 낙천주의의 결정체로 읽는다. 시는 시인의 땀과 눈물과 피의 결정체일 수밖에 없는 것이다. 「내가 재벌이라면」의 부유함은 자연을 파괴하거나 타인들에게 위해를 가하는 요소로도 작용을 하지 않고, 우리 인간들의 미래를 파멸시키는 요소로도 작용을 하고 있지도 않다. 어느 사회에서나 소수의 자선사업가나 육영사업가를 심심찮게 찾아볼 수가 있고, 바로 그들이 그들의 사회를 지켜주는 수호신이라고 해도 틀림이 없다. 일의 궁극적인 목적이 행복이기는 하지만, 행복이 반드시 돈의 잣대로 재어질 수 있는 것은 아니다.

그러나 자본주의 사회에서의 그 존재의 충일감—신적인 상태의 기반은 부의 척도로서 돈일 수밖에 없으며, 돈은 우리 인간들의 행복의 바로미터가 된다. 그들은 모두가 한결같이 수전노이고, 구두쇠이며, 사적인 행복과 안락만을 추구하는 무서운 정신분열증의 환자들이라고 하지 않을 수가 없다.

금은 영물이다! 금을 가진 자는 그가 바라는 모든 것의 주인이다. 금이라면 영혼을 천국에 이르게 할 수 있다(4: 157).

— 콜롬버스

교회는 튼튼한 위장을 가지고 있습니다
이제까지 많은 나라들을 삼켰지만
아직까지 과식한 일이 없습니다
부인네들이여 교회만이
불의의 보물을 소화시킬 수가 있습니다(5: 126)

— 괴테

돈이 있으면 본의 아니게 남에게 거짓말을 하거나 속이는 일이 없게 되지요. 그리고 신령님께 구태여 절을 할 필요가 없고 남의 돈을 갚지 못하여 불안한 마음으로 죽는 일이 없지요(6: 17).

— 플라톤

오 필요를 논하지 말아라! 가장 비참한 거지도 가장 하찮은 것에서는 약간의 여분이 필요한 것이란다. 자연을 결핍 상태로 되돌아 가게 하면 인간은 동물에 지나지 않게 되고, 인간의 삶은 어떠한 가치도 없게 된단다. 너는 귀부인이지? 헌데, 만일 옷을 따뜻하게 입는 것만이 허용된다면, 별로 따뜻하지도 않은데 네가 입고 있는 그런 사치스러운 옷은 인간으로서 무슨 필요가 있단 말이냐? (7: 272).

— 세익스피어

축적하라, 축적하라! 이것이 모세요, 예언자들의 말인 것이다(4: 675).

— 마르크스

돈만 내세요, 면죄부는 이 자루 안에 있습니다! (8: 125 재인용).

— 마틴 루터

금은 영물이며, 금을 가진 자는 모든 것의 주인의 될 수도 있고, 그의 영혼을 천국에 이르게 할 수도 있다. 돈이 있기 때문에 인간과 짐승이 구분되고, 돈을 가진 자는 부의 축적을 통해서 면죄부를 살 수도 있다. 또한 돈이 있기 때문에 모세와도 같은 예언자가 될 수도 있고, 돈을 가진 자는 부의 축적을 통해서 지상 최대의 권력을 획득할 수도 있다. 수많은 민족과 국가들을 다 집어 삼키고도 아무런 탈이 없었던 교회, 온갖 검은 돈을 다 집어 삼키고 면죄부를 팔아먹고도 푸른 월계수처럼 더욱더 번창하기만 했던 교회, 돈이 있으면 본의 아니게 거짓말을 하거나 불안한 마음으로 죽는 일이 없게 된다는 플라톤의 말을 일찌감치 터득했던 교회, 성 프란체스코회의 청빈파들을 대거 숙청하고도 면죄부를 판매하지 말라는 마틴 루터를 화형시키려고 했던 교회, 그 교회의 한 가운데서 성 베네딕트회의 수도원장은 젊은 수도사인 아드소에게 다음과 같이 '보석의 역사'를 들려주고 있다.

들어 보아라, 아름답기 그지 없는 보석사를…… 보석은 사도들은 물론 우리의 위대한 교부들을 상징하기도 한다. 교황 인노켄티우스 3세의 침착함과 인내를 나타내는 루비를 보아라……그러나 석류석은 자비를 상징한다. 남옥은 성브로노를 상징하는데, 이 남옥의 순수한 광채는 바로 그분의 신학적 깊이를 상징하는 것이기도 하다. 터키옥은 환희, 줄마노는 치품천사熾品天使, 자수정은 지천사智天使, 벽옥은 옥좌, 귀감람석은 지배, 사파이어는 덕목, 마노는 권능, 녹조석은 권천사權天使, 루비는 대천사, 에메랄드는 여느 천사들을 상징한

> 다. 보석사는 참으로 다양하니, 각 보석은 그 해석의 방법에 따라, 모양에 따라 몇 가지 진리를 동시에 나타내기도 한다. 허나 그 해석의 방법이나 모양을 누가 감히 이렇다 저렇다 정의할 수 있으랴. 우리는 그저 보석이 가르치는 바를 배우고 감득할 뿐이다. 보석이 우리에게 가르치는 바는, 만물 가운데서도 가장 믿을 만한 해석의 주체이며, 특권의 은혜를 한 몸에 받은, 따라서 오로지 거룩함으로만 빛나는 권능일 것이다(9: 700).

소유하는 자는 반드시 소유당하고 만다는 말도 있지만, 나는 이러한 땡초들의 궤변을 들을 때마다 사르트르의 소설의 주인공처럼 구토를 하지 않을 수가 없다. 남옥이 성 브루노의 주체자가 되고 있고, 석류석이 자비의 주체자가 되고 있다. 루비가 교황의 주체자가 되고 있고, 줄마노가 치품천사의 주체가 되고 있다. 사파이어는 덕목의 주체자가 되고 있고, 루비는 대천사의 주체자가 되고 있다. 따라서 신성한 수도원에 인간은 없고 돈(보석) 앞에 무릎을 꿇어버린 노예만이 있게 되고, 이것이 모든 재앙의 씨앗이 되었던 것이라고 하지 않을 수가 없다. 우리 인간들은 사물 때문에 괴로워하지 않고 사물에 대한 욕망 때문에 괴로워한다. 또한 우리 인간들은 욕망의 불충족 때문에 괴로워하지 않고, 끊임없이 새로운 욕망을 가중시켜 나가면서 괴로워한다. 이처럼 잘못된 행복관이 우리 인간들의 탐욕에서 비롯되었다면 이제는 우리들의 일 자체도 그 본래의 의미와 본질이 크게 오염되고 퇴색되었다고 해도 과언이 아니다. 이제 일은 죄의식이나 감사한 마음도 불러 일으키지 않고, 다만 어렵고 힘든 어떤 것일 뿐이다. 일은 돈벌이의 수단으로서의 필요악이며, 모든 인간 관계의 파괴와 생태 환경의 파괴는 만물의 영장으로서 우리 인간들의 특권일 뿐인 것이다. 산업혁명과 과학혁명을 통해서 대량 생산된 상품을 가지고 제3세계의 시장을 유린하는 것도 기쁜 일이고, 인신매매와 노예제도를 활성화시키는 것도 기쁜 일이다. 돈이 돈을 낳는다는 금융시장의 논리에 따라서 국제금융자본들이 음모를 꾸미는 것도 즐거운 일이고, 한국과 러시아와 아시아와 중남미의 국가들의 경제가 마비되어 가는 것도 즐거운 일이다. 나는『로빈슨 크루소』를 통해서 일의 중요성을 역설한 바가 있지만, 따지고 보면, 그의 무인도에서의 삶까지도 대영제국의 이상과 가치관만을 반영하고 있는 사악한 소설이라고 하지 않을 수가 없었다. 로빈슨 크루소가 무인도에서의 생활을 28년 2개월만에 청산을 하게 되었을 때, 그는 현금 5천 파운드 이상과 1년에 1천 파운드 이상의 수입을 올리는 농장의 주인이 되어 있었다. 따라서 로빈슨 크루소는 그 엄청난 재산을 되찾게 되자 옛날의 은인들에 대한 사례를 결코 잊지를 않았다. 그의 유언집행인의 모든 빚을 탕감해 주고, 해마다 1백 모이드레씩의 증여금을 약속하는 것이 그렇고, 또다른 옛날의 은인의 미망인에게 현금 100파운드와 함께 해마다 증여금을 약속하는 것이 그렇다. 중산층 이상의 삶을 살고 있는 두 누이동생에게 100파운드씩 증여하는 것이 그렇고, 성 어거스틴 수도원에 엄청난 돈을 헌납하는 것이 그렇다. 로빈슨 크루소의 모험은 실패를 모르는 모험이며, 대영제국의 이상과 가치관만을 반영하는 모험에 지나지 않는다. 또한 경제적으로는 평범한 중산층의 삶에서 신흥 부르조아지의 이상과 가치관을 반영하고, 종교적으로는 기독교의 이상과 가치관을 반영한다. 로빈슨 크루소는 언제나 타인의 인격과 재산과 종교와 사상의 자유를 인정할 줄 아는 인간이기는 하지만, 그것은 어디까지나 인도주의의 가면을 쓴 식민주의자의 허울에 지나지 않는다. 막스 베버의『프로테스탄티즘의 윤리와 자본주의 정신』과 똑같은 연장선상에서, 다니엘 디포는 기독교와 자본주의의 야합을 호도하고, 식민주의와 피식민주의의 대립 갈등을 왜곡시켰다고 하지 않을 수가 없다. 다니엘 디포의『로빈슨 크루소』가 대영제국의 식민주의의 찬가에 불과하듯이, 오늘날의 행복은 제3세계인들의 숨통을 조이는 데서 솟아나오는 행복이며, 국제금융자본들의 흑주술 속에서 컴퓨터 실업자가 우르르 쏟아져 나오는 데서 솟아나오는 행복일는지도 모른다. "살어리 살어리랏다 利子에 살어리랏다/ 남의 자기 굴조개랑 먹고 利子에 살어리랏다/ 얄리얄리 얄라셩 얄라리 얄라"(「자본에 살어리랏다」)라는 박남철 시인의 노래소리도 들려오고,

자본의 거짓 빨래판
낙도 어린이가 서울 나들이 오면 꼭 보여주는 곳
바다와 벗하여 사는 어린이에게 수족관을 보여주는 발상
우리 나라에서 제일 큰 서점을 보여주면 안 되나
63빌딩은 5공화국의 송덕비라고 명명한 함성호 시처럼
거기 참배시키는 것은 아닐까 자본주의가
씨앗을 남기고 싶은 욕망만큼 미련한 토마토 가지가 찢어지듯
우뚝우뚝 발기한 빌딩들

이라는 함민복 시인의 노래 소리(「한강유람선」)도 들려온다.

"금이라면 영혼을 천국에 이르게 할 수 있다"라는 콜롬버스의 말도 사물에 대한 구걸에 불과하고, "돈만 내세요, 면죄부는 이 자루 안에 있습니다"라는 마틴 루터의 우화도 사물에 대한 구걸에 불과하다. "축적하라, 축적하라! 이것이 모세요, 예언자들의 말인 것이다"라는 마르크스의 우화도 사물에 대한 구걸에 불과하고, "아름답기 그지 없는 보석사"를 역설하고 있는 수도원장의 말도 사물에 대한 구걸에 불과하다. 그들은 모두가 돈 앞에서 자기 자신을 잃어버린 무서운 정신분열증의 환자들(노예들)에 불과하며, 만일, 청빈한 삶, 혹은 진정으로 부유한 자의 삶을 역설하는 하나님이 나타난다면, 언제, 어느 때나, 그 즉시 신성모독을 범할 준비가 되어 있는 자들에 지나지 않는다. 그들은 또한 진정한 행복과 부유함이 인간과 인간, 인간과 사물, 인간과 세계 속에 있다는 것을 알지도 못하는 어중이 떠중이들에 불과하며, 무인도에서의 로빈슨 크루소에게는 돈과 명예와 권력이 아무런 필요

가 없었다는 사실을 알지도 못하는 못하는 무서운 정신분열증의 환자들에 지나지 않는다. 박남철의 "살어리 살어리랏다 利子에 살어리랏다"는 그들의 폐허의 신전에서 들려오는 무서운 정신분열증의 찬가이며, 함민복이 "씨앗을 남기고 싶은 욕망만큼 미련한 토마토 가지가 찢어지듯/ 우뚝우뚝 발기한 빌딩들"도 그들의 폐허 속의 신전에서 들려오는 무서운 정신분열증의 찬가라고 하지 않을 수가 없다. 일 자체를 사랑하면 우리 인간들이 모두가 다같이 부유하고 행복해질 수가 있지만, 돈 자체를 사랑하면 우리 인간들은 모두가 다같이 가난하고 불행해 지게 된다. 그러나 더 많은 부, 더 많은 행복이 모든 일에 종사하는 사람들의 궁극적인 목표이며, 지상 최대의 과제이기도 하다. 오늘날 대량생산과 값싼 임금과 대량소비는 자본가들의 삼위일체를 이루고 있고, 어떠한 장애물도 무용지물이 되는 것이 그들의 행복한 생활의 전모가 되고 있다. 생산수단은 사회화되었지만, 그들의 부는 언제나 집중된다. 따라서 행복의 척도는 부의 척도이며, 불행의 척도는 가난의 척도이다. 전자에서는 피눈물나는 생존경쟁에서 승리한 자들의 찬가가 울려 퍼지고 있고, 후자에서는 피눈물나는 생존경쟁에서 뒤처진 자들의 비명 소리만이 들려오고 있다.

나는 덜 마른 깻짚과 콩짚에서 솟아나오는 시큼하고 매캐한 검은 연기를 들이 마시면서, 눈물과 콧물을 훌쩍이지 않을 수가 없었다. 우리 인간들의 삶이란 이러한 불꽃놀이와도 같은 것인지도 모른다. 만일, 영하 10도의 추위 속에서도 언제나 따뜻한 불길만을 바라는 사람이 자본가와도 같은 사람이라면, 우리는 모두가 다같이 자본가와도 같은 사람들에 지나지 않는다. 나는 일 자체를 사랑하지 않는 자본가들의 승리의 찬가를 일별하고, 영하 10도의 추위 속에서도 이미, 힘찬 일터를 상실하고 돌아갈 곳조차도 없는 가난한 사람들을 생각해 본다. 주지하다시피, 전통적인 농경 사회에서의 삶의 터전을 잃고 도시 빈민으로 전락할 수밖에 없었던 농민들은 그들의 유일한 재산인 노동력을 아주 싼 값에 처분하지 않으면 안 되었고, 그 얼마 안 되는 노동의 댓가로 간신히 의식주를 해결해야만 되었다. 만일 자본가가 끊임없이 잉여가치를 창출하는 데 혈안이 되어 있는 것이라면, 노동자들은 이중—삼중적인 착취를 당할 수밖에 없었던 것이다. 첫째는 자신들의 노동력을 아주 싼 값에 처분한 것이며, 둘째는 그 노동의 댓가에 반하여 턱없이 비싼 값으로 자신들이 생산한 상품들을 구입하게 된 것이다. 또, 한 걸음 더 나아가서, 어떠한 일을 해도 안정적인 생활을 하지 못하고, 이 작업장에서 저 작업장에로, 혹은 이 공장에서 저 공장으로 끊임없이 떠돌아 다니다가 비참한 일생을 마쳐야만 되었던 것이다. 이러한 자본주의의 논리가 제3세계의 시장 개방 압력으로 작용하게 되면 전통적인 수공업이 붕괴를 하게 되고, 제3세계는 식민지—보국의 원료 생산기지로 전락을 하게 된다. 과거 인도에서는 면직물공들의 뼈가 태산을 이루고, 영국 상인들이 쌀을 매점 매석한 결과, 오릿사의 주민 100만 명이 굶어 죽었다고 한다. 흑인 노예의 밀무역과 어린 아이와 부녀자들의 임금 착취도 보통이고, 장티푸스와 페스트가 만연하게 되는 것도 보통이다. 상스러운 말과 험한 욕설이 오고 가는 것도 보통이고, 십대 여성들의 매춘과 사생아들이 범람하게 되는 것도 보통이다. 가난한 자들에게는 결코 의식주를 해결한다는 것 자체가 쉽지를 않고, 살인이나 강도, 혹은 도둑질을 하지 않고 살아간다는 것 자체가 결코 쉽지를 않다. 가난한 자는 결코 호탕할 수가 없으며, 문화적인 삶은커녕, 교육을 받을 기회조차도 쉽게 주어지지를 않는다. 또한 그들은 자본가들을 혐오하지 않을 수도 없고 육체적인 노동을 보란 듯이 회피할 수도 없다. 해외 여행은커녕, 여가선용의 기회조차도 주어지지를 않고, 어린아이와 아내와 함께, 단란하고 오붓하게 외식을 할 수도 없다. '굶어 죽어 저승에 가는 것보다 더 비참한 일은 없다'라고 오딧세우스의 명령을 어기고 헬레우스(태양신)의 성우聖牛를 잡아먹은 그의 부하들과 그들의 비참한 말로를 생각해 보고, 굶주림을 참지 못해 人肉으로 배를 채웠다는 어느 아프리카 난민들의 행태를 생각해 보라! 또 이스라엘 백성들이 이집트를 탈출할 때는 기뻐하다가도, 황야에서의 오랜 굶주림 끝에 하나님을 원망하게 되었다는 사실을 생각해 보고, "아비가 누더기를 걸치면/ 자식은 모르는 척 하지만/ 아비가 돈주머니 차고 있으면/ 자식들은 다 효자지"라는 「리어왕」의 한 구절을 생각해 보라! 값싼 임금과 값비싼 생활비와 언제나 피곤하고 지친 육체가 그들의 삼위일체를 이루고, 어떠한 희망도 가난의 늪을 건너지 못한다는 것이 그들의 불행의 전모가 되고 있는 것인지도 모른다.

삽을 깔고 앉아
시청 청사 위 비둘기집을 본다
찡찡한 여름 하늘에
손뼉을 치며 날아오르는 비둘기떼
그 너머 붉은 산비탈엔
엊저녁 철거당한 내 집터가
내 손의 흠집처럼 불볕에 탄다
손뼉을 쳐라
너는 숨죽여 울지 않아도 좋다
엊저녁 아궁지에 숨겨둔 불씨
땡볕에 주저앉은 풀포기만큼
비둘기야, 나는 울어도 좋으냐
엎드려서 짐승같이 울어도 좋으냐
— 정희성, 「露天」 전문

자본주의 사회는 시간과 공간을 아주 정교하고 세밀하게 분할하여 그것마저도 잉여가치를 생산하는 재화로 만들었지만, 로빈슨 크루소의 무인도에서의 생활은 경제학의 잣대가 필요없는 생활일 뿐이라고 하지 않을 수가 없다. 따지고 보면 부와 빈곤은 인간과 인간의 관계의 문제이지, 사적인 개인의 문제가 아니다. 하지만 우리 인간들은 사회적 동물이며, 서로 간에 관계를 맺지 않고는 살아갈 수가 없다는 데서 모든 비극의 씨앗이 싹트고 있다고 해도 틀린 말이 아니다. 필요를 위한 생산, 즉 사용가치의 생산이 더 많은 부를 축적하기 위한 교환가치의 생산으로 왜곡되고, 교환가치가 절대적인 진리가 되어버린 것이 그것이다. 교환가치의 꽃인 돈은 물물교환을 원활하게 하기 위해서 마련되었지만, 이제는 상품(사용가치) 자체가 돈을 벌기 위한 필요악이 되었을 뿐인 것이다. 따라서 돈을 가진 자와 그렇지 못한 자에 의해서 부유한 자와 가난한 자가 구분되고, 또 그것에 의해서 인간다운 삶을 살아갈 수 있는 권리와 그렇지 못한 권리가 주어지게 된다. 시간도 잉여가치를 생산하는 재화가 되었고, 공간도 잉여가치를 생산하는 재화가 되었다. 맑은 공기도 부자들의 특권이 되었고, 깨끗한 물도 부자들의 특권이 되었다. 「露天」은 생존의 벼랑 끝에 몰린 노동자의 절규이며, 이제는 돌아갈 곳조차도 없는 철거민의 절규일 수밖에 없다. 그의 시간은 자본가에게 예속된 시간이며, 그의 공간 역시도 자본가에게 빼앗겨 버린 공간에 지나지 않는다. 따라서 시인은 그 부자유와 착취의 울분 속에서 하늘을 나는 비둘기를 바라보며, 그 비둘기에게 "비둘기야, 나는 울어도 좋으냐/ 엎드려서 짐승같이 울어도 좋으냐"고 묻고 있는 것이다. 부자는 인간적인 삶을 살 수가 있지만, 가난한 자는 인간적인 삶을 살아갈 수가 없다. 자본주의 사회, 혹은 풍부한 사회는 이 빈곤의 신화를 결코 없애 버리지 못하고, 그것을 구조적으로 재생산해 낸다. 분배의 정의가 이루어지면 모두가 불행해지므로 소수만이라도 행복한 것이 더 낫다라는 부르조아지의 궤변이 그것이고, 전쟁과 가난은 자연의 경제 법칙이라는 멜서스주의자들의 궤변이 그것이다.

정희성의 「露天」이 풍부한 사회가 빈곤을 구조적으로 재생산해 내는 데 있다는 것을 알아차리지 못한 시대의 산물이라면, 백무산의 「전진하는 노동전사」는 각성된 노동자의 눈으로 자본가 계급의 타도를 외치던 시대의 산물이라고 할 수가 있다.

아니다 우리는 노동자다
노동자는 노동자다
노동자는 노동자를 위해 싸우는
노동전사일 뿐이다
우리는 안다
너희는 조금씩 알지만
우리는 한꺼번에 안다
너희는 우리를 조금씩 갉아먹지만
우리는 한꺼번에 되찾을 것이다
그렇다 우리는 전사이어야 한다
가난과 수모와 철창과 위선자를
쳐부수는 노동전사이어야 한다
— 백무산, 「전진하는 노동전사」에서

생산성의 향상은 잉여가치를 낳지만 노동력을 더없이 값싸게 만들고, 모든 산업장마다의 전산화는 노동의 강도를 줄여 주지만, 노동자의 노동일을 연장시켜 준다. 이제 대량생산과 대량소비의 패턴은 전지전능한 신도 멈출 수가 없게 되어 있다. 이처럼 생산과 소비의 두 축을 움켜 쥔 자본가는 돈을 벌지만 노동자는 그럴 수가 없다. 가난한 자의 노동은 자본가의 부의 축적의 원동력이 되지만, 노동자는 단순한 생계마저도 꾸려 나가기가 힘들어진다. 하지만 자신의 계급이 부당하게 착취를 당하고 빼앗기고 있다는 것을 알아차린 노동자 계급만큼 더 위험한 집단은 있을 수가 없다. "너희는 조금씩 알지만/ 우리는 한꺼번에 안다"라는 시구가 그렇고, "너희는 우리를 조금씩 갉아먹지만/

우리는 한꺼번에 되찾을 것이다"라는 시구가 그렇다. 이제 각성된 노동자 계급은 체념을 하거나 좌절을 하지도 않고, 또한 울지도 않는다. 그들은 "노동자는 노동자를 위해 싸우는/ 노동전사"라는 동지 의식으로 힘을 합치고, 빈곤을 구조적으로 재생산해 내는 자본가 계급을 타도하기 위해 나서게 된다. 가난과 수모를 씻어 버린다는 것은 인간다운 삶을 영위하겠다는 의지를 말하고, 철창과 위선자를 물리친다는 것은 자본가 계급을 타파하고 만인 평등의 사회를 건설하겠다는 것을 말한다. 이처럼 자본가 계급을 타파하고 위대한 공산주의를 건설하려고 했던 노력은 소련 연방을 비롯한 동구권에서 구체화되었지만, 그 결말은 지극히도 불행하게 자본주의 체제의 일방적인 승리만을 안겨주게 되었다. 자본의 법칙만이 위대하고, 모든 것을 지시하는 신의 손가락이 되었다고 해도 과언이 아니다. 아무튼 자본의 법칙은 최고 이윤의 법칙이며, 눈물도 피도 없는 불가사리의 법칙에 지나지 않는다.

> 자본은 소란과 투쟁을 피하면 수줍음을 탄다. 이것은 참으로 진실에 가깝긴 하지만 완전히 옳은 것은 아니다. 자연이 공허를 두려워하듯이 자본은 이윤이 없는 것 또는 이윤이 너무 적은 것을 두려워 한다. 상당한 이윤이 있으면 자본은 용감해 진다. 10%의 이윤이 확실하면 어디에든 자본을 사용할 수 있다. 20%가 확실하면 자본은 활발해 진다. 50%라면 적극적으로 되며 모험도 한다. 100%라면 사람이 정한 모든 법률을 짓밟으며 300%쯤 되면 어떠한 범죄도—설령 그로 인해 단두대에 설 위험이 있다 하더라도—자본은 피하려 하지 않을 것이다. 소란과 투쟁이 이윤을 가져오는 것이라면 자본은 소란과 투쟁을 부추길 것이다. 밀무역과 노예무역이 그 증거이다(더닝, 『노동조합과 파업』, 『자본론』 3권, 851면 재인용).

자본가들은 그들의 최고 이윤법칙을 찾아서 봉건사회의 수공업적인 생산수단을 붕괴시켰고, 생산성의 증대와 값싼 상품들을 대량으로 생산해 내기 위하여 끊임없이 임금 노동자들을 착취했다. 소련 연방과 동구권의 공산주의가 해체되고 자본주의 체제의 일방적인 승리가 눈앞의 현실로 나타난 오늘날, 이제 그들은 노동집약적인 산업으로부터 전자 산업으로의 도약을 일으키고, 컴퓨터 실업을 대량으로 배출해 내는 역사적인 전기를 맞이하게 되었다. 전지전능한 컴퓨터는 악마가 만든 걸작품이며, 자본가들의 구세주라고 하지 않을 수가 없다. 사이버 공간에서의 가상 섹스도 가능하게 되었고, 맹인을 위한 컴퓨터도 가능하게 되었다. 인간과 고등영장류와의 대화의 가능성도 현실화되고 있고, 인간 두뇌를 뛰어넘을 수 있는 새로운 미래의 인간형도 현실화되고 있다. 그러나 바로 이 지점에서 컴퓨터 불가지론자와 컴퓨터 낙관주의자의 대립이 생겨난다. 컴퓨터 불가지론자는 어디까지나 컴퓨터는 인간 두뇌의 산물이라는 점을 역설하고, 컴퓨터 낙관주의자는 로봇화와 자동화에 의해서 인간의 이성을 초월할 날이 멀지 않았다고 역설한다. 나는 컴퓨터가 인간 두뇌의 산물이라는 점을 들어서 컴퓨터 불가지론자의 손을 들어주는 대신 컴퓨터에 의한 회의주의를 역설하고 있는 훼이겐 바움의 말에 귀 기울이고 싶다(10). 나는 컴퓨터가 우리 인간들을 기만할 때 최대의 위기가 발생할 것이라고 믿고 있다. 미친 프로그래머에 의한 것이든, 아니든 간에, 불원간 세계적인 전산망의 마비와 해체의 위기가 닥쳐 오게 될 것이며, 그것은 히로시마의 원자폭탄보다도 만 배 이상의 가공할 파괴력을 지니게 될 것이다. 컴퓨터가 자본가들의 구세주가 되어 더욱더 생태환경을 파괴시켜 나가고, 아무런 쓸모도 없는 대량 실업자들을 만들어 내고 있다. 장 보드리야르는 "프로이트가 묘사한 억압의 과정, 즉, 억압의 대상이 된 것이 억압을 낳게 하는 심급을 통해서 다시 모습을 나타내는 과정이 소외이다"라고 말하고 있는데, 오늘날 한국의 현실에서의 소외는 "순결을 맹세한 수도승에게 여자의 몸이 되어 달라붙는 십자가상의 그리스도의 시체"에 있지도 않고, 악마로부터 버림을 받고 쫓겨난 가운데서 발생하고 있다고 해도 틀림이 없다(11: 295).

밤하늘의 별처럼 총총한 구멍 속을
방게들이 어슬렁 기어나온다
맨손체조하듯 집게발 치켜 들고
땡볕에 젖은 몸을 말린다
이미 다 마른 놈들은 어디 가는지
두 눈을 분명히 앞을 보는데
다리는 슬슬 옆으로 기어간다
남의 말할 것 없다
한때는 나도 앞으로 가야지
똑바로 걸어야지 하면서도
곁길로 게걸음질 친 적이 몇 번이던가
그 두렵고 낯선 길을 가고 나면 늘
얼굴 감출 방 한 칸을 소망해 왔다
— 임영조, 「강화도 시첩 2—지상의 방 한 칸」 전문

어렵게 쓴 사직서를 끝내 구겨버리고
갈릴리 김밥집에서 꾸역꾸역
검은 김밥을 쑤셔 넣는다
특별 보너스를 주겠다는 유혹을 마다하고
자유도 마다한 이유를 찾지 못해
머리를 쥐어뜯는 갈릴리
자신을 세상에 내다 판 죄
종신형을 받는 게 아닐까
노동형 인간으로 거듭나라는 뜻일까
갈릴리 김밥집 대형거울에 박힌 나의 허상이

거울 밖 실상을 향해

저 등신하며 눈 흘기는 이 藥을

씹으며

식탁에 말라붙은 고춧가루 갈릴리

— 장경린, 「벼룩시장 2—갈릴리 김밥집」 전문

옛날에는 지나친 육체 노동이 우리 인간들을 질식시켰지만, 지금은 오히려 할 일이 없어 생계가 위협을 받게 되었다. 아시아, 아프리카, 러시아, 중남미는 물론, 서구 사회의 만성적인 실업자의 증가가 그것을 말해 준다. 따라서 오늘날 컴퓨터 실업자들은 악마에게 영혼이 팔린 자들을 부러워하고 있지, 악마로부터 해방된 자기 자신들의 자유를 진정한 자유로서 실감을 하지 못하고 있다. 그들은 오히려 더욱더 왜소해지고 위축되어 있고, 지상의 방 한 칸을 마련하지 못해 안절부절을 못하고 있다. 옆으로, 옆으로, 혹은 무릎을 꿇고 배부른 노예의 삶을 살지 못해 안달이 나 있고, 그들은 모두가 다 같이 몇 조각의 빵을 위해서는 지옥의 불길 속이라도 뛰어 들어갈 자세가 되어 있는 것처럼도 보인다. 보드리야르의 소외는 양심이 있는 자의 소외이지만, 임영조와 장경린의 소외는 양심도 없는 자의 소외이다. 전자의 소외는 영혼의 그림자가 있는 소외이지만, 후자의 소외는 영혼의 그림자도 없는 소외이다. 자본가에게 간과 쓸개와 모든 것을 다 바치고도, 어느덧 로봇과 자동기계처럼 폐기처분되어버린 것이다. 자본의 법칙은 너무나도 냉정하고 눈물도 피도 없다. 이제는 낡고 낡아 고물이 되어버린 기계 인간들이 어서 더 빨리 기름을 치고 혹사를 시켜달라고 '고비용/저효율 구조'의 생떼를 쓰고 있는 것이다. 따지고 보면 부와 빈곤은 인간과 인간의 관계의 문제이지, 사적인 개인의 문제가 아니다. 더 많은 부와 더 많은 행복을 원하는 우리 인간들의 욕망이 자본가들을 낳았고, 모든 인간 관계를 돈의 척도로만 파악하고 있는 자본가들이 인간이하의 삶을 살고 있는 노동자 계급을 낳았다. 돈이 돈을 낳고 그 모든 것이 되는 자본주의 사회에서는 일 자체가 돈벌이의 수단으로서의 필요악일 뿐이지, 우리 인간들의 궁극적 목표인 행복한 삶과는 어떠한 관련도 없게 되어버렸다. 자본가들도 돈 자체를 사랑하지, 일 자체를 사랑하지는 않는다. 중산층의 사람들도 돈 자체를 사랑하지, 일 자체를 사랑하지는 않는다. 노동자 계급들도 돈 자체를 사랑하지, 일 자체를 사랑하지는 않는다. 우리 인간들에게 자연은 성당도 아니고, 삶의 터전도 아니다. 또한, 우리 인간들에게 인간은 사랑의 대상도 아니고, 공존의 대상도 아니다. 모든 사물들과 이 세계 역시도 어디까지나 소유와 정복의 대상이지, 사랑의 대상이 아니다. 오늘날은 자본가와 중산층과 노동자들의 돈에 대한 삼중주가 울려 피지고 있는 시대이며, 폐허 속의 신전이 우리 인간들의 삶의 터전이 되어가고 있는 시대이기도 한 것이다. 「露天」의 정희성 시인도 무서운 정신분열증의 환자이고, 「벼룩시장」의 장경린 시인도 무서운 정신분열증의 환자이다. 이들은 모두가 힘찬 일터가 무엇인지도 모르고, 진정한 일이 무엇인지도 모른다. 오직, 더 많은 부와 더 많은 행복을 갖게 해달라고 '고비용/ 저효율 구조'의 생떼를 쓰고 있을 뿐인 것이다.

나는 우리 인간들이 일 자체를 사랑하지 않게 될 때, 어떠한 운명에 처하게 될 것인가를 너무나도 잘 알고 있다. 또한 나는 우리 인간들이 욕망에 욕망만을 가중시켜 나갈 때, 어떠한 운명에 처하게 될 것인가를 너무나도 잘 알고 있다. 일 자체를 사랑하면서도 그 주체자들의 모든 욕망을 제거한다는 것도 쉬운 문제가 아니고, 문명과 문화를 발전시켜 나가면서도 생태 환경을 파괴하지 않아야 된다는 것도 쉬운 문제가 아니다. 윤동주, 김수영, 김종삼, 김상용 시인 등은 내가 알고 있는 한 진정으로 일 자체를 사랑했던 성자들이라고 할 수가 있다. 스피노자는 '인간은 선한 것을 욕망하지 않고 자기가 욕망하는 것을 선이라고 부른다'고 말하고, 장 보드리야르는 모든 인간의 욕망은 '차이에의 욕망'이라고 말한다. 니체는 스피노자의 연장선상에서, '인간이 사랑하는 것은 자신의 욕망이지, 그 욕망의 대상이 아니다'라고 말하고, 들뢰즈와 가타리는 '욕망은 주체가 없는 욕망'이라고 말한다. 이러한 욕망의 여러 유형들은 그 말의 뉘앙스와 문맥이 다를지라도 세계정복운동으로서의 욕망에 맞닿아 있고, 온갖 특전과 특권에도 맞닿아 있다. 또 선악을 넘어선 욕망에도 맞닿아 있고, 정신분열증적인 욕망에도 맞닿아 있다. 이러한 욕망들은 더 많은 부와 더 많은 행복을 요구하게 되고, 거대한 제국의 이념으로 그 모습을 드러내기도 한다. 파시즘이나 제국주의를 옹호했던 군중심리들의 이면에는 이처럼 무서운 욕망이 내재해 있었던 것이며, 그것이 식민지를 둘러싸고 일어났던 모든 전쟁의 원인이 되기도 했던 것이다. 우리는 이제 그 욕망을 제거하지 않으면 인간성의 회복도 어렵게 되어 있고, 생태환경을 보존하는 일도 어렵게 되어 있다. 따라서 부와 빈곤의 문제를 해결할 수 있고, 그 모든 것을 해결할 수 있는 길이 금욕주의로 나타나고 있고, 이러한 금욕주의는 두 개의 양상으로 나타나고 있다고 하지 않을 수가 없다. 그 하나는,

어찌 그리 큰 욕망과 배짱을 가졌었는지
집도 我相도 다 던져버리고
누더기로 밥그릇 하나로
휘적휘적 당당하게 참 가난의 길 갔던 사람들
성자들이란
거지로 기어나와 알거지로 매장되는 길 위에서
알몸에 만족했던 독종 거지들의 이름이다
어떤 도적이 어떤 원숭이가
감히 안이 무너져 바깥 없는 그들의 열린 마음을
허공을 흉내낼 수 있을지

라는, 최승호의 「외로운 聖」에서처럼, 성자들의 정적주의이며, 또다른 하나는,

꽃 한번
바라보고 또 돌아보고

구름 한번 쳐다보고
또 쳐다보고

봄엔 사람들
우주에 가깝다

라는, 김지하의 「새봄 5」에서처럼, 모든 것을 달관하고 있는 자의 정적주의라고 하지 않을 수가 없다. 이미, 제1장 「독서에 대하여」에서 역설한 바가 있지만, 금욕주의는 모든 욕망을 자제하고 있으면서도 단 하나의 더 큰 욕망을 추구하는 데에서, 그 문제점을 내포하고 있고, 또 금욕주의만을 강조하게 되면 우리 인간들의 삶의 빈곤화가 진행될 수밖에 없다는 데에서 그 문제점을 내포하고 있는 것처럼도 보인다. 기독교인들의 엄격한 금욕주의가 더 많은 부를 위해서 봉사를 하게 되었다는 역사적 사실들이 그것을 말해 주고, 모든 정서가 메말라 가고 恒産과 恒心이 없는 수도원의 사제들의 생활이 그것을 말해 준다. 최승호의 「외로운 聖」은 "거지로 기어나와 알거지로 매장되는 길 위에서/ 알몸에 만족했던 독종 거지들"을 옹호했다는 점에서 전자의 예에 해당되고, 김지하의 「새봄 5」 역시도 "꽃 한번/ 바라보고 또 돌아보고// 구름 한번 쳐다보고/ 또 쳐다보고// 봄엔 사람들/ 우주에 가깝다"라는 루소식의 자연을 예찬했다는 점에서 후자의 예에 해당된다. 최승호의 금욕주의는 모든 것을 버리고, 또 버리면서도 단 하나의 더 큰 욕망만

을 버리지 않고 있는데, 왜냐하면 성자에 대한 욕망이 독종이라는 극한 상황까지 맞닿아 있기 때문이다. 김지하의 금욕주의는 우리 인간들의 사회 역사적인 토대를 사상해 버리고 있는데, 왜냐하면 그에게는 이 세계에 대한 달관의 몸짓이 우주에까지 맞닿아 있기 때문이다. 최승호의 금욕주의는 이 세상을 넓고 아름답고 풍요롭게 보지도 못하고 있는 정적주의에 가깝고, 김지하의 금욕주의는 달관의 몸짓 속에 갇혀 있는 루소식의 정적주의에 가깝다. 최승호의 금욕주의는 깊은 정적주의에 갇혀서 염세주의로 추락해 가는 금욕주의에 지나지 않으며, 이러한 금욕주의는 우리 한국인들이 소화해 내기에는 너무나도 많고, 하루바삐 청산되어야 할 유치한 사상에 지나지 않는다. 김지하의 금욕주의는 최승호의 반대 방향에서, 그 오류를 범하고 있고, 그에게는 김수영의 '力耕主義'처럼 이 세계와의 싸움의 자세가 더욱더 필요해 보인다. 이때의 싸움의 자세는 결코 민족주의자나 애국지사적인 자세를 말하는 것이 아니다. 모든 금욕주의에는 낙천주의의 반대 방향에서, 우리 인간들의 삶의 정서가 메말라 가고 있고, 거기에는 반드시 삶의 빈곤화가 진행되는 암적인 종양들이 자라나고 있다. 그들은 모두가 다같이 일의 의미와 그 본질을 이해하지도 못하고 있는 자들이며, 또한 일의 궁극적인 목적이 무엇인지도 알지 못하고 있는 자들에 지나지 않는다. 우리 인간들의 금욕주의에는 우리 인간들의 삶을 생기 없게 만들거나 사회 역사적인 토대를 도외시 하게 하는 나쁜 취향의 냄새가 코를 찌른다.

나의 낙천주의는 머릿속의 관념이나 좁고 답답한 서재에서 자라나지 않고, 한낮의 이글이글거리는 불꽃 속에서 자라난다. 그것은 이마의 땀과 피와 눈물로 지칭되는 근육질의 노동을 필요로 하고 있고, 그 노동을 통해서 더욱더 튼튼하게 뿌리를 뻗고, 더욱더 높고 무성하게 자라난다. 나는 낙천주의가 자라나는 땅에 주저 앉아서 올해에는 지혜의 열매들이 더욱더 풍성하게 열리게 될 것이라고 믿어 의심하지 않는다. 대부분의 사람들은 일 앞에서 고개를 절레 절레 흔들어 대지만, 그 열매들 앞에서는 만인의 평등을 주장하게 된다. 나는 '고약한 범죄인들의 심보여!'라고 외쳐보다가 이내, 불안한 마음을 참지 못한다. 토마스 모아의 '유토피아'도 유치한 세계이고, 마르크스의 공산주의도 그 이상적인 모형을 제시하지는 못했다. 사적 개인이 아닌, 수많은 사람들이 공동으로 집필하고, 오랜 세월동안 걸러지고, 또 걸러진 그 수많은 경전들도 그 이상적인 모형을 제시하지는 못했다. 오늘날 자본주의 사회는 유사 이래, 가장 큰 위기에 직면해 있으며, 엄청난 몸살을 앓고 있다고 해도 과언이 아니다. 소련 연방의 해체와 동구권의 몰락으로 이어진 공산주의 체제의 붕괴는 미국과 영국식의 자본주의 체제에 한 줄기의 서광을 던져주는 듯도 했지만, 그것은 어느새 거대한 블랙홀 속으로 빨려 들어가고 이 세상은 온통 암흑 천지가 되어 버렸다. 미국과 영국식의 시장 개방의 압력과 자유시장 경제원칙은 아시아와 중남미와 러시아의 경제 파탄을 낳았고, 유럽 대륙의 만성적인 실업자의 수를 증가시키게 되었다. 20세기 말의 자본주의 시장의 거목, 조지 소로스마저도 럭비공처럼 튀는 금융 재앙이 세계경제를 망가뜨리며, 자본주의의 독주가 도덕과 정치의 타락을 불러왔다고 지적하게 되었다. 따라서 미국과 영국식의 자본주의 체제의 독주를 견제하기 위해서 유럽 연합은 미 달러화에 대한 대응 전략의 하나로 유로화를 공식 출범시켰으며, 앤서니 기든슨을 비롯한 여러 학자들이 '제3의 길'을 모색하기 시작하게 되었다. 그러나 자본주의와 공산주의가 아닌 '제3의 길'이 구체적으로 뚫릴지, 아닐지는 속단하기가 매우 어렵다. 어쨌든 인간의 욕망을 한없이 자극하고 풀어놓은 자본주의는 그것에 대한 강력한 견제 장치나 대안 장치가 마련되지 않을 때, 이 세계 전체를 파멸로 몰아 넣을 수밖에 없는 체제일 수밖에 없다. 자본주의 사회의 적은 외부에 있지 않고, 그 내부에 있을 수밖에 없다.

나는 무서운 정신분열증의 환자들이 폐허(반자연)의 신전 속에서

20세기 말의 불길한 울음들을 울고 있는 것을 보고, 듣고, 있다. 더 많은 부와 더 많은 행복에 대한 끊임없는 갈망의 울음 소리들이 바로 그것이라고 할 수가 있다. 일 자체를 사랑하지 않고 돈만을 사랑하는 사람들, 타인과 이웃들과 이 세계마저도 하나의 수단으로서만 보고 있는 사람들, 돈만을 사랑하고 돈만을 쫓아가면서도 진정으로 부유함을 알지 못하고 더욱더 가난해 지고 있는 사람들, 나는 그 수많은 사람들 가운데서, 학자로서, 혹은 성직자로서, 모든 존경을 한 몸에 받고 있는 우리 학자들의 모습을 떠올려 보지 않을 수가 없었다. 나는 대한민국 최고의 문학 잡지라고 자부하고 있는 『문학과사회』(1998년 겨울호)의 '교육개혁을 반성한다'라는 특집을 읽으면서, '제3세계의 문화적 풍토병'과 '비평의 만장일치 제도'를 발견하지 않을 수가 없었다. '이번 호를 내면서'라는 권두의 익명의 필자는 '권력은 유죄이고 학자는 무죄이다'라는 이상야릇한 논리만을 내세우고 있는데, 왜냐하면 교육개혁의 기본적인 방향은 어디까지나 '자율'에 있기 때문이라는 것이다. 우리 학자들이 "백년지대계"를 못 세우고, "조변석개의 형국"에 끌려 다닌 것은 어디까지나 권력의 억압 때문이었지, 우리 학자들에게는 어떠한 책임도 없다라는 것이 『문학과사회』의 편집동인들의 공통된 의견이었던 모양이다. 나는 『문학과사회』의 편집동인들의 발언 속에는 그토록 질시의 대상인 정치인들과, 재벌들과, 법조인들과, 그리고 우리 학자들이 자기 스스로를 개혁하겠다는 위험한 발상이 그들의 자율성 속에 담겨 있다고 하지 않을 수가 없었다. 특집란의 고철환 서울대 교수의 「교육개혁의 바른 길」 역시도 대동소이한 의견을 개진하고 있지만, 그는 적어도 권력이나 교육환경만을 탓하지는 않는다. 고철환 서울대 교수는 한국 사회에서의 교육개혁은 성공할 수가 없다고 말하고 있는데, 왜냐하면 교육개혁의 주체가 없기 때문이다. 또한 교육개혁의 주체가 없는 현상을 물리적인 힘에 의해서 개선할 수도 없다고 말하고 있는데, 왜냐하면 그 물리적인 힘은 반드시 보다 더 나쁜 폐해를 남기고 있기 때문이다. 고철환 서울대 교수는 "교육자에 대한 국민의 신뢰"가 없기 때문에 교육자 역시 "교육에 대한 신념과 양심"을 가질 수가 없었다고 말하고, "개혁의 주체"가 없기 때문에 "교육개혁의 구호"는 헛된 공상에 불과하다고 말한다. 뿐만 아니라, 초, 중, 고등학교의 교육이 잘못되었기 때문에 대학교육은 사상누각에 불과할 수밖에 없다고도 말한다. 그러면서 그는 모든 교육의 목적은 "인간성 회복"이라고 역설하면서, "올바른 교육을 염원하는 사람들이 있는 한" 우리 교육자들이 뼈 아픈 반성을 통하여 교육 개혁의 주체자가 될 수도 있을 것이다라는 말로 그 글의 대미를 장식하고 있다. 교육개혁의 주체자가 없다는 사실을 인정했다는 점에서는 서울대학교 출신의 학자들이 주류를 이루고 있는 『문학과사회』의 편집동인들보다는 좀 더 진전된 인식인 것 같지만, 그러나 냉정하게 따져볼 때, '권력은 유죄이고 교육자는 무죄이다'라는 그들의 의견과도 별반 다를 것이 없다는 생각이 들지 않을 수가 없다.

나는 교육개혁은 교육제도를 탓하고 학부모들의 그릇된 인식과 성원의 미숙을 탓하기 이전에, 진정으로 우리 학자들이 학문을 사랑하고 학문을 위해서 자기 헌신과 자기 희생을 감당하고, 감행할 수 있을 때, 거의 90% 이상의 성공을 이룰 수가 있다고 생각하고 있다. 우리 나라의 대학교수의 봉급은 전체 국민의 평균 수준으로 따져 볼 때 최상급의 수준이며, 사회적인 대우 역시도 최상급의 수준이라고 하지 않을 수가 없다. 그러나 우리 학자들의 학문에 대한 열정이나 자기 헌신의 강도는 유한 마담의 그것에 불과하다고 해도 과언이 아니다. 하버드대 박사이든, 옥스퍼드대 박사이든, 파리 제일대학의 박사이든, 베를린대 박사이든 간에, 우리 학자들은 왜, 어떠한 주제도 갖고 있지 못한단 말인가? 스피노자, 쇼펜하우어, 니체는 학문을 사랑하고, 오직 학문을 위해서 최상급의 대학 교수 따위는 헌신짝처럼 내던져 버렸는데, 왜 한국의 학자들은 이러한 아웃사이더들이 나오지 못하고 그토록 유치하고 볼품없는 대학 교수라는 속빈 강정에 연연하고 있단 말인가? 우리 학자들은 마르크스와 프로이트에게서 무엇을 배웠고, 니체와 쇼펜하우어에게서 무엇을 배웠단 말인가? 내가 알고 있는 한, 우리 학자들은 마르크스에게서 공산주의를 배웠지만, 그의 독자적인 명명의 힘과 역사 철학적인 문맥을 배우지는 못했고, 프로이트에게서 외디프스콤플렉스를 배웠지만, 그의 독자적인 명명의 힘과 역사 철학적인 문맥을 배우지는 못했다. 또한 우리 학자들은 쇼펜하우어에게서 염세주의를 배웠지만, 그의 독자적인 명명의 힘과 역사 철학적인 문맥을 배우지는 못했고, 니체에게서 건강한 염세주의를 배웠지만, 그의 독자적인 명명의 힘과 역사 철학적인 문맥을 배우지는 못했다. 나는 우리 학자들이 프랑스의 중, 고등학교에서 철학을 가르치고 있다는 사실을 역설하지 못하고, 그것을 보지 못하게 하는 속사정을 잘 알고 있다. 나는 이처럼 '학문 중의 학문'이며, 모든 '학문의 꽃'인 철학에 대한 철저한 무시와 경계의 태도의 이면 속에는—, 만약, 중, 고등학교에서 철학을 가르치게 된다면, 적어도 3~4년 후에는 우리 학자들의 설 자리가 없어진다는 속사정이 들어 있다고 생각하고 있다. 영문학 박사와 불문학 박사와 독문학 박사와 철학 박사 학위의 소지자들이 양어장의 미꾸라지처럼 득시글거리는 세상에서, 이 무슨 '고비용/저효율 구조의 추태', 혹은 '제3세계의 문화적 풍토병'과 '비평의 만장일치제도의 추태'란 말인가?

언제나 교육제도만을 탓하고 그 교육제도에 안주해온 우리 학자들, 박정희, 전두환, 노태우, 김영삼 전 대통령들이 大權을 잡기는 했지만, 그들이 결코 교육제도를 만들지 못하고 우리 학자들이 교육제도를 만들었다는 사실은 한사코 은폐하고 있는 우리 학자들, 하루에 열 시간씩, 열두 시간씩 왜 학문 연구만을 할 수 없게 하느냐고 탓하지 않고 사사건건 무리짓는 권력투쟁만을 일삼아 온 우리 학자들, 세계적인 제일급의 사상과 이념을 정립하기 위해 처자식들을 방기하지 못한 것을 한탄하지 않고, 처자식들과 무사안일과 대평성대만을 누려온 우리 학자들, 제자들의 박사학위 논문에 왜 자기 자신의 생각이 없느냐고 탓하지 않고 본문보다도 더 많은 註만을 달게 하며 저능아들의 집단 유희만을 가르쳐 온 우리 학자들, 서구의 사상이나 문학 이론은 제멋대로 베껴먹으면서도 독자적인 사상이나 이론을 정립하지 못하도록 암암리에 권력—대학제도, 학회, 언론, ○○문학상, 출판제도 등을 통해서—만을 행사해 온 우리 학자들, 나는 국제경쟁력을 갖춘 진정한 학자라고 말하지는 못하고, 국제경쟁력이라곤 하나도 없는 그 학문 속에 사회적인 명예와 명성만을 쌓아온 우리 학자들, 교육시장을 개방하여 선진국의 훌륭한 학자들을 모셔오자고는 말하지 못하고, 자나깨나 지기 자신의 자리에만 연연해 온 우리 학자들, 이미, 철학적으로는 거세를 당하여 자기 자신들의 몫을 찾아먹지 못하고 대한민국의 철학과의 학생들을 잠정적인 실업자로 만들어 온 우리 학자들, 그대들 중에 마르크스, 프로이트, 니체, 쇼펜하우어의 30%만 따라가는 학자가 나왔어도 서울대학교의 세계 대학 순위가 50위 권에는 들었을 것이라는 사실을 애써 은폐하고 있는 우리 학자들, 교육 개혁의 주체가 없으니 어떠한 교육 개혁도 유효하지 않고 교육 개혁의 주체자가 나올 때까지 무한히 참고 기다리자는 우리 학자님들—, “네, 네, 그렇고 말구요! 대한민국의 국민은 모두가 이 세상에서 가장 부패하고 타락한 그대들의 제자들이기도 하지요! 또한 은근과 끈기는 우리 한국인들의 자랑이기도 하지요!” 나는 저능아들의 집단 유희만을 가르쳐 온 우리 학자들에게서 그들의 무목표, 무의지, 무책임이라는 암적인 종양의 한 현상을 발견하지 않을 수가 없었다. “서울대학교 총장이신 이기준 박사님, 대한민국 최고의 역사학자인 이기백 박사님, 한 사람의 철학자인 제 의견이 어떠한가요? 이제 서울대학교 인문대학 불문과 교수인 이인성 박사는 꼴레쥬 드 프랑스의 석좌 교수로 가게 해주시기를 바랍니다. 데카르트, 바슐라르, 베르그송, 사르트르, 미셸 푸코, 들뢰즈, 데리다를 모두 뛰어넘은 세계적인 석학이 왜 서울대학교와도 같은 삼류대학교에서 그토록 좌절과 실의에 찬 나날들을 보내야만 된단 말인가요?" 나는 내가 존경하는 이인성 교수가 소설 하나도 제대로 쓰지 못하고, 학문 연구도 제대로 하지 못하고, 막다른 골목에서, 이판사판식으로, 정치인으로 변신을 하게 될까봐 몹시 걱정을 하지 않을 수가 없다.

한국 사회에서 교육제도만을 탓하는 자들, 즉, '권력 유죄/ 교육자 무죄'를 외치는 자들은 학문에 대한 열정이 없는 자들에 불과하며, 불가사리와도 같이 우리 한국인들의 피를 빨아먹고 사는 자들에 지나지 않는다. 왜, 이 땅의 서울대학교 교수들은 모든 학문의 목적이 '인간성 회복'이라는 추상적인 말에 그토록 집착하며, 학문 연구와 진리 탐구를 역설하지 못하고 있는가? 모든 교육의 목적은 위대한 백만 두뇌(천재)들을 생산하여 인류의 역사상, 가장 위대한 사상을 정립하고, 그 사상의 힘으로 고급문화를 형성하는 데 두지 않으면 안 된다. 고전주의, 낭만주의, 염세주의, 실존주의, 공산주의, 구조주의, 낙천주의는 최고급의 지혜의 저장소이며, 우리 인간들의 고급문화의 원천이 되는 사상들이기도 한 것이다. 인간성 회복이라는 헛된 구호나 외칠 뿐, 그것이 보다 완전한 인간, 즉 절대적이고 완전하고 전지전능한 신을 창조하는 것이라는 사실을 모르는 우리 학자님들, 유태교, 이슬람교, 힌두교, 불교, 기독교 등은 우리 인간들의 사상의 결과이며, 우리 인간들의 보편적이고 객관적인 전범(신)들이 살고 있지 않던가? 나는 일 자체를 사랑하지 않고, 앎에의 의지가 철저하게 무력화된 우리 학자들을 바라다 보고 있다. 나는 또 돈과 명예와 권력만을 사랑하고, 더욱더 철저하게 학문적으로는 가난하게 살아가고 있는 우리 학자들을 바라다 보고 있다. '우리 학자님들, 어느 누구도 그대들에게 그토록 어려운 수업 과정을 거쳐서 학자가 되라고 권유를 하거나 강요를 한 적이 없습니다'. 나는 진정으로 그대들이 학문을 사랑하고 그 학문을 위해서 몸 바칠 각오가 되어 있거든 뼈를 깎는 듯한 반성을 통하여 하루에 열 시간씩, 열두 시간씩 공부를 한다든가, 그것도 아니며, 더 이상 쓸데없이 '권력 유죄/ 교육자 무죄'라는 강변이나 책임전가를 하지 말고, 서울역 앞의 노숙자가 되어가는 것이 더욱더 정직하고 성실하고 떳떳한 일이라고 생각하지 않을 수가 없었다. 서울대학교가 세계에서 900등씩이나 하고, 철두철미하게 아첨꾼들과 모리배들만을 대량 생산해낸 우리 학자님들의 죄를 생각하면, 서울역 앞 광장에서 그대들을 모조리 화형을 시켜도 나의 분노가 그칠 것 같지를 않고, 경제의 IMF와 정신의 IMF의 주범들인 우리 학자님들이 너무나도 뻔뻔스럽고 유들유들하게 타인들에게 책임을 전가하는 것을 보면, 저승의 사자에게 이 한반도에 어서 빨리 원자폭탄이라도 투하해 달라고 요청을 하고 싶다. 나는 우리 학자들 모두가 무목표, 무의지, 무책임의 표본이라고 생각하고 있고, '교육개혁을 반성한다'라는 말로 어떤 개혁도 반대하는 '반개혁주의자의 표본들'이라고 생각하고 있다. 그들은 우리 한국인들의 백만 두뇌가 철저하게 망가지도록 가르치고 있는 문화적 식민주의자들의 走狗들에 불과하며, 서울대학교가 세계에서 900등씩이나 하는 현실과 독창성이라고는 전혀 없는 우리 한국인들의 의식 수준을 즐기고 있는 자들에 지나지 않는다. 나는 진정으로 학문(일) 자체를 사랑하는 한 사람의 철학자로서 우리 학자들의 '반개혁주의'를 비판하고, 내 나름대로의 대안을 제시해 보고자 한다. 첫째, 중, 고등학교에서 철학을 가르치면 교육 개혁의 50%는 달성하는 것이고, 둘째, 대학교수들의 동교 출신을 배제하는 차원에서 교수와 교수 간, 학교와 학교 간의 빅딜을 통하여 동교 출신을 20% 수준으로 끌어내린다면 30%는 달성되는 것이고, 외국인 교수들을 2~30%를 수입해 오면—이것은 매우 중요한 문제이다. 학문과 학문의 교류와 우리 학자들의 후진성을 자각시키기 위해서라도 외국인 교수 한 사람에게, 연봉 300만 내지 400만 달러를 지불해도 전혀 아깝지 않다고 나는 생각하고 있다—, 나머지 20%는 달성되는 것이다. 그러고 나서 대학의 자율성이 유지되어야 하고, 이 모든 것이 학연, 지연, 혈연으로 어지러운 난마처럼 얽혀 있어서 정히 어려울 때는 우리 나라의 대학교들을 세계 최고 수준의 명문대학교에 아주 값싼 헐값으로 매각하는 일도 정말로 심각하게 검토해 보아야 한다. 나는 이 점을 김대중 대통령과 이해찬 교육부 장관이 참고하여 주었으면 한다. 앎의 투쟁에서 패배하면 우리 한국인들의 장래는 없게 되고, 어쨌든 교육 개혁만이 살길이라고 하지 않을 수가 없다.

나는 우리 학자들의 무목표, 무의지, 무책임을 발밑으로 깔아 뭉개버리면서, 반자연적인 페허 속의 신전들을 바라다 본다. 자본가들마저도 만지는 것마다 모두 황금이 되게 해달고 빌고 있고, 중산층이나 노동자들마저도 만지는 것마다 모두 황금이 되게 해달라고 빌고 있다. 금욕주의자들 중, 어느 한 패거리는 황금만능주의를 비웃으면서 외로운 성자가 되지 못해서 안달이 나 있고, 또다른 한 패거리는 짐짓 모든 일에 달관을 하고 있는 듯, 뒷짐을 지고 돌아서서 있다. 그들은 모두가 다 같이 일 자체를 사랑하지 않고 있는 무서운 정신분열증의 환자들에 지나지 않으며, 이마의 땀과 눈물과 피로써 일을 하고 있는 한 사람의 낙천주의자의 옷깃을 잡아 끌고 있다. 나를 둘러싼 사회 역사적인 조건들과 상황들과 우리 한국인들에 대한 나의 인식은 매우 어둡고 불길하며, 나를 자꾸만 염세주의의 늪으로 이끌리게 하고 있다. 그러나 삽을 들고 불길을 잡으며 땅을 파는 나의 의지는 삶에의 의지일 수밖에 없으며, 이러한 삶에의 의지가 있는 한, 나는 나의 발걸음을 건강하고 씩씩하고 용기 있게 옮겨 놓고자 하고 있다. 언제, 어느 때 최후의 심판과 종말이 거론되지 않은 적이 있었던가? 만지는 것마다 모든 것이 황금이 되게 해달라고 기원했던 미다스 왕도 그 소망을 거두어 들이고 바커스 신께 예전처럼 살게 해달라고 간청을 하지 않았던가? 우리는 모두가 미다스 왕의 후예들이며, 그의 전철을 똑같이 밟아 나가고 있는 것인지도 모른다. 인간의 의지는 삶에의 의지이지, 생명 부정에의 의지가 아니다. 발레리의 「해변의 묘지」에서처럼, 그러나 우리는 살려고 애써야 한다. 미리부터 최후의 심판이나 종말을 생각하고 자포자기하거나 체념을 할 필요는 없다.

나는 일을 할 때마다 어느 누구도 할 수 없는 것, 그리하여 나만이 할 수 있는 그런 일을 하고 싶다는 헤라클레스와도 같은 욕망을 어쩌지 못한다. 비록, 그 일이 만병의 화근이며, 궁극적으로는 나 자신을 파멸시키는 일일지라도 말이다. 나는 나 자신으로서 살고 싶은 것이지, 자기 자신을 잃어버리고 인간이라는 탈을 쓴 채 우왕좌왕하는 판단의 어릿광대가 되고 싶은 것은 아니다. 참으로 자기 자신을 찾고 우리 인간들과 이 세계에 새로운 질서와 의미를 부여하기 위해서는 모든 인간들이 한사코 기피하는 일, 그러하여 나만이 할 수 있는 그런 일을 하지 않으면 안 된다. 비록, 그 일이 헤라의 계략과 옴팔레 여왕의 채찍뿐일지라도, 바로 그 일의 위험성 때문에 더욱더 건강하고 튼튼한 일꾼으로서 살고 싶은 것이고, 수많은 재앙들이 나의 몸에 가시면류관처럼 달라 붙을지라도 그 아픔을 참고 견딜 수 있는 의지의 사나이로서 살고 싶은 것이다.

예수 그리스도는
스스로 못박힘으로 세계에서
가장 큰 목수가 되었다
그도 처음 목수 일을 배울 때에는
무수하게 자신의 손가락을 내리쳤으리라
으깨어진 손가락을 장갑으로 감추우고
20년 가까이 세상 공사판을 떠돌아다닌
우리 主 容珠 그리스도
지금 그의 일당은 사만 오천원이다

하루 한 편,

온몸으로 시를 쓰는

— 유용주, 「가장 큰 목수」 전문

유용주는 일 자체의 사랑이 육화되어 있는 시인이며, 이 시대의 성자인 예수 그리스도일는지도 모른다. 목수가 목수일 때는 돈을 생각하지 말아야 하며, 목수가 목수일 때는 위험하고 어렵고 힘든 일을 기피를 하지 말아야 한다. 그는 자기 자신의 노동이 노동인 줄도 모르고, 튼튼한 사랑의 집 한 채를 짓고 십자가에 못박혀 죽게 된다. 하지만 온몸으로 지은 시 한 편, 혹은 집 한 채는 모두에게 다같이 유용한 안식처가 된다. 어느 누가 살아도 상관이 없고, 모두에게 꼭 필요하고 유용한 안식처이기만 하면 된다. 현대 사회의 타락은 이처럼 사랑의 대상으로서의 일이 사라져 간 데 있으며, 이제는 일 자체를 사랑하는 사람은 그 일마저도 기사도적인 모험 정신과 성자의 영웅주의로서 밀고 나가지 않으면 안 되게 되어 있다.

나는 부모형제들과 처자식들과의 이 억세고도 질긴 인연의 사슬도 끊어버리고 싶고, 아교나 풀로 붙인 관계만도 못한 친구들과 문인들과의 인연의 사슬도 끊어버리고 싶다. 또 충청인이라는 지방적이고 폐쇄적인 족쇄의 굴레도 벗어던지고 싶고, 한국인이라는 사실의 열등 의식과 그 저주스럽고 혐오스러운 민족적 굴레도 벗어버리고 싶다. 나는 그대들이 친근한 목소리로 부르는 곳으로 가지 말고, 그대들이 그토록 혐오하고 싫어하는 곳으로 가야만 한다. 보다 더 어렵고, 보다 더 위험하고, 수많은 악마들과 괴물들이 살고 있는 곳만이 나의 일손을 잡아 당긴다. 나는 그대들의 친구나 형제나 이웃이 되고 싶은 것이 아니라, 악마들의 제왕이 되고 싶은 것이다. 왜, 그대는 밝고 밝은 세계와 달콤한 행복과 선만을 사랑하고 사방 천지가 캄캄한 어둠뿐인 지하 세계와 그토록 무시무시하고 혐오스러운 악을 사랑하지 않고 있는가? 나는 일을 할 때마다 인식의 전환이나 발상의 전환을 되뇌이지 않고 그것을 온몸으로 실천하고자 몸부림을 치고 있다. 서해 바다로 넘어가는 충북 청원군 현도면의 낙조가 나를 부른다. 붉게 붉게 타오르는 피빛 몸체, 피빛 목소리들이—. "이 세상의 어중이 떠중이들처럼 살지 말고 자기 자신이거라! 자기 자신이 인류의 조상이 되고 아버지가 될 수 있는 곳, 수많은 미래의 아들과 딸들과 함께, 수많은 참배객들이 찾아올 수 있는 곳, 바로 그런 곳에 둥지를 틀거라!" 나는 악이 말살된 그런 곳을 벗어나 악이 무성한 곳으로 가지 않으면 안 된다. 오늘날 기독교인들이 무수한 악마들을 화형시키지 못하고 있는 것은 그들이 모두가 악마의 자식이라는 것을 깨달았기 때문일는지도 모른다. 어렵고 힘든 일은 모든 혁명가의 숙명이며, 우리 인간들의 개성이나 독창성은 그 숙명의 표지에 지나지 않는다. 일 자체의 사랑은 이런 것이지, 자기 자신의 삶과는 유리된 어떤 것이 아니다. 이 우주, 이 세상 자체가 악마들의 보금자리이며, 우리는 헤라클레스와도 같은 용기만을 지니면 된다. 토마스 칼라일의 말대로, "진정한 사람이 혁명으로써 일을 해야한다는 것은 비극적인 숙명"일 수밖에 없는 것이다(8: 313). 나는 문학적으로 보수주의자이며 고전주의자인데, 이러한 내가 불순한 급진주의자로 분류되는 현실 앞에서 아찔한 현기증과 절망감만을 느끼지 않을 수가 없다. 우리 한국인들은 머리에서 발끝까지 사기꾼적인 자질로 무장된 민족이며, 그들 앞에서 일 자체의 사랑을 역설한다는 것 자체가 미친 짓일는지도 모른다. 그러나 나는 새로운 종의 인간이고 싶고 미래의 한국인이고 싶은 것이다.

이 세상의 모든 사람들 중에서
오오 그대여!
이마에 땀을 흘리고 또
흘리는 사람보다

더 아름다운 사람은 없다.
이마의 땀방울이야말로
보석 중의 보석이며,
모든 사물들의 자양분인 것이다.
오오, 그대여,
과육이 달콤하고 맛있는 그대여!
그대 이마의 땀방울이야말로
푸르고 푸른 식물이며,
그 모든 것이다, 오오 그대여!
—「어느 날의 나의 메모」에서

| 참고 문헌 |

1, 다니엘 디포, 『로빈슨 크루소』, 문학세계사, 1993

2, 김수영, 『김수영 전집—산문편』, 민음사, 1981

3, 들뢰즈/ 가타리, 『앙티 오이디푸스』,민음사, 1995

4, 칼 마르크스, 『자본론』, 이론과실천사, 1987

5, 괴테, 『파우스트』, 범우사, 1984

6, 플라톤, 『국가론』, 집문당, 1995

7, 셰익스피어, 「리어왕」, 『셰익스피어 전집 7』, 휘문출판사, 1971

8, 토마스 칼라일, 『영웅의 역사』, 소나무 출판사, 1997

9, 움베르트 에코, 『장미의 이름』, 열린책들, 1992

10, 라키토프, 『컴퓨터 혁명의 철학』, 문예출판사, 1996

11, 장 보드리야르, 『소비의 사회』, 문예출판사, 1992

제4장 술에 대하여

— 유성식 시인에게

1999년 2월 6일 저녁, KBS 보도본부에 적을 두고 KBS 청주지사에 파견근무를 하고 있는 유성식 시인이 찾아왔다. 그는 서울대학교 경영학과와 동 대학원을 졸업한 엘리트 시인으로서 몇 해 전에 고려원에서 『성난꽃』이라는 매우 유니크하고 독특한 시집을 상자한 바가 있었고, 나는 시집의 해설을 쓴 바가 있었다. 나는 「TV, 마술, 성난꽃」이라는 글에서 현대문명에 대한 전복의 원리로 작용을 하고 있는 그의 시세계를 높이 평가를 하고, 유성식 시인이 이상, 김수영, 황지우 시인의 지적 계보를 이어 나가면서도, 다른 한편으로는 문명비판적인 시각에서 커다란 시적 성과를 이루어 낸 바가 있는 최승호 시인의 뒤를 이어 나가기를 바란다고 요청을 한 바가 있었다. 이때의 '이어나감'이란 단순한 '이어나감'을 뜻하지 않고, 그만이 쓸 수 있고 구축할 수 있는 새로운 세계로의 진경을 뜻한다. 유성식 시인은 충분히 그럴만한 지적 능력과 시적 재능을 지니고 있는 시인이기는 하지만, 방송국 기자라는 직업의 특수성으로 인하여, 과연 그가 시인으로서의 삶에 얼마나 성실하게 투신할 수 있는가가 문제가 될 수밖에 없었다. 서울에서도, 내가 살았던 남양주에서도 몇 번의 술자리를 함께 한 적이 있었지만, 유성식 시인과 술을 마신다는 것은 언제나 마음을 터놓고 정담을 나눌 수가 있는 것만큼이나 즐겁고 기쁜 일이 아닐 수가 없었다. 나는 그의 성격과 취미와 출신성분을 전혀 알지 못하고 그 역시도 나의 모든 것을 거의 알지 못하고 있다. 우리가 만날 수 있는 것은 시인과 비평가라는 공감대를 통해서이지, 사적인 이해타산이나 의례적인 만남인 것은 아니다. 나는 그를 금강변의 장어구이집으로 안내를 했고, 언제나 유장한 흐름을 멈추지 않고 있는 푸른 강물을 바라보면서 장어구이 3인분과 소주 3병을 마시고, 교육 문제와 언론 문제, 그리고 이종기 변호사의 사건 문제 등, 이런 이야기, 저런 이야기들을 주고 받았다. 우리는 또다시 허름한 맥주집에서 열다섯 병 이상의 맥주를 마시고 그야말로 인사불성이 되어갔다. 내가 국제 로타리 클럽 행사에 참여를 하고 있는 이태화 변호사에게 전화를 걸어 빨리 달려오지 않으면 안 된다고 으름짱을 놓고 있는 사이, 유성식 시인은 느닷없이 유행가를 불러댔고, 나는 못 생긴 두 여자의 유방을 만져 보려다가 소기의 목적을 달성하지 못하고, 전혀 예상치 못했던 망신만을 당했다. 암소의 젖이 퉁퉁 불었는데, 그것을 짜주지 않는 사내 녀석이 나쁜 놈이지, 내가 왜 신사가 아니냐고 툴툴대면서, 그와 어깨동무를 하고, 우리는 둘이서 고성방가를 질러댔다. 유성식 시인을 택시로 태워보내고, 나는 집으로 돌아와서 아내와의 섹스도 하지 않은 채로 잠이 들었다. 다음날 아침 눈을 떴을 때는 해는 이미 중천에 떠 있었고, 나는 전신이 찢어져 나갈듯한 아픔과 배고픔 속에서 연거푸 담배를 피워물었지만, 무엇을 어떻게 해야 좋을지를 알 수가 없었다. 눈을 더욱 더 크게 뜨고 흐리멍텅한 정신을 가다듬고 미숫가루 열 스푼과 벌꿀 두 스푼을 섞어서 물에 타 마시고, 가만히 중환자처럼 이부자리에 누워서 생각을 해보았다.

우리는 술을 왜 마시는가? 술은 어떠한 효능이 있는가? 술의 기원은 무엇이며, 왜 우리는 술을 마시지 않으면 살아갈 수가 없는가라는 매우 중요하고 본질적인 질문들을 던져 보았다. 나는 그러나 이 질문들에 대한 답변을 하지 못하고, 정현종의 「술 노래」를 떠올려 보았다.

우리의 어린 아들들에게 술을 권하고 싶다
모든 생명 있는 것들에게 술을 권하고 싶다

(만취한 精子의 이름은 아마 韓國人君
國人이, 자네의 정처 없음, 정처 없음!)

그리고 亡者들은 나—술을 얼마나 그리워할 것인가.

정현종 시인은 매우 섬세하고 여리고 소심한 성격의 소유자인 것 같은데, 술에 있어서 만큼은 斗酒不辭型의 시인이라고 하지 않을 수가 없다. 얼마나 술이 좋으면 "우리의 어린 아들들에게 술을 권하고" "모든 생명 있는 것들에게 술을 권하고" 있는 것일까? 또한 얼마나 술이 좋으면 "亡者들은 나—술을" 그리워한다고 노래하고 있는 것일까? 이러한 의문에 대한 해답은 "만취한 精子의 이름은 아마 韓國人君/ 國人이, 자네의 정처 없음, 정처 없음"이라는 괄호 속의 시구에 들어 있는 것 같다. 요컨대 그는 실존의 덫에 갇혀서 우리 한국인들의 미래의 희망을 길어내지 못하고 방황하고 있는 것이며, 그 방황의 와중에서 황홀하게 취할 수 있는 알코올의 세계로 도피해 들어간 것인지도 모른다. 그의 도피는 환상 속의 황홀한 도피이며, 끊임없이 분열하고 증식하고 있는 도피이다. 정처 없음의 존재론적 근거를 알코올 속에서 찾고 있는 것이 그렇고, 亡者와 나와 어린 아들들에게 대대로 격세유전적인 권유어법이 그렇다. 정현종의 「술 노래」는 이 세상에서 어떠한 의미도 발견하지 못한 염세주의자의 도피이며, 우리 인간들의 삶에 치명적인 위해를 가하고 있는 자의 도피에 해당된다. 나는 정현종의 「술 노래」에 깊이 있게 공감을 하면서도 전폭적인 지지를 해줄 수가 없다는 점에서 유감을 표명하며, 유성식의 『성난꽃』을 펼쳐 들었다.

'진정한'이라는 수식어와는 공존할 수 없는 그런 추상명사처럼
뒤에서 내 이름이 불리어졌는데
누가 내게 함부로 이름을 지어 부르는 걸까

나는 대답하지 않는다
내가 어제 무엇을 했는지 그들은 모르므로
나를 부를 수가 없는 것이다

나는 천천히 알코올 속으로
존재의 그 아편굴 속으로 빨래처럼 잠겨 간다

유. 성. 식이라는 이름, 그 환각을
녹여주는 용제
자질구레한 쾌락과 슬픔, 거쳐왔던 직업들, 직업과 직업 사이의 실업, 형무소와 여자의 어딘가에 대한 기억들; 그러한 재료들로
나는 다시 분해되리

그중에 몇 가지를 건져 낸다
뚝딱거리며 새로운 나를 만들러 간다
— 유성식, 「어제 그리고 오늘」 에서

유성식의 「어제 그리고 오늘」 역시도 정현종의 「술 노래」에서처럼, 존재의 정체성에 대한 회의가 진하게 배어 있고, 알코올에 의존하지 않고 살아갈 수 없는 자의 절망감이 진하게 배어 있다. 존재의 정체성

에 대한 회의는 "'진정한'이라는 수식어와는 공존할 수" 없다는 사실에 맞닿아 있고, 알코올에 의존하지 않고 살아갈 수가 없다는 절망감은 "나는 천천히 알코올 속으로/ 존재의 그 아편굴 속으로 빨래처럼 잠겨 간다"라는 시구에 맞닿아 있다. 따라서 그는 타인의 부름에 아무런 대답도 할 수 없는 익명인이 되어가고 있는 것이며, "자질구레한 쾌락과 슬픔, 거쳐왔던 직업들, 직업과 직업 사이의 실업, 형무소와 여자의 어딘가에 대한 기억들; 그러한 재료들로/ 나는 다시 분해되리"라는 시구에서처럼, 이 세상에서 존재의 근거를 마련하지 못하고 정처없이 떠돌아 다니게 된다. 그러나 「어제 그리고 오늘」은 정현종의 「술 노래」에서처럼, 알코올의 세계로 도피를 노래한 것이 아닌데, 왜냐하면 "그중에 몇 가시를 건져 낸다/ 뚝딱거리며 새로운 나를 만들러" 가고 있기 때문이다. 또한 그는 알코올을 미래에 대한 체념의 형식으로 받아들이지도 않고 있는데, 왜냐하면 「어제 그리고 오늘」에는 시인의 날카로운 반성과 함께, 새로운 미래에 대한 희망이 담겨 있기 때문이다. 유성식의 「어제 그리고 오늘」은 존재론적 내면 탐구가 돋보이는 시이며, 새로운 인간형의 모델을 정립하고 거기에다가 우리 인간들의 삶의 의미를 부여하려는 노력의 소산이라고 할 수가 있다. 술은 그에게 반성과 성찰을 하게 해주고, 새로운 삶에 대한 자극제로서 작용을 하고 있는 것인지도 모른다. 정현종의 「술 노래」는 염세주의자의 그것에 해당되고, 유성식의 「어제 그리고 오늘」은 낙천주의자의 그것에 해당된다. 무엇인가를 건져내며 새로운 나를 만들어 가고 있는 자는 절대로 염세주의자가 될 리가 없다.

우리 한국인들은 대부분이 염세주의자로서 알코올의 세계로 도피를 하고 있는 중이며, 이미 알코올 중독에서 헤어나지를 못하고 있다고 할 수가 있을 것 같다. 우리 한국 사회의 재벌들은 더 이상 대한민국에 어떠한 기대도 걸지 않고 있는데, 왜냐하면 그들은 시시때때로 해외로 재산을 빼돌릴 궁리만을 하고 있기 때문이다. 우리 한국의 학자들도 더 이상 대한민국에 어떠한 기대도 걸지 않고 있는데, 왜냐하면 그들은 언제나 저능아들의 집단유희만을 가르치고 있기 때문이다. 나는 한국 사회의 역사적 토양이 염세주의자의 토양이라는 사실을 인정하면서도 그 토양을 낙천주의자의 토양으로 변모시키고자 최선의 노력을 다해 오고 있는 중이었다. 김소월도 염세주의자였고, 염상섭도 염세주의자였다. 김현도 염세주의자였고, 김윤식도 염세주의자였다. 고은도, 신경림도 염세주의자이고, 황지우도, 최승호도 염세주의자이다. 승리도 패배도 아무런 의미가 없다는 염세주의자들, 교육이나 예술의 목적도 아무런 의미가 없다는 염세주의자들, 무목표, 무의지, 무책임으로 일관하고 있으면서도 술을 마시고 섹스를 하고 있는 염세주의자들, 어서 빨리 최후의 심판과 종말이 다가오기를 학수고대하고 있으면서도 더러운 몸뚱이들을 디룩디룩 살찌워가고 있는 염세주의자들, 나는 그들의 문화를 '반문화'라고 부르고 싶고, 생명부정에의 의지가 피워낸 독버섯이라고 할 수밖에 없다. 나는 왜 이 지구상의 염세주의자들에게 술이 만병통치약이 되고 있는 것일까를 생각해 보면서 에드거 앨런 포우의 「검은 고양이」를 떠올려 본다.

> 이러한 상태(검은 고양이와 아주 사이가 좋은 상태—인용자)로 우리들의 우정은 여러 해 동안 계속되었으나, 그 사이에 내 기질과 성격은 한꺼번에—음주벽이라고 하는 악마 때문에(입에 담기 부끄러운 노릇이기는 하지만)—극도로 악화되어 버렸다. 날이 갈수록 내 성격은 침울해졌고 발끈하는 성미가 남의 감정은 아랑곳 하지도 않게 되었다. 아내에게 대해서도 거리낌없이 입에 담지 못할 말을 퍼부었다. 끝내 나는 아내에게 손찌검까지 하게 되었다. 내가 아껴주던 동물들에게도 물론 그런 내 기질의 변화가 미치지 않을 리 없었다. 나는 동물들을 돌봐 주기는커녕 학대조차 하게 되었다. 토끼라든가 원숭이, 개가 무심히 또는 귀여움을 받으려고 내게 다가오기만 하면 앞뒤를 가리지 않고 호되게 학대를 했으나, 그러나 플루토에게만은 아직 학대를 삼가기를 잊지 않았다.

그러나 병은 차츰 더 심해 갔다—도대체 알코올 중독에 비길 만한 병이 또 어디 있으랴—그리고 마침내 이제는 나이가 들어서 공연히 별것도 아닌 것을 가지고 앙탈을 부리는 플루토—이 플루토까지도 내 고약한 성미를 꺾기 시작하게 되었다.

어느 날 밤, 내가 잘 다니는 술집에서 잔뜩 취해 가지고 집에 돌아오니 고양이가 어쩐지 나를 피하는 것 같은 생각이 들었다. 나는 고양이를 획 잡았다. 그러나 고양이는 내 난폭한 처사에 놀라서 내 손에 앞발로 약간 상처를 냈다. 순간 악마와도 같은 분노가 나를 휩쌌다. 나는 내 정신을 잃었다. 내 선천적인 영혼까지도 단숨에 내 몸으로부터 빠져나간 것 같았으며, 진(火酒)에 젖은 악마보다 더한 사심이 내 육신의 구석구석까지 찌르르 퍼졌다. 나는 조끼 주머니에서 주머니 칼을 꺼내서 편 다음에 기엾은 동물의 모가지를 움켜잡고, 한쪽 눈알을 눈자위로부터 모질게 도려 냈다. 이런 저주스러운 흉악한 노릇을 붓으로 엮자니 내 얼굴은 달아 오르고 내 몸은 화끈대고 몸서리마저 쳐진다(1: 228)*.

에드거 앨런 포우는 미국보다 프랑스에서 더 높이 평가를 받은 작가이기는 하지만, 불과 40세의 젊은 나이로 알코올 중독자가 되어서 죽어간 작가로도 매우 유명하다. 검은 고양이는 둔갑을 한 옛 마녀라는 전설도 끔찍하고, 그 고양이의 이름이 죽음의 신인 플루토라는 사실도 예사롭지가 않다. 에드거 앨런 포우는 그의 마술적인 기법 속에 사실적인 세부 묘사를 가미시키고, 한 알코올 중독자의 비극적인 파멸 과정을 매우 뛰어나게 그려놓고 있다. 그가 정상인이었을 때는 검은 고양이, 아내, 토끼, 원숭이들과 사이좋게 살아갈 수가 있었지만, 그가 알코올 중독자가 되었을 때는 전혀 그럴 수가 없었다. 그는 자기 자신도 모르게 성격이 난폭해져서 아내에게 폭력을 행사하기도 하고, 검은 고양이, 토끼, 원숭이들을 이유 없이 학대를 하기도 했던 것이다. 그러다가 결국은, 검은 고양이의 한쪽 눈알을 빼고 죽여 버리자, 그 고

* (1: 228)은 1의 책 228면을 말한다.

양이의 분신인듯 또다른 검은 고양이—무시무시한 교수대의 문양을 지닌—가 나타나 그의 아내를 살해하도록 유도하고, 마침내 그마저도 사형집행인의 손에 넘겨주게 되었던 것이다. 「검은 고양이」는 술이 술을 부르고, 폭력이 또다른 폭력을 부르고 있었다. 에드거 앨런 포우가 알코올 중독자로서 최후의 파멸을 맞이 했듯이, 그가 알코올 중독의 세계에서 벗어나려고 안간힘을 썼던 것이 이 「검은 고양이」일는지도 모른다. "도대체 알코올 중독에 비길만한 병이 또 어디 있으랴"는 탄식이 그것이고, "이런 저주스러운 흉악한 노릇을 붓으로 엮자니 내 얼굴은 달아오르고 내 몸은 화끈대고 몸서리마저 쳐진다"라는 사실의 고백이 그것이다. 그러나 그는 맑은 정신으로 이처럼 무서운 알코올 중독의 세계를 인식하고 있었으면서도 끝끝내 그것으로부터 벗어나지 못했던 것이라고 할 수가 있다. 반드시 염세주의자만이 그런 것은 아니지만, 염세주의자들의 알코올의 중독의 세계란 이처럼 끔찍하고 무섭다고 하지 않을 수가 없다.

이 세상을 넓고 아름답고 풍요롭게 바라보는 자는 이 세상과 정면승부를 벌여 나가지만, 이 세상을 더럽고 추하게 바라보는 자는 정면승부는커녕, 이 세상으로부터 도피를 하게 된다. 전자는 존재의 충일감에 불타는 자이며, 후자는 존재의 결핍감 때문에 상심하는 자이다. 알코올은 환상의 세계이며, 존재의 결핍감 때문에 상심하고 있는 자에게는 더없이 매력적인 도피처를 마련해 준다. 첫째로 알코올은 어렵고 힘든 일을 망각할 수 있게 해주고, 두 번째로 두려움과 공포를 없애 준다. 세 번째로 알코올은 쓸쓸함과 외로움을 달래주고, 네 번째로 모든 인과법칙이 제거되고 황홀하게 취해서 신적인 상태로 수직적인 초월을 하게 해준다. 그러나 모든 것이 가능하고 자기 자신이 올림프스 신(절대 군주)이 될 수 있는 것은 알코올의 세계에서나 가능하지, 현실의 세계에서는 결코 가능하지가 않다. 더욱이 이 세상으로부터의 도피는 그 주체자에게 소극적인 안락과 쾌락을 부여해 줄 수도 있지만, 알코올 세계로의 도피는 그 주체자에게 치명적인 해악을 가져다 줄 수도 있다. 알코올 중독자는 술을 마시지 않으면 무엇보다도 불안감, 초조감에 사로잡히기도 하고, 식은 땀을 흘리며 피로감, 무력감, 구역질에 시달리기도 한다. 알코올 중독은 무서운 질병이며, 무책임, 폭력, 의처증, 심신쇠약, 정신착란 등을 불러 일으킬 수도 있고, 그것이 치료된다고 해도 언제, 어느 때, 또다시 재발을 하게 될는지도 모르는 만성적인 질병이기도 한 것이다.

하지만 술은 낙천주의자에게도 필요하고 염세주의자에게도 필요하다.

> 디오니소스의 술은
> 인간이 피곤할 때면
> 모두에게 활기를 준다.
> 존재하지도 않는 곳을 여행하는 용기가 생긴다.
> 빈곤한 자는 풍요롭게 되고
> 풍요로운 자는 거대한 마음을 지니게 된다,
> 포도는 모든 정복인들에게 화살을 만들게 한다(2: 74).

술은 사전적 의미로 우리 인간들이 마시면 취하는 음료수를 말하고, 그 종류는 매우 다양해서 그 수효를 다 헤아리지 못할 정도라고 해도 과언이 아니다. 보리와 쌀과 곡물에 누룩을 넣어 빚은 막걸리와 청주와 맥주도 있고, 열을 가하여 증류수로 빚은 소주와 고량주도 있다. 화학적으로 합성하여 만든 위스키와 브랜디도 있고, 향료와 약재를 첨가하여 만든 매실주와 오가피주와 포도주 등도 있다. 술은 약이면서도 독약인데, 그것은 디오니소스의 이중적인 면모 때문일는지도 모른다. 디오니소스는 제우스 신과 테베의 공주 세멜라 사이에서 태어난 주신酒神이다. 제우스 신과 테베의 공주 세멜라가 사랑을 나누고,

제우스가 그녀의 모든 요청을 들어주겠다고 약속을 하자, 그녀는 질투의 여신인 헤라의 계략에 의하여 제우스 신의 모습을 보여 달라고 요청을 하지 않을 수가 없었다. 천둥과 번개의 신이 어쩔 수 없이 그의 모습을 드러내자, 세멜라는 그 불꽃 속에서 타 죽어갈 수밖에 없었다고 한다. 디오니소스 신은 불 속에서 태어났고, 비에 의해서 길러 졌기 때문에, 뜨거운 열로써 포도를 익어가게 하고, 모든 식물들이 살아갈 수 있도록 비를 내려 주었다고도 한다. 시, 신화가 우리 인간들의 이상의 반영이라면, 제우스와 디오니소스 역시도 그리스의 지정학적 조건을 반영한다. 왜냐하면 그리스는 일 년 내내 건조한 지역으로 무엇보다도 비가 필요했기 때문이고, 따라서 그리스에서는 포도나무의 재배가 주종을 이루고 있었기 때문이다. 제우스 신이 올림프스의 최고의 신이 된 까닭이 여기에 있고, 디오니소스가 모든 신들 중에서 가장 사랑을 받고 있는 까닭이 여기에 있다. 술은 "물과 불의 결합이며, 그것이 사람의 몸에 스며들면 열이 되고 마침내 몸을 태워 무의 경지에" 빠져 들게 한다(3: 15). 시, 신화가 우리 인간들의 삶의 보충과 그 완성으로서 유용한 것이듯이, 술은 우리 인간들의 삶에 '활기'와 '용기'를 북돋아 주는 약으로서만 유용한 것이다. 술이 없으면 우리 인간들의 삶이 생기가 없어지고 모든 정신의 탄력성이 없어지는 것도 사실이지만, 지나친 음주는 자기 자신의 건강과 그가 속한 사회의 건강을 해치고, 그 모든 것을 술 취한 자의 입장에서 판단을 하게 된다. 거기에는 과도한 흥분과 그만큼의 어리석은 판단만이 있게 되고, 모든 비판 능력을 마비시키게 된다. 건강, 이성, 명료함, 침착함, 지혜, 민첩성이 뒤떨어지고, 갈지之 자의 걸음걸이 속에서 무모한 싸움과 주색잡기와 불우한 일생과 퇴폐적인 향락 산업이 주종을 이루게 된다. "디오니소스의 술은/ 인간이 피곤할 때면/ 모두에게 활기를 준다/ 존재하지도 않는 곳을 여행하는 용기가 생긴다/ 빈곤한 자는 풍요롭게 되고/ 풍요로운 자는 거대한 마음을 지니게 된다/ 포도는 모든 정복인들에게 화살을 만들게 한다"라는 그리스 시인의 노래는 술의 전면이고, 에드거 앨런 포우의 알코올 중독의 세계는 술의 이면에 해당된다.

그러나 나는 '연재를 시작하면서'라는 글에서, "때때로 디오니소스의 신전을 방문하고 그 황홀한 정원에서 절대 군주가 되는 황홀함을 맛보기도 한다"라고 시사를 한 바가 있듯이, 이 장은 술에 대한 찬가에 바쳐진 글이라고 하지 않을 수가 없다. 신의 노여움을 달랠 때에도 술이 필요하고, 신에게 감사의 기도를 드릴 때에도 술이 필요하다. 공동체 사회의 재앙과 질병을 쫓아낼 때에도 술이 필요하고, 너와 내가 관계를 맺을 때에도 술이 필요하다. 벼와 곡식을 심을 때에도 술이 필요하고, 추수를 할 때에도 술이 필요하다. 장례식에도, 결혼식에도 술이 필요하고, 마음이 기쁘거나 슬플 때에도 술이 필요하다. 우울하고 쓸쓸할 때에도 술이 필요하고, 괴로울 때에도, 자살을 결행할 때에도 술이 필요하다. 출판기념회나 상을 받을 때에도 술이 필요하고, 매매계약을 하거나 재판절차를 마쳤을 때에도 술이 필요하다. 상상력이 고갈되거나 새로운 앎의 출구가 막혔을 때에도 술이 필요하고, 새로운 지혜나 새로운 세계를 창조하였을 때에도 술이 필요하다. 술은 우리 인간들의 생명이며, 피 자체이다. 술의 기원에는 우리 인간들의 생명이 있고, 피가 있다. 시, 신화가 낙천주의를 양식화시킨 것이라면, 술은 낙천주의자의 생명이며, 피 자체이다. 금주법은 우리 인간들에게 반反자연의 악법이며, 우리 인간들의 삶에의 의지를 부정하는 것이 될 수밖에 없다. 우리 인간들은 술이 없으면 이 세상을 살아갈 수가 없는 것이다. 나는, 술의 기원에는 우리 인간들의 생명이 있고 피가 있다라는 말에 입을 맞추면서, '술에 대한 열 가지의 질문과 답변'을 마련해 보고자 한다.

술에 대한 열 가지의 질문과 답변

1, 술은 왜 취하게 만드는가?

알코올 성분이 들어 있어서 마시면 취하기 때문이다.

2, 술은 왜 횡설수설하게 만드는가?

우리 인간들의 무의식을 풀어놓고 제멋대로 말할 수 있게 해주기 때문이다.

3, 우리는 왜 술이 없으면 살지 못하는가?

쓸쓸하고 외로워서—.

4, 술은 왜 잠을 불러 일으키는가?

효능에 의해서—.

5, 술은 왜 범죄를 유발시키는가?

두려움과 공포를 없애주고 용기를 북돋아 주고 있기 때문이다.

6, 술은 왜 기쁨을 유발시키는가?

황홀하게 취하게 만들기 때문에—.

7, 술은 왜 여자의 유방을 더듬고 성교를 하고 싶게 만드는가?

성스러운 기피이며, 이유불문의 금지인 도덕명령을 무시하고 성적 욕망에 따라서 행동할 수 있게 해주기 때문에—.

8, 시인은 왜 술을 좋아하는가?

때때로 상상을 초월한 영감을 부여해 주고 불후의 명작을 쓸 수 있게 해 주고 있기 때문이다.

9, 술은 우리 인간들과 어떠한 관계가 있는가?

술은 우리 인간들의 생명이며, 피 자체이다. 인생이 예술이라고 할 때, 모든 인간은 술 취한 자와도 같다.

10, 황홀한 도취의 상태란 어떠한 상태인가?

모든 인과의 법칙이 제거된 상태이며, 궁극적으로는 자기 자신을 해방시키고 신적인 상태로 수직적인 초월을 이룩한 상태를 말한다.

나는 때때로 나의 사유가 막히고 진전이 되지 않을 때는 악마의 탈을 쓰고 디오니소스의 신전을 방문한다. 차디찬 소주와 마른 오징어, 또는 막걸리와 맥주를 마셔가며 머리카락을 쥐어뜯고, 손톱으로 가려운 곳이 없는데도 제 몸을 피가 나도록 긁어가며 술을 마신다. 술이 술을 부르고, 편집광적인 광태가 또다른 광태를 부른다. 나는 디오니소스 신전의 신자로서 그 신을 원망하기도 하고, 나를 낳아주신 아버지와 어머니를 원망하기도 한다. 또한 아내와 자식들이 나의 천재성을 살금살금 갉아먹는 좀벌레들처럼 생각되기도 하고, 나의 이웃과 친구들이 한 사람의 위대한 천재나 영웅을 키워주기는커녕, 시시각각 숨통을 조여오는 악마들처럼 생각되기도 한다. 하지만 술을 마시고, 또 마시다가 보면, 다음날 아침, 어떤 예기치 못할 섬광이 번쩍 떠오를 때도 있다. '시의 육체가 술이고 술의 영혼이 시이다'라는 경구가 그것이다. 나는 '시의 육체가 술이고 술의 영혼이 시이다'라는 이 글의 명제를 은밀히 감추고, 술의 기원과 술의 유용성의 문제, 그리고 술의 본질과 의미 등을 살펴보지 않을 수가 없었다. 이제 나는 시의 사회적 기능에다가 술의 사회적 기능을 접목시켜 보고, 시의 네 가지 효과에다가 술의 네 가지 효과를 접목시켜 보고자 한다.

그리스 신화 속의 '아투레우스 가족'은 신성모독의 결과로 신들의 저주를 받은 대표적인 가족의 한 예에 해당된다. 그 가문의 시조인 탄탈루스는 그의 외아들(펠로프스)을 삶아서 신들에게 대접한 결과, 물이 있어도 마실 수가 없고 과일이 있어도 먹을 수가 없는 벌을 받았고, 그의 딸 니오베는 아폴로와 아르테미스 여신의 어머니에게 그녀의 자식들을 자랑한 결과, 일곱 명의 아들과 일곱 명의 딸들을 모두 잃어버리는 벌을 받았다. 다행히도 니오베의 오빠 펠로프스—그는 신들이 다시 살려 주었다—의 여생은 성공적이었지만, 그의 두 아들 아트레우스와 티에스테스는 서로가 적대적인 원수 형제 사이를 면할 수가 없었다. 티에스테스가 그의 형수와 정을 통하고 두 아들을 얻게 되자, 그의 형 아트레우스가 그의 두 아들을 삶아서 그에게 대접을 했던 것이다. 아트레우스의 아들 아가멤논은 그리스의 대왕이 되었고, 그의 사촌인 아에지스투스는 클리템네스트라(아가멤논 대왕의 왕비)와 또다시 정을 통하고, 트로이의 원정에서 돌아온 아가멤논 대왕을 살해해 버렸다. 아가멤논의 아들 오레스테스는 그의 어머니와 아에지스투스를 살해하여 아버지의 원수를 갚았지만, '어머니 살해자'라는 꼬리표를 달고 복수의 여신들에게 쫓기는 몸이 될 수밖에 없었다. 죄가 더 큰 죄를 부르고 죽음이 또다른 죽음을 부른 대표적인 예가 아트레우스 가족에게도 해당된다고 하지 않을 수가 없다. 하지만 모든 신화는 그 신화의 체제를 옹호하는 신화일 수밖에 없다. 오레스테스가 그의 어머니와 그녀의 정부를 살해했을 때, 복수의 여신들이 그의 목숨을 호시탐탐 노리고 달려 들었지만, 아폴로 신이 그를 도와주었던 것이다. 탄탈루스와 오레스테스의 운명 속에서는 저주와 행운의 요소가 작용을 하고 있는 것 같지만, 바로 그 저주와 행운 사이에는 죄를 뉘우친 자와 그렇지 않은 자의 차이가 있는 것이다. 비록, 그들의 신성모독이 제 아무리 엄청나다고 하더라도 진정으로 뉘우친 자는 용서를 받을 수가 있지만, 그렇지 않은 자는 일벌백계로 다스려지게 된다고 하지 않을 수가 없다. 아이스퀼로스의 三部作 「아가멤논」, 「祭酒를 바치는 여인들」, 「자비로운 女神들」은 아트레우스 가족의 비극사를 엮은 글인데, 「자비로운 女神들」의 마지막 부분은 다음과 같은 노래로 대단원의 막을 내리고 있다.

정성껏 안내하리라. 밤의 애 없는 자식들이여, 자랑스럽게 안식처로 향하시오.

대지의 한 가슴 속으로, 기도와 제물로 장식된 성전으로 가시오.

옛날의 노한 마음을 이 사랑스러운 땅의 흙으로 씻고, 공포의 여신들이여, 이리로 지나갑시다. 발길을 옮길 때, 이 나무 끝에서 불타는 횃불이 앞을 비출 것입니다. 땅밑으로 내려갈 때, 자 모두 제주와 성화를 높이 들자. 그리하여 전능의 제우스 신과 운명의 여신이 이 팔라스 아테나이 시의 평화를 위해 도와주십사 기도 드리자, 노래를 부르자, 드높은 노래를(4: 151).

오딧세우스가 20여 년만에 귀국하여 그의 아내 페넬로페를 향한 수많은 청혼자의 무리들을 무차별적으로 살해해 버리고 제일 먼저 행한 것도 속죄 의식이었고, 오레스테스가 그의 어머니와 그녀의 정부를 살해하고 제일 먼저 행한 것도 속죄 의식이었다. 그 속죄 의식에서 무엇보다도 가장 중요한 것은 술이며, 한 잔의 술에 의해서 모든 죄가 씻어지고, 무고하거나 억울하게 죽어간 영혼들의 넋이 진정된다. 또한, 그 한 잔의 술에 의해서 기괴하고 음산하며 끔찍스러웠던 저주의 빗장들이 풀리고, 우리 인간들의 삶이 축복을 받게 된다. 한 잔의 술은 신들의 노여움을 풀어주고 우리 인간들의 영혼을 정화시켜 준다. 동서양을 막론하고 이러한 속죄 의식에서 한 잔의 술이 필요하지 않는 곳은 없었으며, 이것은 우리 인간들이 술에 대한 암묵적인 합의가 있었던 증거이기도 한 것이다.

아버지는 대를 뜨고 어머니는 바구니를 짜는 집을 나서서 멀리 지평선을 베고 누운 산을 향해 걷는다. 며칠째 얼었다 녹았다 하는 눈 사이로 보리가 푸르른 잎을 내민다. 하늘에는 수백 마리 까마귀떼가 바람을 타며 날으고 한 줄기 삭풍이 머리칼을 헤치고는 달아난다. 길은 구불구불 영산강에 이르고, 물의 깊이를 가늠하러 다니다가 풀섶으로 가린 웅덩이에 발이 빠진다. 내친 걸음에 무릎까지 걷고 건너다가 허벅지까지 흠씬 젖는다. 축축한 내의와 바지로 수곡 부락에 이르고 가게에서 소주와 잔을 챙겨들고 산길을 오르면 마침내 다다른다. 도저히 위로할 수 없는 영혼 수백이 잠자는 곳, 추도라는 말은 더우기 꺼낼 수도 없는 곳. 다만 발걸음으로 밖에는 유대를 확인할 수 없어, 안타까움으로 넘치는 술을 따른다.

— 최두석, 「망월동」 전문

최두석은 아버지가 대를 뜨고 어머니가 바구니를 짜는 집을 나와서 영산강을 건너고 망월동을 찾아간다. 이 찾아감은 "수백 마리 까마귀떼"와 "한 줄기 삭풍"마저도 아랑곳 하지 않는 의지에 맞닿아 있고, 또한 영산강 물에 몸을 적셔 뼛속까지 파고드는 추위까지도 아랑곳 하지 않는 의지에 맞닿아 있다. 따라서 시인의 의지는 "도저히 위로할 수 없는 영혼 수백이 잠자는 곳, 추도라는 말은 더욱이 꺼낼 수도 없는 곳", 즉, "망월동 묘지"에 맞닿아 있게 된다. 그는 망월동 묘지에 잠들어 있는 영혼들에게 한 잔의 술을 따라놓고, 그들의 넋을 위로한다. 조상, 혹은 아버지에 대한 찬가와 의례로서의 술도 있고, 아버지 살해, 혹은 '사후 복종'으로서의 용서를 구하는 술도 있다. 공동체 사회의 재앙과 질병을 몰아내기 위한 것으로서의 술도 있고, 제사장이나 추장을 선출하기 위한 식전 행사로서의 술도 있다. 득남이나 입신출세를 기원하는 것으로서의 술도 있고, 공동체 사회의 행복과 평화를 기원하는 축제 의식으로서의 술도 있다. 술이 있으면 모든 것이 가능하고, 이것이 술의 종교적 기능을 말해 주고 있는 것이다.

나는 우리 한국 시단에서 김수영 이후, 자기 자신의 시론을 갖고 있는 사람을 만나보거나 발견하지는 못했다. 황동규의 시론, 정현종의 시론, 그리고 이성복의 시론이 선을 보였지만, 그들의 산문의 실력은 기대 이하의 낙제점에 가깝고, 그들의 유치한 지적 수준만을 새삼스럽게 재발견하지 않을 수가 없었다. 더군다나 그들에게 보들레르와 말라르메와 랭보의 수준을 기대한다는 것도 어리석은 일이지만, 그들에게 역사 철학적인 문맥을 제대로 알고 세계적인 수준에서 새로운 시론을 천착하라고 요구하는 것도 어리석은 일에 지나지 않는다. 떡잎을 보면 그 재목감을 알 수가 있다는 말도 있지만, 요컨대 유치원의 어린 아이들에게 노벨상의 수상자가 되라고 요구할 수는 없는 노릇인 것이다. 제일급의 시인은 제일급의 사상가(비평가)이고, 그것은 이미 수많은 시인들에 의하여 증명된 바가 있다. 김수영의 「反詩論」, 「詩여, 침을 뱉어라」, 김춘수의 「無意味 詩論」은 아직도 한국의 현대 시인들에게 영원히 극복되지 않을 거대한 장벽과도 같아 보인다. 한국의 현대 시인들이여, 제발 자학적인 술 좀 마시고 부디 정신부터 차리거라! 그대들은 아직도 제 정신을 갖고 있지 못하고, 우연의 미소나 행운의 여신의 손짓에 의해서 유명 인사가 되어가려는 헛된 욕망을 버리지 못하고 있다. 이 글을 쓰고 나면 좀 더 날카롭고 예리한 비평의 칼날을 들이대겠지만, 어떻게 해서 고은이 민족 시인이 되고, 신경림이 민족 시인이 될 수가 있단 말인가? 제발 서기 2000년대에는 이러한 사이비 우상들부터 제거하고 새로운 민족 신화를 창조해 주기를 이 땅의 젊은 시인들에게 빌고, 또 빌어본다. 따지고 보면 김수영의 시론도 서구의 영향에서 자유롭지 못한 B급 시론에 가깝고, 김춘수의 시론 역시도 서구의 영향에서 자유롭지 못한 B급 시론에 가깝다. 김수영의 시론은 모더니즘의 물결 속에서 사라져 가고 있고, 김춘수의 시론은 프랑스의 상징주의의 물결 속에서 사라져 가고 있다. 그러나 그들은 그들의 지적 수준이 유치하면 유치한 대로 그것을 벗어나려는 치열한 내적 투쟁을 벌여왔다고 하지 않을 수가 없다. 적어도 그들의 치열한 내적 투쟁에는 한국문학 전체의 희망이 들어 있었고, 그만큼의 진정성과 정직성이 담겨 있었던 것이다. 나는 김춘수 시인의 시적 성과에는 아쉬움을 표명하고 있지만, 김수영 시인의 때 이른 요절을 너무나도 안타깝게 생각하고 있다. 그는 오늘도 두 눈을 부릅뜨고 '시여, 침을 뱉어라!'라고 삿대질을 하면서, 더럽고도 지지리도 못난 우리 한국인들을 부끄럽게 하고 있다. 김수영 시인은 자기 한계에 갇혀서, 그 자기 한계를 극복하려고 얼마나 노력해 왔던 것이며, 예컨대,

이 인용문에 나오는 기인이나, 집시나, 바보 멍텅구리는 '내용'과 '형식'을 논한 나의 문맥 속에서는 물론 후자, 즉, '형식'에 속한다. 그리고 나의 판단으로는 아무리 너그럽게 보아도 우리의 주변에서는 기인이나 바보얼간이들이, 자유당 때 하고만 비교해 보더라도 완전히 소탕되어 있다. 부산은 어떤지 모르지만, 서울의 내가 다니는 주점은 문인들이 많이 모이기로 이름난 집인데도 벌써 주정꾼다운 주정꾼 구경을 못한 지가 까마득하게 오래된다. 주정은 커녕 막걸리를 먹으러 나오는 글쓰는 친구들의 얼굴이 메콩강변의 진주를 발견하기보다도 더 힘이 든다. 이러한 근대화의 해독은 문학주점에만 한한 일이 아니다 (5: 253).

라는 글에서처럼, 시인의 삶의 투신으로서의 얼마나 '기인이나 집시나 바보 멍텅구리나 범죄자'가 되려고 노력해 왔던 것인가! 시는 온몸으로 온몸으로 써야 된다는 것, 시는 자유의 서술도, 자유의 주장도 아닌 자유의 이행이라는 것이 그의 시론의 핵심이며, 이것은 동서양을 막론하고 모든 예술가들의 기본적인 자세에 해당된다. 나도 술의 체험을 통해서 '시의 육체는 술이고, 술의 영혼은 시이다'라는 명제를 이끌어 내고 이 글을 쓰고 있지만, 서머셋 모음은 『달과 6펜스』에서 다음과 같이 말하고 있다.

스트로브의 이야기를 들으면서, 나는 스트릭랜드가 분명히 자기 자신이 아

닌 새로운 영혼을 발견해 놓았다는 사실을 알 수 있었다. 그것은 누구도 부인할 수 없는 강력한 힘을 소유한 영혼이었다. 그것은 아주 풍부하고 독특한 개성을 보여주는 스케치의 대담성이었다. 그리고 비록 블랑셰라는 여인의 육체가 정열적인 관능으로 그려지고 있긴 했지만 그 육체 속에는 무언가 기적적인 것이 깃들어 있는 화법畫法이었다. 그것은 또한 그것을 보는 사람으로 하여금 이상하게도 육체의 무게를 느끼게 하는 생명체의 단단함이 있었다. 그곳 그림에는 또한 영적인 것, 마음을 뒤흔드는 새로운 그 무엇이 담겨 있었다. 그 영적인 것에 의해 우리의 상상력은 우리가 예상치 못한 길로 안내되어, 오로지 영원한 별빛에 의해서만 빛을 받는 희미하고 텅 빈 공간으로 들어가고 있었다(6: 179).

압상트 한 잔에 텅 빈 속을 달래가며 아주 값싼 싸구려 호텔에 투숙했던 사나이, 그림을 그리기 위해서 40세의 나이에 처와 자식들을 버리고 파리로 왔던 사나이, 불가능하기 때문에 가능하다는 신념 하나로 백만 분의 일의 가능성에 매달렸던 사나이, 사회적인 관습이나 그에 대한 세간의 정평에는 두 눈 하나 끄떡하지 않고 「고갱 선생님 안녕하세요?」라는 그림에서처럼, 시건방지고 오만방자했던 사나이, 일찍이 스트로브가 폴 고갱의 천재성을 알아보고 그를 극진히 보살펴 주자, 배은망덕하게도 그의 아내와 간통을 하고 불랑셰의 누드화를 남겨 놓았던 사나이, 제 아무리 악의악식과 생존의 위기에 처하더라도 언제나 나는 행복하다라고 외쳤던 사나이, 뱀과 같이 차가운 냉소적인 기질에도 불구하고 그 누구보다도 뜨겁고 뜨거운 열정을 지녔던 사나이, 서머셋 모음과 얼치기 화가 스트로브와 언제나 압상트 한 잔을 즐겼던 사나이, 남태평양의 타히티의 풍광 속에서 예술품 자체가 되어 행복하게 죽어갔던 사나이—, 바로 이 사나이가 『달과 6펜스』의 주인공인 폴 고갱이기도 한 것이다. 멋진 자세와 멋진 기교가 없이는 뛰어난 영혼을 소유할 수도 없고, 자기 자신만의 독특한 개성도 소유할 수가 없다. 또한 멋진 자세와 멋진 기교가 없이는 어떠한 기적적인 일도 이루어 낼 수가 없고, 새로운 미래형의 여인상을 창조해낼 수도 없다. 술은 기인, 집시, 바보 멍텅구리의 피이며, 생명 자체이다. 술은 지혜의 샘물이며, 영원히 마르지 않는 샘물이다. 디오니소스의 술은 사유의 출구가 막혀버린 시인들에게 새로운 영감을 부여해 주고 아름다운 시를 쓰게 해준다. 이태백이가 물에 빠진 달을 건지려고 하다가 요절을 했듯이, 술은 모든 예측과 상식과 예절을 벗어나서 뜻밖에도 돌발적인 사건을 만들고 그것을 우리 인간들의 새로운 모델로 정식화시켜 주게 한다. 다시 말해서, 술에 취한 자는 기존의 모든 체계를 흔들어 버리고 혹독한 입문의례를 통하여 자기 자신이라는 낡은 존재의 껍질을 벗어버리게 된다. 따라서,

그대는 술의 왕,
눈이 가느다란 뚱뚱보 바커스여 오라!
그대의 술통 속에 세상 걱정 파묻고 머리에
포도의 관 쓰자꾸나.
마셔라, 마셔, 세계가 돌 때까지 마셔라,
마셔, 세계가 돌 때까지! (7: 328)

라는 셰익스피어의 노래도 다 그 까닭이 있는 것이며,

나는 천천히 알코올 속으로
존재의 그 아편굴 속으로 빨래처럼 잠겨 간다

라는 유성식의 노래도 다 그 까닭이 있는 것이다. 아이스퀼로스의 「자비로운 女神들」의 술도 신들에 대한 예배와 그 교훈을 남기고 있고, 최두석의 「망월동」의 술도 선하고 착한 인간들에 대한 예배와 그 교훈을 남기고 있다. 술의 교육적 기능은 상상을 초월한 영감을 부여해 주

고 불후의 명작을 쓸 수 있는 것에도 맞닿아 있고, 자기 자신을 해방시키고 수직적인 초월을 이룩할 수 있는 상태에도 맞닿아 있다. 또한 그것은 종교—무한한 지혜의 보고로서의 종교—의 기능에도 맞닿아 있고, 축제—축제의 형식과 그 내용을 주관할 수 있는—의 기능에도 맞닿아 있다. 모든 위대한 시인들은 두주불사형의 기인이며, 그들은 언제나 술 취한 자와도 같다. '술을 마시세요! 술을 마실 때만이 자기 자신의 존재의 껍질을 벗어버리고 절대 군주(신)가 될 수 있습니다!' 이것은 내가 디오니소스의 신전 앞에 써붙여 본 경구이다.

그리스에서 가장 큰 축제는 디오니소스의 제전이며, 그것은 오늘날까지도 계속되고 있다고 한다. 포도나무의 싹이 트고 그 가지들이 뻗어나가기 시작할 때, 이 축제는 닷새 동안이나 지속되었고, 이 닷새 동안은 죄를 지어도 감옥에 들어가는 사람이 없었다고 한다. 더욱이 모든 죄인들도 해방되어 이 축제에 참가할 수 있는 기쁨을 누릴 수가 있게 되었고, 주인과 노예가 한 자리에 어울려 술잔을 들고 모두들 즐겁게 춤을 추었다고 한다. 이제는 노예도 자유 시민이 되었고, 죄를 짓고 감옥에 들어간 자도 해방되었다. 언제나 육체적인 노동과 굶주림에 시달리고 있는 농부와 노동자들도 축제의 즐거움을 맛볼 수가 있게 되었고, 사사건건 이해타산과 더 큰 욕망 때문에 매우 편협하고 옹졸해질 수밖에 없었던 주인들도 더없이 너그럽고 관대해질 수가 있게 되었다. 수많은 모리배들과 아첨꾼들에게 둘러싸여 있던 절대 군주도 해방감을 맛볼 수가 있게 되었고, 자나깨나 범죄인들을 쫓아다니던 포졸들도 휴식을 취할 수가 있게 되었다. 디오니소스의 제전에는 주인과 노예의 대립 갈등도 있을 수가 없게 되어 있고, 소외되거나 버림받은 자도 없게 되어 있다. 또한 그 축제에는 남녀의 차별도 있을 수가 없게 되어 있고, 노약자와 병든 자에 대한 차별도 없게 되어 있다. 따라서 모든 사람들이 자유 시민이며, 만인의 평등과 행복은 두말하면 잔소리가 된다고 하지 않을 수가 없다.

마을에 모내기가 다 끝난 다음날이면
어김없이 온동네 사람들은 대동 천렵을 벌였다
윗동네 아랫동네 사람들 빠짐없이 모여
뒷산에 커다란 차일을 치고
덩그라니 가마솥 두 개가 걸렸다

마을 아낙들은 하얀 쌀밥을 지으며
올해의 농사는 풍년이 들 거라고
한쪽 가마솥엔 고깃국이 끓고
솥뚜껑 사이로는 억센 김이 치솟았다

이웃 마을 사람들까지 달려와
그간의 안부를 나누며, 한솥밥을 먹고
한솥의 국을 마시며 얼큰하게 취하면
상쇠가 쇠를 치고 장구, 북, 징이 어울려
산은 온통 춤판으로 들썩였다
온 마을 사람들 얼크러지고 풍악은
골짜기 차고 나가 산맥을 울렸다

흥이 난 남정네들은
한천으로 몰려가 씨름으로 한판 힘을 겨루고
흠뻑 젖은 몸 시내에 뛰어들었다
냇물에 검게 그을린 팔과 다리 적시면
아낙들은 멀리서 제 사내 바라보며
가슴이 더워져 흐뭇해 했다
— 김완하, 「대동천렵」 전문

양치기가 춤을 추러 간다고 멋을 부렸네.
화려한 윗도리에 리본과 화환을 달고
성장한 모습으로.
보리수나무 주위에는 벌써 사람들이 웅성거리네.

모두가 미친듯이 춤추고 있네.
얼싸! 덜싸!
얼씨구! 절씨구! 지화자 좋구나!
바이올린 소리도 구성지다.

양치기는 허둥지둥 달려 들었네.
그 순간 한쪽 팔꿈지가
어느 처녀에게 부딪쳤네.
팔팔한 처녀는 뒤돌아보고 말했네.
야 넌 얼간이로구나!
얼싸! 덜싸! 얼씨구! 절씨구! 지화자 좋구나!
버릇없는 짓은 하지 말아요!
— 괴테, 『파우스트』에서 (8: 54)

김완하의 「대동천렵」도 어느 시골 마을의 작은 축제를 노래하고, 괴테의 시도 어느 시골 마을의 작은 축제를 노래한다. 모든 축제는 '대동축제이다'라는 것이 여기서도 증명되고 있는데, 왜냐하면 그렇지 않은 축제는 성립될 수가 없기 때문이다. 또한 모든 축제는 즐겁고 기쁜 행사라는 것이 여기서도 증명되고 있는데, 왜냐하면 그렇지 않은 축제는 성립될 수가 없기 때문이다. '대동'이란 말은 모든 사람이 하나가 되는 것을 말하고, '축제'라는 말은 그 사람들이 이끌어 나가는 '놀이문화'를 말한다. 모내기가 끝난 다음날 "윗동네 아랫동네 사람들이 빠짐

없이 모여" 그간의 수고를 위로하고 공동체 사회의 행복과 평화를 기대한다는 것이 「대동천렵」의 내용이라면 『파우스트』의 한 대목도 대동소이 하다고 하지 않을 수가 없다. 김완하의 시에도 북치고 장구치는 민요조의 가락이 주조를 이루고, 괴테의 시에도 바이올린 켜고 탬버린 치는 민요조의 가락이 돋보인다. 양치기와 농민들도 유사하고, 남정네/ 아낙네들과 양치기/ 처녀들도 동일하다. "상쇠가 쇠를 치고 장구, 북, 징이 어울리면" 모두가 춤을 추기 시작하고, 바이올린과 탬버린 소리가 울려 퍼지면 "얼씨구! 절씨구! 지화자 좋구나!"라고, "모두가 미친듯이 춤"을 추기 시작한다. 바로 거기에, 그 자리에, 몸에 스며들면 열이 되고 그 몸을 태워 무의 경지에 빠져들게 하는 술이 빠질 리가 없다. 술은 그 주체자를 황홀하게 취할 수도 있게 해주고, 궁극적으로는 자기 자신을 망각하도록 해준다. 술은 자아를 망각한 존재의 무근거 상태로서 너와 내가 손을 맞잡고 노래를 부르고 춤을 출 수도 있게 해준다. 새의 노래 소리도 아름답고, 송아지의 울음 소리도 정겹고, 염소나 양의 울음 소리도 아름답다. 너와 나는 서로 간의 반목과 경계심을 풀어버리고, 세계와 인간은 조화롭게 일치하게 된다. 술의 세계에서는 만물이 조화를 이루고, 한 곡조, 한 곡조마다 나무아미타불의 기적이 이루어지고, 우리 인간들의 지상낙원의 세계가 펼쳐지게 된다. 그들은 모두가 다같이 공동체 사회의 일원임을 자각하고, 영원불멸의 삶과 그 행복을 노래하게 된다. 술은 우리 인간들에게 축제를 열어주고, 그 축제의 샘물을 흘러 넘치게 하고 있다. 술은 가난한 자들의 결합이든, 매장을 위한 결합이든, 그 어떠한 결합이든지 간에, 그 구성원들의 결속력을 다져 주기도 하고, 상호 원조에의 의지이든, 집회에의 의지이든, 그 무엇이든 간에, 그 구성원들의 의지력을 강화시켜 주기도 한다. 술을 나눠 마신다는 것은 피를 나눠 마신다는 것이며, 그것은 혈연관계로 맺어졌다는 것을 뜻한다. 술이 없는 맹세나 약속을 생각할 수도 없고, 술이 없는 축제를 생각할 수도 없다. 축제는 인간의 삶의 꽃이고, 술은 그 축제의 꽃이다. 술의 축제적 기능은 매우 중요하고, 또 중요하다. 술이 있기 때문에 세계가 있고, 우리는 행복해질 수가 있는 것이다.

술의 사회적 기능은 시의 사회적 기능에 대응하고, 술의 네 가지 효과는 시의 네 가지 효과에 대응한다. 시의 육체가 술이고, 술의 영혼이 시이기 때문이다. 우리들의 인생이 예술이라고 할 때, 모든 인간은 술 취한 자와도 같다. 술의 효과에는 진정제 효과도 있고 강장제 효과도 있다. 흥분제 효과도 있고 영생불사의 효과도 있다. 술의 진정제 효과는

꿈길을 밟아주던 서울에서도
명동 한복판에서
쓰린 속을 쓸어내릴
찬 술 한 잔이 목마른 오후

형씨!
불 한 모금만

지나치는 낯선 사내의 라이터라도 빌려
한 모금 빨고 싶게 목마른
초로의 아낙네도
옛 명동아가씨

라는 유안진의 「명동에서」도 나타나고 있고, 술의 강장제 효과는

(겨울에. 내 사촌과 바닷가에서. 찬 모래 위에서. 검은 바위들을 들이받는 물결 소리 속에서.)

벌겋게 소주에 취한 내 사촌은
졸업을 하고 공장을 차리겠다고
설쳤다. 가진 돈도. 배경도
없으면서. 파도가 물거품을 튀기면서.

우리의 차가운 옷섶이, 겨울 바다의
체온을 닮으면서. 우리가 겨울
동해 바다 연변의 풍경의
한조각이 되면서.

라는 장영수의 「東海 1」에서도 나타나고 있다.

로맨스 그레이romance grey라는 말은 머리가 희끗희끗하고 매력 만점의 초로의 신사를 가리키는 말이지만, 유안진의 「명동에서」의 시적 화자는 그것과는 정반대 방향에서, 쓰라리고 아픈 추억과 깊고 깊은 회한만을 반추하고 있을 뿐인 것이다. 옛날의 "명동 아가씨"는 꿈 많은 아가씨였지만, 이제는 "지나치는 낯선 사내의 라이터라도 빌려/ 한 모금 빨고 싶게 목마른/ 초로의 아낙네"에 지나지 않는다. 또한 옛날의 "명동 아가씨"는 청운의 푸른 꿈을 안고 서울에 왔지만, 이제는 "찬 술 한 잔이 목마른 오후", "불 한 모금"으로 그 갈증을 달래고 싶은 "초로의 아낙네"(혹은 떠돌이—나그네)에 지나지 않는다. 유안진의 「명동에서」의 갈증은 생리적으로는 목마름의 한 현상일 수도 있지만, 사회 심리적으로는 무한한 욕구 불만의 한 현상일 수도 있다. 욕망이 충족되면 쾌락이 따르고 욕망이 충족되지 않으면 고통이 따른다. 고통은 삶에의 의지가 장애를 만난 것을 뜻하고, 또한 그것은 삶에의 의지의 반대 방향에서 삶의 빈곤화가 진행되고 있다는 것을 뜻한다. 그녀는 더 이상 꿈 많은 아가씨도 아니고, 매력 만점의 초로의 신사(숙녀)도 아니다. 따라서 그녀에게는 옛날의 추억마저도 쓰라리고 아플 뿐이고,

인생을 잘못 살아왔다는 깊고 깊은 회한만이 남아 있을 뿐인 것이다. 유안진 시인에게도 한국적인 애수(염세주의)가 최대의 약점으로 작용하고 있기는 하지만, 술(혹은 시)은 마음이 아픈 자들을 치료해 주는 진정제로 작용하고 있다고 해도 과언이 아니다. 유안진의 '갈증'은 이러한 생존의 위기의 객관적 상관물이고, '찬 술 한 잔'은 그 갈증을 진정시키려는 사회 심리적인 현상이다. 이 세상의 염세주의자들마저도 그 염세주의를 옹호하고 찬양하지 않는다면, 그들의 삶은 있을 수가 없게 된다. 그들은 모든 것을 비방하고 헐뜯고 저주하면서도 그 주체자로서 자기 자신의 삶과 도덕적 정당성만큼은 결코 회의를 하지 않는다. 모든 인간들의 의지는 삶에의 의지이며, 우리 인간들의 삶의 불안, 공포, 광기, 분노 등은 반드시 진정되지 않으면 안 된다.

젊어서 마음이 굳세지 못한 사람은 그의 인생 전체를 망가뜨리거나 밋밋하게 만들 수밖에 없지만, 젊어서 마음이 굳센 사람은 그렇지 못한 사람보다 열 배나 백 배, 혹은 천 배쯤의 실패의 가능성이 높다고 하더라도 그의 인생 전체를 성공과 승리로 이끌 수도 있다. 젊다는 것은 크나큰 재산이며, 수많은 시련이나 실패쯤은 약간의 손실로밖에 여겨지지 않을 수도 있다. 황금양털을 찾아서 떠났던 이아손의 모험을 생각해 보고, 미래의 운명을 알기 위하여 지하의 세계로 내려갔던 오딧세우스의 모험을 생각해 보라! 또 헤라클레스의 열두 가지의 노역을 생각해 보고, 카우카소스의 바위산에 결박되어 있었던 프로메테우스의 노역을 생각해 보라! 이 세상에서 가장 고귀하고 소중한 것을 얻기 위해서는 그 주체자는 일생 일대의 최고의 모험을 선택하지 않으면 안 된다. 새 술은 새 부대에 담아야 된다는 말도 있듯이, 새 시대의 주인공은 새로운 젊은이들이 될 수밖에 없다. 따라서 이 세상에서는 젊다는 것처럼 아름다운 것도 없고, 그것처럼 즐겁고 기쁜 일도 없다. 젊다는 것만으로도 삶이 상승하고 있다는 증거가 될 수도 있으며, 그에게는 모든 것이 가능하지 않을 리가 없다. 젊음은 꿈과 동의어이며,

그 꿈은 그의 종교가 되고 모든 기적의 진원지가 될 수도 있다. 꿈이 있는 한 우리 인간들의 삶은 생기가 있게 되고, 역사의 힘찬 수레바퀴는 새로운 신천지를 향해서 전진을 하고 또 전진을 하게 된다. 유안진의 옛날의 명동 아가씨도 꿈 많은 아가씨에 해당되고, 장영수의 「東海 1」의 '사촌'도 꿈 많은 젊은이에 해당된다. 그는 푸르고 푸른 동해의 바닷가에서 '사촌'과 술을 마시면서 불가능은 없다라는 믿음 하나로 모든 기적을 연출해 내고 있었던 것이다. "가진 돈도 배경도/ 없으면서" "벌겋게 소주에 취한 내 사촌은/ 졸업을 하고 공장을 차리겠다고/ 설쳤다"라는 시구가 바로 그것이다. 꿈 많은 젊은이에게는 "가진 돈"이 없다는 것도 문제가 될 리가 없고, 튼튼한 뒷 "배경"이 없다는 것도 문제가 될 리가 없다. "설쳤다"라는 말은 꿈을 꾼다는 말에 맞닿아 있고, 꿈을 꾼다는 것은 그의 인생 전체를 모험에 맡겼다는 것을 뜻한다. 아름다운 인생은 우연도 아니고, 단순한 정리, 정돈의 결과도 아니다. 그것은 엄청난 힘에의 의지로써 수많은 시련과 실패의 위험성을 극복해 냈다는 것을 뜻한다고도 해도 과언이 아니다. 동해 바다가 동해 바다인 것은 "파도가 물거품을 튀기고" 있기 때문이며, 사촌이 사촌인 것은 그 거친 파도를 잠재울 수 있는 꿈을 꾸고 있기 때문이다. 민둥산이 민둥산인 것은 모진 비바람 앞에서 그의 의지를 무력화시켰기 때문이며, 금강산이 금강산인 것은 그의 굳센 의지 하나로 세계를 정복했기 때문이다. 한 잔의 술은 마음이 아픈 자와 상처입은 자들을 어루만져 주기도 하고, 모든 걱정과 근심을 없애 주기도 한다. 또한, 한 잔의 술은 두려움과 공포를 없애 주기도 하고, 모든 인간들에게 꿈과 희망을 가져다 주기도 한다. 술은 그 주체자들을 젊어지게 하기도 하고, 부단히 삶에의 의지를 고양시켜 주기도 한다. 술은 더없이 좋은 진정제이며 만병통치약이 된다. 모든 기적을 연출해낼 수 있는 한 잔의 술—, 이것이 술의 강장제 효과이기도 한 것이다.

술의 흥분제 효과는

그 나흘, 모두들 크리스마스를 준비하고
압생트 술잔을 나 혼자 들이킨다, 제길
파마틴 광장이 아니어도 미친 바람은 불어오고
잔뜩 찌푸린 아르르의 흐린 하늘
세상에서 제일 더러운 거리를 짓밟으며 떠났다 애인은
그를 죽이려고 했던 걸까

발작은 곧 사라질 거야, 잘려진 귀바퀴가
유리컵 속에 둥둥 떠다니고
너는 그것을 변기 속에 버린다
취기처럼 소용돌이 치는 물 속으로
뜨거운 피가 빨려 들어가는 것을 본다
이 이름도 없는 미치광이
폭풍은 가라앉을 거다
성탄절 전야쯤 누군가 찾아올까
계단 복도에 사방에 핏자국
시트로 돌돌 몸 감은 채 침대에 깔깔대고 있으면
검은 창살 둘러쳐진 방
석회가 으깨어진 창녀촌 어린 여자의

발을 동동 구르며 소리를 지르며
또 어떤 때는 신음을 짓이겼지
창백한 불길이 번져가는 벽 뒤에서
라헬, 나의 귀를 간직해 줘
바람좀 쐬게 해 주라구
압생트 술잔, 생긴 건 내 모습인데 미친 놈이군

이라는 허혜정의 「노란 집 옆에 있는 카페」에도 나타나고, 술의 영생불사의 효과는

오목대에서 나는 쥐눈콩이
전주비빕밥을 만들었다지
그 비빔밥에 오늘은 황포묵이 먹고 싶다
변산반도 지척으로 눈도 퍼붓는데
계화장 지나 부안 김제 지나 전주 남문시장 밖
어느 허술한 집 상머리에 둘러앉아
그 비빕밥에 황포묵을 들고 싶다
따순 짐 나는 순대국도 한 그릇
치자물을 띄우면 황포묵, 그냥 두루치기면 녹두 청포묵
황포묵 청포묵 그 구수하고 텁수룩하고 못난 잔치 음식들
오늘은 변산반도 지척으로 눈이 쌓이는데
계화장터 지나, 부안장 지나 말목장터
그때 동학군 떨거지들 흰 옷에 털벙거지 한잔 술 곁들고
낯선 사람들끼리 쥐코 밥상머리 둘러앉아
함께 들었듯
그 구수한 황포묵을 들고 싶다

라는 송수권의 「황포묵」에도 나타난다.

우리 인간들은 지상 최대의 꿈이 이루어졌을 때에도 흥분을 하고, 그 꿈이 실패를 하였을 때에도 흥분을 한다. 전자는 하늘을 찌를듯한 환희에의 기쁨으로 나타나고, 후자는 분노와 슬픔으로 나타난다. 하늘을 찌를듯한 환희에의 기쁨이든, 분노와 슬픔이든 간에, 우리 인간들은 흥분할 줄 아는 동물들이며, 오늘도 흥분하기 위해서 살아가고 있는 것인지도 모른다. 뛰어난 예술가에게는 광기가 있다는 것만으

로도 존경할 만한 가치가 있다는 말도 있고, 흥분하기 위해서는 항상 일상적인 폭력을 필요로 한다는 말도 있다. 새로운 것, 낯선 것은 두려움과 공포를 불러 일으켜 주고 그 주체자들을 흥분하게 만들고 있는데, 그것은 기존의 모든 가치관을 전도시켜주고 있기 때문이다. 걸프전 앞의 TV 시청자들, 프로복싱, 프로레슬링, 조직폭력배의 세계를 그린 「모래시계」, 유난히 사건과 사고를 좋아하는 신문들 역시도 우리 인간들을 흥분하게 만들고 있는데, 그것은 일상적인 폭력이 없으면 우리 인간들의 삶은 무의미하고 아무런 매력도 없기 때문이다. 바로 이 지점에서, "온순한 놈들은 떨리는 소리를 내고 있었고, 까다로운 자들은 고양이 울음소리를 내고 있었으며, 커다란 놈들은 으르렁거리고, 마른 놈들은 울부짖고 있었다"라는 폴 발레리의 「테스트 씨」의 유효성이 생겨나게 된다(9: 120). 허혜정의 「노란 집 옆에 있는 카페」는 반 고호의 에피소드를 노래한 시이며, 그의 광기를 적극적으로 옹호하고 찬양하는 시라고 하지 않을 수가 없다. 반 고호는 폴 고갱과도 같은 화가이며, 예술의 삶과 현실의 삶을 극단적으로 일치시켜 나갔던 인물이기도 하다. 그의 광기는 시베리아의 샤먼이나 예언자와도 같은 광기이며, 못 볼 것을 보았다는 점에서 눈 먼 자가 될 수밖에 없는 광기이기도 하다. 그에게는 "애인"도 없고, "누군가" 찾아올 사람도 없다. 또한 그에게는 한 사람의 예수 그리스도가 나타날 리도 없고, 그가 바라는 세상이 나타날 리도 없다. 새로운 것, 낯선 것을 발견한 자는 그것에 의하여 화를 입게 되어 있고, '만인 대 일인의 싸움'이라는 어려운 싸움을 하게 되어 있다. 압상트 한 잔에 취해서 외로움과 싸우고 있는 것이 그렇고, 그 외로움을 견디지 못해 자신의 귀를 잘라버리는 것이 그렇다. 반 고호의 발작은 현실적인 패배의 소산이지만, 예술적인 승리의 소산이기도 하다. 새로운 것, 낯선 것이 순치되기까지는 오랜 시간이 걸리게 되어 있고, 그 위대한 천재는 어쩔 수 없이 희생양이 되어가게 되어 있다. 예술의 역사는 희생양의 역사인 동시에 그 희생양이 성화되어 온 역사이기도 하다. 그는 희생양이 되어서 분노와 슬픔 속에 빠져들게 되지만, 하늘을 찌를듯한 환희에의 기쁨 속에서 다시 태어나게 된다. 어제의 「노란 집 옆에 있는 카페」는 그의 실패를 말해 주고, 오늘의 「노란 집 옆에 있는 카페」는 그의 성공을 말해 준다. 지상 최대의 꿈이 이루어졌을 때에도 술이 필요하고, 그 꿈이 실패를 하였을 때에도 술이 필요하다. 술에 있어서의 흥분제 효과는 하늘을 찌를듯한 환희에의 기쁨과 광기와 착란 체험(분노와 슬픔 등)에 맞닿아 있다. 하늘을 찌를듯한 환희에의 기쁨은 술의 영생불사의 효과로 이어지고, 광기와 착란 체험은 술의 진정제 효과로 되돌아 간다.

금강산 구경도 식후경이라는 말도 있고, 목구멍이 포도청이라는 말도 있다. 금강산 구경도 먹는 것이 해결되어야 가능하다라는 뜻이 전자에는 담겨 있고, 열흘 굶어서 도둑질을 하지 않는 사람이 없다라는 뜻이 후자에는 담겨 있다. 먹고 사는 일이 제대로 해결되지 않으면 어진 임금은커녕, 어떠한 체제도 유지될 수가 없다. 먹는다는 동사의 궁극적인 목적은 자기 보존 본능에 있고, 그리고 그것을 넘어서서, 삶에의 의지를 펼쳐나갈 수 있는 세계정복운동의 원동력이 되어주기도 한다. 송수권의 먹고 싶다라는 욕망은 절대적인 빈곤에서 나오는 욕망이 아니며, 여러 가지 음식들 중에서 어느 것을 선택해서 먹고 싶다는 미식 취향에서 나오는 욕망이라고 할 수가 있다. 그의 미식 취향 속에는 변산반도의 풍광이 들어 있고, 그 고장 사람들의 삶의 세목들이 들어 있다. 또한 "변산반도 지척으로 눈이 쌓이는 데"에서처럼, 그 고장의 절기가 들어 있고, "치자물을 띄우면 황포묵, 그냥 두루치기면 녹두 청포묵/ 황포묵 청포묵 그 구수하고 텁수룩하고 못난 잔치 음식들"에서처럼, 남도의 판소리 가락이 들어 있다. 또 거기다가 "계화장터 지나, 부안장 지나 말목장터/ 그때 동학군 떨거지들 흰 옷에 털벙거지 한잔 술 곁들고"에서처럼, 술상을 차려놓고 오고 가는 모든 사람들을 불러 들인다. 따라서 우리는 그의 언어의 장단에 녹아들고, 그의 미식취향에 끌려 들어가면서, 멋과 풍류 속으로 빠져 들어가게 된다. 이때의 멋과 풍류란 우리들의 인생이 예술이라고 할 때의 예술품 자체가 된 것을 말하고, 자연과 인간, 인간과 인간, 말과 대상이 일치가 된 삼원 일치의 세계를 말한다. 송수권의 대부분의 시들은 겉으로 드러나지는 않지만, 이처럼 격조 높은 절창이며, 아름다움 그 자체이다. 아름다움 속에는 시계바늘이 멈춰서고 천세불변의 공간이 펼쳐진다. 인간이 인간을 초극하고 인간이 인간을 넘어서는 일은 예술품 자체가 되어 사는 일이다. 예술품은 유한성을 넘어선 세계이며, 신들이 살고 있는 올림프스와도 같은 세계를 말한다. 인생은 짧고 예술은 영원하다. 반 고호나 폴 고갱의 예에서처럼, 아름다움에 다가서려는 자는 동적일 수밖에 없지만, 아름다움을 이룩한 자는 정적일 수밖에 없다. 전자에서는 싸움이 중요하고, 후자에서는 그 위용의 드러냄이 중요하다. 송수권 시인은 그 영원불멸의 삶을 위하여 변산 앞 바다의 푸른 물로 세속의 더러운 때를 씻고, 서해 바다의 황홀한 핏빛 일몰로 머나먼 고대 오후 같은 행복을 연출해 내고 있다. 손을 씻고, 또 씻고, 세상의 모든 때를 다 씻고, 남도의 판소리 가락으로 구수한 황포묵을 들면서 한 잔의 술도 곁들일 줄 알고 있는 송수권 시인, 학교의 꽃인 교장 선생님의 길도 마다하고 만 권의 책이 쌓여 있는 채석강변에서 만학의 꿈을 펼쳐가고 있는 송수권 시인, 아름다움보다도 진실을 더 사랑하고, 그 진실을 통하여 모진 비바람과 사나운 파도 속에서도 더욱더 아름답게 피어나고 있는 시인, 나는 송수권 시인의 『수저통에 비치는 저녁 노을』(시와시학사 간, 1998년)을 받아들고 맑은 눈물이 흘러 나오고, 또 나오는 감동을 어쩌지 못했다. 변산반도의 절경으로 피어나 그는 오늘도 술 한 상을 차려놓고 나와도 같은 후학들을 부르고 있는 것인지도 모른다. 술에 있어서의 영생불사의 효과란 모든 인과법칙이 제거된 상태이며, 궁극적으로는 자기 자신을 해방시키고 신적인 상태로 수직적인 초월을 이룩한 상태를 말한다. "시에 있어서의 흥분제 효과는 광기와 착란 체험으로 이어지기도 하고, 하늘을 찌를듯한 환희에의 기쁨으로 이어지기도 한다. 광기와 착란 체험은 미치광이나 기인이나 바보에서처럼, 부정적인 체험으로 이어지지만, 하늘을 찌를 듯한 환희에의 기쁨은 영생불사의 효과로 이어진다. 진정제 효과는 강장제적 효과로, 강장제 효과는 흥분제 효과로 이어지고, 흥분제 효과는 다시 진정제 효과로 이어진다. 이 세 과정은 원환적인 순환과정이며, 영생불사의 효과를 위해서 최선의 과정으로 짜여져 있다고 할 수가 있다. 다시 말하자면 영생불사의 효과는 흥분제 효과 중에서 하늘을 찌를듯한 환희에의 기쁨에서만 추출될 수 있는 어떤 것이라고 하지 않을 수가 없다(10: 48)". 나는 『한국문학비평의 혁명』에서 시의 네 가지 효과를 명명하고 구체적으로 그것을 정식화시켜 본 바가 있다. 우리는 술(시)에 의해서 최고의 선과 신들의 경지에 올라서게 되었고, 오늘도 영원불멸의 삶을 살아가고 있는 것인지도 모른다.

나는 어두운 밤, 거실에서, 소주를 마시면서 너무도 외롭고 쓸쓸하다는 느낌을 지울 수가 없다. 아내와 아이들은 잠이 들어버린지도 오래되었고, 사방은 쥐 죽은 듯이 조용하기만 하다. 『한국문학비평의 혁명』(『행복의 깊이』 제2권)을 탈고를 하고, 1996년부터 1998년 겨울까지, 나는 『어느 철학자의 행복』(『행복의 깊이』 제3권)을 쓰기 위하여 최선의 준비를 다해 왔다. 1998년 11월부터 이러 저러한 잡다한 원고를 쓰면서도 매월 220매 내지 250매씩 꼬박꼬박 글을 써온 셈이고, 어느덧 제4장의 원고를 매듭지어야 할 단계에까지 와 있다. 약 20여 일 동안 그간의 준비해온 메모들과 분석의 대상인 텍스트들을 검토한 뒤에 5~6일 동안 계속되는 글쓰기의 작업에 몰두하다 보면, 어느덧 체력과 그 모든 것이 탕진되어버리고 눈앞이 캄캄해져 온다. 원고료도 거의 없고, 그렇다고 화려한 조명을 받을 리도 없는 나의 문학 행위는 이미 저주받은 자의 그것에 지나지 않는다고 해도 틀림이 없다. 모든 혁명은 '만인 대 일인의 싸움'이며, 그 '일인의 싸움'에 의해서 만인의 어리석음과 우매함이 증명된다고 해도 틀림이 없다. 나는 지친 몸과 마음으로도 좀처럼 잠을 이루지 못하고, 그 불면증을 잠재우기 위하여 이처럼 혼자서 쓸쓸하게 소주잔을 기울이고 있는 것인지도 모른다. 이제는 돈과 명예와 권력에 대한 욕망을 버린지도 오래되었지만, 진정으로 마음을 터놓고 사귈 수가 있는 술동무가 그리워지기도 한다. 나는 내가 해야 될 일이 무척이나 많다는 것을 알고 있고, 결코 늙지도 않았다고 생각하고 있다. 나를 굳건하게 지탱해 주던 모든 닻줄들을 다 끊어버리고 망망대해의 바다 속을 표류하면서, 나는 이태백의 「山中與幽人對酌」을 떠올려 본다.

그대와 내가 만나자
산꽃들도 반가와 피네
한잔 들게 한잔 주게
또 한잔 해지는 줄 모르고
나는 이미 취해서
풀밭에서 한잠 자려고 하니
그대는 마음대로 갔다가
내일 아침 거문고나 안고 오게

임은 품어야 제 맛이 난다는 말도 있고, 술잔은 부딪쳐야 제 맛이 난다는 말도 있다. 이태백의 「山中與幽人對酌」은 사회 역사적인 토대를 지우고 멋과 풍류에 기울어진 시이며, 소승적인 자기 구원과 행복을 노래한 시라고 하지 않을 수가 없다. 인간과 인간, 인간과 세계, 사물과 언어의 삼원일치의 조화 속에서 이제는 시간의 개념도 없고, 공간의 개념도 없다. 따라서 시간도 무한히 펼쳐지고, 공간도 무한히 펼쳐진다. 너와 나의 만남도 언제나 자유롭게 열려 있고, 너와 나는 언제나 사심없이 마음을 터놓고 술잔을 기울일 수도 있다. "그대와 내가 만나자/ 산꽃들도 반가와 피네"라는 시구가 그것이 아니라면 무엇이고, "한잔 들게 한잔 주게/ 또 한잔 해지는 줄 모르고/ 나는 이미 취해서/ 풀밭에서 한잠 자려고 하니/ 그대는 마음대로 갔다가/ 내일 아침 거문고나 안고 오게"라는 시구가 오늘날의 경제인들과 무관한 황금의 종족의 시구가 아니라면 무엇이겠는가! 크나큰 고통은 사람의 인격을 고상하게 만들 수도 있고, 대체적으로 사람의 인격을 옹졸하고 표독하게 만들 수도 있다. 이태백은 현실 도피주의자이며, 그 도피의 공간 속에서만 소수의 인간들과 우정을 나누고, 낙천주의자의 생활을 해나갈 수가 있었던 것인지도 모른다. 나는 이태백이와도 같은 은자의 삶을 부러워하고 동경을 하고는 있지만, 그러나 내가 옹호하고 찬양하는 낙천주의자의 삶은 그런 것이 아니다. 나는 이태백의 소승적인 쾌락의 삶도 지우고, 크나큰 고통을 참지 못해 전형적인 암살자의 모습을 닮아가고 있는 자의 삶마저도 지운다.

그대는 술의 왕,
눈이 가느다란 뚱뚱보 바커스여 오라!
그대의 술통 속에 세상 걱정 파묻고 머리에
포도의 관 쓰자꾸나.
마셔라, 마셔, 세계가 돌 때까지 마셔라,
마셔, 세계가 돌 때까지!

나는 선천적으로 호탕한 성격의 소유자이기 때문에, 무엇이든지 대범하고 화려한 것을 좋아한다. 내가 옛날에 회사에 다녔을 때, 나는 내가 가진 돈이 5만원이든지, 10만원이든지 간에—내가 회사를 다니던 20여 년 전에는 5만원이나 10만원은 매우 큰 돈이었다—, 여러 친구들을 불러놓고 그 돈의 한도 내에서는 물 같이 쓰겠다고 호기를 부린 적도 여러 번 있었다. 쓸 돈을 쓰면서도 쩨쩨하고 옹졸하게 엄살을 피우고 술맛이 떨어지게 하는 것은 내 성격이나 취향에 전혀 어울리지 않는다. 돈을 쓸 때에도 화끈하게 쓰고, 놀 때에도 화끈하게 놀고, 일을 할 때에도 화끈하게 일을 한다는 것이 나의 생활신조이며, 좌우명이기도 했던 것이다. 나의 결혼식만큼은 대한항공의 전세 여객기에서 장중하고 화려하게 치루고, 모든 하객들에게 유럽 여행을 시켜주겠다고 호언장담을 한 적도 여러 번 있었지만, 나는 결코 가난이나 학력 콤플렉스 때문에 주눅이 들어 본 적도 없었다. 내가 좋아하는 사람들은 알렉산더, 호머, 줄리어스 시이저, 나폴레옹, 니체, 쇼펜하우어, 오딧세우스 같은 인물들이지, 현대 민주주의 사회의 어중이 떠중이들이 아니다. 나는 한 사람의 철학자이자 문학비평가인만큼, 이제는 사상과 이념의 무대에서 대범하고 화려하게 세계정복 운동을 펼쳐 나가고 있다. 대범하고 화려한 것만이 나의 관심을 끌고, 나는 언제나 그것을 위하여 호전적이고 전투적인 정신을 더욱더 가다듬어 나가고 있다. 愛酒家 유형에는 네 부류가 있다. 첫 번째는 언제나 호탕하게 술잔을 드는 자의 유형이고, 두 번째는 돈주머니를 두둑하게 차고 있으면서도 언제나 막걸리나 소주 한 잔으로 궁색을 떠는 자의 유형이고, 세 번째는 주색잡기에 빠져서 문전옥답과 가산을 모조리 탕진하는 자의 유형이고, 네 번째는 모든 인간들과 자기 자신마저도 혐오를 하면서 술잔을 드는 자의 유형이다. 첫 번째 유형은 낙천주의자의 유형이고, 두 번째의 유형은 현실주의자의 유형이다. 세 번째 유형은 퇴폐주의자의 유형이며, 네 번째 유형은 염세주의자의 유형이다. 셰익스피어의 시는 영락 없이 퇴폐주의자의 유형 같지만, 그 문맥을 더듬어 올라가 보면 그것이 전형적인 낙천주의자의 유형이라는 것이 드러나게 된다. 예컨대,

미이내스 세계의 공동 소유자, 각하의 동료 세 사람은 지금 각하의 배 안에 있습니다. 제가 닻줄을 끊어 놓겠습니다. 그리고 바깥 바다로 나가서 그 분네들의 목을 자릅시다. 그러면 죄다 각하의 차지가 됩니다.

폼피이 아 그건 자네가 실행했어야 할 것이지, 입밖에 내지 말고! 나로선 비겁한 일이야. 자네가 하면 충성이 됐을 것이지만. 여보게 실속을 차리는 것이 내 명예는 되지 못하네. 명예가 있고서 실속이 아닌가. 계획을 입밖에 낸 것을 후회하게. 나 몰래 했으면 나중에 칭찬을 받았을 것 아닌가. 그러나 이제는 안 되네. 포기하고 술이나 들게(7: 326).

라는, 미이내스와 폼피이의 대화가 바로 그것을 증명해 준다. 이 주연의 자리는 폼피이와 옥타비오 시이저(그리고 앤토우니와 레피더스)가 회담을 끝낸 뒤의 자리이며, 서로가 서로에게 적대적인 동상이몽 속의 자리이기도 하다. 승리냐/ 패배냐, 사느냐/ 죽느냐는 생사의 갈림길에서도 폼피이는 위대한 낙천주의자라고 할 수가 있다. 천하를 움켜쥐고 있는 세 사람을 상대로 전쟁을 벌인다는 것도 용기가 필요하고, 그토록 소망했던 천하를 지배하는 일보다는 명예를 더욱더 선호하는 것도 용기가 필요하다. 폼피이는 비록, 옥타비오 시이저에게 패배하여 한 줌의 이슬로 사라져 갔지만, 진정으로 대범하고 화려한 것을 좋아했던 호탕한 성격의 소유자이기도 했다. 진정으로 위대한 낙천주의자는 이처럼 호탕한 성격의 소유자이며, 두주불사형의 호인이기도 하다. 나도 그와 같은 사나이 대장부를 만나서 술잔을 나누고, "그대는 술의 왕/ 눈이 가느다란 뚱뚱보 바커스여 오라/ 그대의 술통 속에 세상 걱정 파묻고 머리에/ 포도의 관 쓰자꾸나/ 마셔라, 마셔, 세계가 돌 때까지 마셔라/ 마셔, 세계가 돌 때까지"라고, 노래를 부르며 춤을 추고 싶다. '술을 마시세요! 디오니소스의 신은 당신의 명예를 존중하고, 당신을 언제나 사랑하고 있습니다.'

내가 생각해볼 때, 현실주의자는 언제나 제 집을 짊어지고 다니는 달팽이와도 같다. 그는 언제나 쓸 돈도 쓰지 않고 막걸리와 소주만을 즐기고, 사사건건 이해타산과 사리사욕만을 좇아 다니느라고 머리칼이 하얗게 세어 버리거나 다 빠져버리게 된다. 그의 시야는 좁고 좁아서 그의 가정의 울타리 안에서만 머물고, 옹졸하고 쩨쩨하다 못해 돌다리를 두드려 보고서도 건너가지를 않는다. 그가 제일 좋아하는 것은 공짜이고, 그가 제일 싫어하는 것은 이타적인 사랑이다. 그는 언제나 달팽이처럼 제 집 속으로 움츠러 들어가기를 좋아하고, 자비로운 하나님께,

> 제발 지금 곧 주사위를 흔들어
> 나를 부자로 만들어 주세요
> 한몫 톡톡히 벌게 해주세요!
> 아주 심한 불경기예요
> 나도 돈만 있으면
> 철이 들겠지요(8: 107)

라고, 돈에 대한 찬가의 기도를 올리게 된다. 대머리가 공짜를 좋아한다는 말도 거짓말이 아니고, 대머리가 잘 산다는 말도 거짓말이 아니다. 그러나 이러한 수전노들을 디오니소스의 신전에서 조건 없이 추방해 버리지 않는다면, 이 세상은 더없이 혼탁해져서 그 술맛이 떨어지게 된다. 퇴폐주의자는 내일이 없는 자이며, 한 순간의 쾌락을 위해서 그의 모든 것을 바치는 자이다. 그에게는 어제도 없고, 내일도 없고, 더군다나 머나먼 미래 같은 것도 없다. 또한 그에게는 호탕함도 없고, 절제도 없고, 더군다나 중용의 미덕 같은 것도 없다. 오늘도 그는

> 이곳 어디를 둘러보라 차림새의 빈부 격차가 있는지 압구정동 현대아파트는 욕망의 평등 사회이다 패션의 사회주의 낙원이다
>
> 가는 곳마다 모델 탤런트 아닌 사람 없고 가는 곳마다 술과 고기가 넘쳐나니 무릉도원이 따로 없구나 미국서 똥구르마 끌다 온 놈들도 여기선 재미 많이 보는 재미 동포라 지화자, 봄날은 간다—

해서, 세속도시의 즐거움에 동참하고 싶은 자들 압구정동의 좁은 문으로 들어가길 힘쓰는구나

투입구의 좁은 문으로 몸을 막 우겨넣는구나 글쟁이들과 관능적으로 쫙 빠진 무용수들과의 심리적 거리는, 인사동과 압구정동과의 실제 거리에 비례한다

걸어가면 만날 수 있다 오, 욕망과 유혹의 삼투압이여

— 유하, 「바람부는 날이면 압구정동에 가야 한다 2」에서

이라는, 유하의 "욕망의 평등 사회"를 걸어가며, "술과 고기가 넘쳐나는" "무릉도원"의 세계를 살아간다. 그는 도덕과 법을 싫어하고, 고통도 싫어한다. 또한 그는 예의범절도 싫어하고, 관습의 굴레도 싫어한다. 가산을 탕진하는 자가 있어야 돈을 버는 자도 있고, 돈을 버는 자가 있어야 가산을 탕진하는 자도 있다. 순간의 쾌락을 좇아가는 자가 있어야 색에 미친 여자들이 구원을 받을 수도 있고, 구원을 받은 여자가 있어야 대오입장이의 말씀이 먹혀 들어가게 된다. 현대 자본주의 사회는 모든 욕망을 다 풀어놓고, 오늘도 그대들을 손짓해서 부른다. 그 "욕망과 유혹의 삼투압" 속에서, 클레오파트라와 자기 자신의 왕국을 바꾸어버린 앤토우니가 탄생하게 되고, "사정없이 터지는 폭력과 무질서한 외마디, 무질서한 광란의 몸짓들과 춤들, 무질서한 포옹들, 그리고 무질서한 감정들 등등을 주연은 부추킨다. 주연은 그렇게 인간으로 하여금 무분별을 조장했다. 그렇게 주연은 인간의 활동에 깃들어 있던 견고성과 더불어, 인간성을 지탱하던 아무 것도 남기지 않았다"라는 말에서처럼, 이 세계와 우리 인간들의 존재 자체가 파괴되는 현상이 생겨나게 된다(11: 124). 앤토우니는 줄리어스 시이저의 총애를 받던 인물이었고 부르터스—줄리어스 시이저를 암살한 부르터스—를 처치하고 옥타비오 시이저와 레피더스와 함께, 천하를 삼등분 한 인물이었다. 하지만 그가 이집트의 여왕인 클레오파트라에게 사로잡혀서 주색잡기로 일관을 하자, 그의 아내 풀비어는 그의 관심

을 돌리기 위하여 반역을 일으키기도 했지만, 주지육림에 빠진 그의 눈길을 돌릴 수는 없었다. 더욱이 그는 옥타비오 시이저에게 반발하여 폼피이가 반란을 일으키고, 옥타비오 시이저가 사신을 보내자 그 사신을 제대로 접견도 하지 않은 채, 쫓아버리기도 했던 것이다. 앤토우니는 백전불패의 상승장군이었지만, 주지육림에 빠진 그의 과실은 두 번 다시 돌이킬 수 없는 치명적인 과실이 되었다고 해도 과언이 아니다. 옥타비오 시이저에게 패배하여 그의 영지와 모든 것을 잃어버린 앤토우니는 끊임없이 환락만을 쫓아다니던 한 마리의 불나비와도 같았다. 에드거 앨런 포우가 사적인 과실에 의하여 몰락해 갔다면 앤토우니는 사회적 공인으로서 몰락해 갔다고 할 수가 있다. 퇴폐주의자들에게는 술을 마시면 모든 것이 가능하고, 가능하지 않은 것이 아무것도 없다. 현대 자본주의 사회는 퇴폐주의자들의 사회이며, 그 모든 것을 파괴하는 사회라고 하지 않을 수가 없다.

나는 퇴폐주의자들을 디오니소스의 신전에서 추방을 해버리고 황지우의 시를 떠올려 본다.

> 初經을 막 시작한 딸아이, 이젠 내가 껴안아 줄 수도 없고
> 생이 끔찍해졌다
> 딸의 일기를 이젠 훔쳐 볼 수도 없게 되었다
> 눈빛만 형형한 아프리카 기민들 사진;
> "사랑의 빵을 나눕시다"라는 포스터 밑에 전가족의 성금란을
> 표시해놓은 아이의 방을 나와 나는
> 바깥을 거닌다, 바깥;
> 누군가 늘 나를 보고 있다는 생각 때문에
> 사람들을 피해 다니는 버릇이 언제부터 생겼는지 모르겠다
> 옷걸이에서 떨어지는 옷처럼
> 그 자리에서 그만 허물어져 버리고 싶은 생;

뚱뚱한 가죽부대에 담긴 내가, 어색해서, 견딜 수 없다
글쎄, 슬픔처럼 상스러운 것이 또 있을까

그러므로, 어느날 나는 흐린 酒店에 혼자 앉아 있을 것이다
완전히 늙어서 편안해진 가죽부대를 걸치고
등뒤로 시끄러운 잡담을 담담하게 들어주면서
먼 눈으로 술잔의 水位만을 아깝게 바라볼 것이다

문제는 그런 아름다운 廢人을 내 자신이
견딜 수 있는가, 이리라
—황지우, 「어느 날 나는 흐린 酒店에 앉아 있을 거다」 전문

황지우의 「어느 날 나는 흐린 酒店에 앉아 있을 거다」라는 시는 "옷걸이에서 떨어지는 옷처럼/ 그 자리에서 그만 허물어져 버리고 싶은 생/ 뚱뚱한 가죽부대에 담긴 내가, 어색해서, 견딜 수 없다/ 글쎄, 슬픔처럼 상스러운 것이 또 있을까"라는 시구에서처럼, 실존의 덫에 갇혀버린 자의 고뇌가 극단적으로 드러나고 있다고 해도 틀림이 없다. 그의 고뇌는 무서운 재앙이 휩쓸고 지나간 폐허 속의 고뇌이며, 분노마저도 솟아나오지 않고 있는 고뇌이다. 분노는 삶의 의지에 대한 정서적인 반응이며, 우리가 분노하는 동안은 새로운 삶에 대한 의지가 약속되어 있을 수도 있는 것이다. 황지우의 실존적 고뇌는 자포자기와 체념에 맞닿아 있고, "아름다운 폐인"을 견딜 수가 없다는 절망감에 맞닿아 있다. 따라서 "初經을 막 시작한 딸아이"의 자람도 대견하지 않고, 전 인류애적인 사랑의 나눔의 운동도 별다른 공감을 불러 일으키지 못한다. 그는 모든 사람들의 바깥에 서서 대인공포증에 부들부들 떨기도 하고, 끊임없이 자기 자신의 생이 끔찍하다고만 되풀이 중얼거린다. 그의 흐린 주점에서의 술 한 잔은 익명인으로서의 술이며,

미리부터 늙어버린 자의 초라한 술 한 잔일 수밖에 없다. "완전히 늙어서 편안해진 가죽부대를 걸치고"는 이미 끔찍한 생을 다 살아버렸다는 자의 편안함을 뜻하고, "등뒤로 시끄러운 잡담을 담담하게 들어주면서/ 먼 눈으로 술잔의 水位만을 아깝게 바라볼 것이다"라는 시구는 대동소이한 운명의 인생들의 허무함을 뜻한다. 외롭고, 쓸쓸하고, 우울하게, 이 세계와 사물의 이치와 자기 자신의 실존적 고뇌를 반추하고 있는 자의 술, 무서운 재앙이 휩쓸고 지나가 버린 듯한 폐허 속에서 자포자기와 체념 속에 갇혀 있는 자의 술, 미리부터 늙어버린 자의 비극적 예감에 용해되어 있는 술, 그러나 한 걸음 더 빨리 '아름다운 폐인'을 더 이상 도저히 견딜 수 없을 것이다라는 염세주의자의 술—, 이것이 황지우가 마시고 있는 술의 의미인 것이다. 이처럼 세계에 대한 도전의 의지가 퇴화되면 삶에의 의지가 움츠러들게 마련이고, 삶에의 의지가 움츠러들면 자기보존본능마저도 제 기능을 다 하지 못하게 된다. 나는 황지우 시인에게 내가 『짜라투스트라는 이렇게 말했다』의 한 구절을 전복시키면서 만들어 본 '염세주의자의 노래'를 들려주고 싶다.

모든 것이 가고 모든 것이 되돌아 오지 않는다. 존재의 수레바퀴는 영원히 멈추어 선 지가 오래되었다.

모든 것이 죽어가고 어느 것 하나 새로 꽃피어 나지 않는다. 존재의 해는 死海의 심연 속으로 사라져 가 버린다.

모든 것이 부서지고 모든 것이 산산이 흩어져 버린다. 존재의 집은 흔적조차도 찾아보기가 어렵게 되어 있다.

모든 것이 헤어지고 어느 누구 한 사람 돌아오지 않는다. 존재의 環은 영원히 멈춰 서 있다.

모든 주변을 중심으로 또다른 주변이 흩어져 간다.

중심은 없다. 우연의 오솔길은 모든 필연의 길을 지워버리면서 저승사자의 문지방을 넘어가고 있다.

황지우, 혹은 우리 한국인들의 술잔에는 서늘한 저승사자의 미소가 자리잡고 있다.

황지우의 술은 염세주의자로서의 술이며, 그러나 그 염세주의를 통해서 '아름다운 폐인'이 되어가고 있는 자기 자신과 그 이웃들을 위로하고 있는 술이라고 하지 않을 수가 없다. 이 세상은 아무런 의미도 없다고 말하면서 술을 마시고, '그렇습니다'라고 동조하면서 술을 마신다. 아름다운 폐인을 견딜 수가 없다고 말하면서 술을 마시고, '네, 그렇습니다'라고 어깨동무를 하면서 술을 마신다. 이것이 염세주의자가 다만, 염세주의자로서 생존할 수 있는 유일한 근거가 되고 있는 것이며, 다른 한편으로는 돈과 명예와 부를 얻고 디룩디룩 살이 쪄 갈 수가 있는 이유가 된다. "염세주의자에게는 염세주의가 일용할 양식이며, 쾌락이고, 그의 삶에의 의지이며, 기쁨이라고 해도 과언이 아니다. 그들의 건강은 염세주의적인 쾌락 속에 지나치게 뚱뚱한 비만형이며, 다른 한편으로는 낙천적으로 살아가고 있으면서도 낙천주의를 이해하지 못하고 있는 전도된 불구자라고 할 수가 있다. 그들은 회의하고 비판하는 것이 지식인의 제일 과제라는 것만을 알고 있지, 그것이 우리 인간들의 삶을 긍정하기 위한 것이라는 대전제는 알지도 못한다. 또한 그들은 지식인이 하나의 진리를 위해 봉사하는 것보다는 반대하는 것이 더 바람직한 임무라는 것만을 알고 있지, 새로운 진리를 창출해 내기 위하여, 우리 인간들이 얼마나 많은 노력을 해왔는가를 알지도 못한다"(12). 대한민국의 제일급의 시인이자 제일급의 대학교수인 황지우가 염세주의자라니—, 오, 하나님, 왜 우리 한국 사회에서는 염세주의만이 제일 좋은 상품이 되고 있는 것일까요? 이 세상을 더욱더 넓고 아름답고 풍요롭게 바라보지도 못하고, 고통에 고통을 가중시켜 나가면서도 이 세상은 그래도 살아볼 만한 곳이라고 말하지 못하고 있는 어중이 떠중이들, 나는 황지우가 더 이상 염세주의를 팔아서 장

사를 하지 못하게끔, 그에게 헌정하는 '염세주의자의 노래'를 지어 보았다. 나는 황지우에게 낙천주의자의 酒法을 가르쳐 주고 싶은 것이고, 그래도 그것을 받아들일 수가 없다면, 하루바삐 염세주의를 실천하는 순교자(자살자)가 되라고 권하고 싶다. 황지우의 글쓰기의 재주는 우리 인간들의 생명부정에의 의지에 봉사를 하고 있고, 우리 한국인들을 염세주의자로 이끌고 있는 암적인 종양으로 작용을 하고 있다고 해도 과언이 아니다.

내가 우리 한국인들의 정신을 옹호하고, 내가 그토록 비난했던 반대 방향에서 서울대학교가 세계 제일의 명문대학교가 되어 수많은 석학들이 한국으로 몰려 온다면 얼마나 좋을까? 세계적인 지휘자 정명훈, 베토벤, 바하, 니체, 프로이트, 괴테, 셰익스피어가 매일 매일 찾아오고, '정신의 제국 한국', '문화의 제국 한국'을 옹호할 수가 있다면 얼마나 좋을까? 천지개벽을 하고 우리 한국인들이 수없이 환골탈태를 한다고 하더라도 그런 일은 없겠지만, 나는 백만 분의 일의 가능성을 포기할 수가 없다. 서울대학교에는 세계적인 석학들이 한국의 학문을 배우려고 몰려오고, 가는 곳곳마다 대문호와 대사상가들의 유적들과 기념비가 즐비하게 늘어 서 있어서, 구태여 관광산업을 소리 높여 외칠 필요가 없는 날이 언젠가는 현실로 다가올는지도 모른다. 거기에는 쓰레기가 하나도 없고, 강물은 맑고 깨끗하고, 푸르고 푸른 산림은 울창하여 지구촌의 허파노릇을 할 날이 올는지도 모르고, 부정부패를 모르는 우리 한국인들이 모든 인류의 모델이 되어서 이 세계를 이끌어 갈 날이 올는지도 모른다.

나는 점점 더 술에 취해 가고 있고, 현실의 감각이 마비되어 가고 있다. 교통신호등 지키기 운동, 학자들과 학생들의 공부하기 운동, 부정부패 추방 운동을 주장하는 사람이, 사상이 불순한 급진주의자가 되고 있는 이 대한민국에서, 왜 나만이 만인의 의견에 반대하는 싸움을 벌여야 된단 말인가! 전 주한미군 사령관이 들쥐와도 같은 민족이라고 해도 부끄러운 줄을 몰랐던 우리 한국인들, 재미 교포 실업가가 항공기 납치범과는 협상을 할 수가 있어도 정년이 보장된 한국의 학자들과는 어떤 협상도 할 수가 없다는 말을 해도 아무런 반응도 없는 우리 한국인들, 기초생활질서를 하나도 지키지 않는 한국과 일본과의 문화적 격차는 100년 이상이라고, 주한 일본인 실업가가 외쳐도 묵묵부답인 우리 한국인들, 우리 한국인들이여, 입이 있다면 말을 해보고, 양심이 있다면 그 내장을 까 뒤집어 보기를 바란다.

낙천주의자의 술은 '자연의 술'이며, 그 술잔 속에서는 모든 것이 혼연일체가 되어 아름답게 조화를 이룬다. 낙천주의자는 우리 인간들의 원형인 황금의 종족의 후예들이라고 하지 않을 수가 없다. 현실주의자의 술은 '부자연의 술'이며, 그 술잔 속에서는 사소하고 치사하고 더러운 싸움만이 있게 된다. 모두가 한 마리의 달팽이처럼 왜소한 난쟁이들이며, 그들은 눈앞의 이익만을 선호하게 된다. 염세주의자의 술은 '자연에 반하는 술'이며, 그들의 술잔 속에는 생명 부정에의 의지가 자라나고 있다. 퇴폐주의자는 미래가 없는 흡혈귀들이며—퇴폐주의자의 술도 '자연에 반하는 술'이다—, 염세주의자는 우리 인간들의 삶을 증오하면서 디룩디룩 살이 쪄 가는 괴물들이라고 하지 않을 수가 없다. 오늘도 앤토우니의 왕국이 무너져 가고 있고, 에드거 앨런 포우가 시뻘건 피를 흘리면서 그 폐허 속에서 울부짖고 있다. 그들은 모두가 자기 자신의 건강을 해치고, 그의 이웃과 그가 속한 사회 전체에 치명적인 위해를 가하는 자들에 불과하다.

우리 낙천주의자들도 한 잔의 술을, 그 생명의 피를 사랑하고 좋아한다. 하지만 나는 우리 한국인들에게 낙천주의자의 酒法을 가르쳐 주면서 다음과 같은 나의 노래도 들려주고 싶다.

> 우리 사랑하는 술꾼들이여, 어느 것보다도 술을 조심하라!
> 활활 타오르는 불의 환상에 취해서

불나비가 그의 일생을 마치듯이,

술이 술을 부르고, 또 그대의 일생을 부른다.

두 발 달린 술주머니들이여!

어서 빨리 그 술주머니를 쏟아버리고

아름다운 이 세상을,

우리 인간들의 삶을 살아가야 하지 않겠는가!

—「어느날 나의 메모」에서

| 참고 문헌 |

1, 에드거 앨런 포우, 『세계문학대전집 25』, 동화출판사, 1973

2, 에디스 헤밀턴, 『그리스 로마신화』, 을지출판사, 1985

3, 가스통 바슐라르, 『촛불의 미학』, 문예출판사, 1987

4, 아이스퀼로스, 『희랍비극 1』, 현암사, 1989

5, 김수영, 『김수영 전집—산문편』, 민음사, 1981

6, 서머셋 모음, 『달과 6펜스』, 문예출판사, 1985

7, 셰익스피어, 『셰익스피어 전집 7』, 휘문출판사, 1971

8, 괴테, 『파우스트』, 범우사, 1984

9, 가스통 바슐라르, 『로트레아몽』, 청하, 1985

10, 반경환, 『한국문학비평의 혁명』, 국학자료원, 1997

11, 죠르쥬 바따이유, 『에로티즘』 민음사, 1989

12, 반경환, 「염세주의의 토양을 넘어서서」, 『시와사상』, 1996, 봄호

제5장 연애에 대하여

나는 이 『행복의 깊이』 제3권을 준비해 오면서 때때로 나의 사적 체험을 진실하게 고백하고, 그것을 토대로 하여 나와 당신이, 아니, 우리들 모두가 우리들의 인생을 향유할 수 있는 방법을 모색해 보리라고 다짐을 하고, 또 다짐을 해두었다. 어느 분야에 종사하든지, 그 주체자가 자기 자신에게 정직하고 성실할 때, 좋은 결과를 기대할 수가 있듯이, 타인의 마음을 사로잡고 감동을 시킨다는 것이 저절로 우연히 이루어지는 것은 아니다. 1993년, 불세출의 대형비평가 김현을 정면으로 공격한 이후, 때때로 나의 격한 마음과 흥분을 가라 앉히지 못할 때도 있었지만, 나의 모든 문학비평 행위에는 그 비평이 이루어지기까지 무서운 정직성과 성실성이 담보되어 있었다고 나는 자부한다. '김현 대 반경환'의 싸움은 '한국문학의 이론'을 정립하기 위한 싸움이고, '염세주의 대 낙천주의의 싸움'이다. 적어도 나는 한국문학의 이론을 정립하고 독창적인 사상을 정립하기 위해서 한국문학 전체와의 싸움을 벌였던 것이지, 김현이라는 개인을 공격하기 위해서 싸움을 걸었던 것은 아니다. 나는 '비평을 위한 비평'이나 '부정을 위한 부정'을 무엇보다도 싫어하고, 언제나 내 나름대로 하나의 대안을 제시하고자 최선의 노력을 다 기울여 왔다. 선천적으로 대범하고 호탕한 성격의 소유자인 내가 정도를 벗어난 서툰 짓을 결코 의도적으로 저지를 리는 없다. 제1장 「독서에 대하여」, 제2장, 「산책에 대하여」, 제3장, 「일에 대하여」, 제4장, 「술에 대하여」에서는 어느 정도 나의 사적 체험을 밝혔다고 생각하지만, 막상 「연애에 대하여」를 쓰려고 하니, 그것이 여간 두려운 것이 아니다. 나는 내가 대대로 장원급제를 한 양반 가문의 출신임에도 불구하고, 그것을 거의 알지 못하고 자라왔다. 나의 과거는 아메리카의 검둥이들처럼, 다만 어둡고 캄캄한 암흑일 뿐이었다. 나는 죽어도 나의 가난했던 어린 시절이나 불우했던 환경을 사실 그대로 고백할 수 있는용기가 없다. 첫사랑도, 그 이후의 몇 번의 연애 사건도 치욕적인 굴욕과 패배의 연속일 뿐이었다. 가난한 집안, 미래의 비전이 없는 직장생활, 학력 등이 언제나 넘을 수 없는 장벽으로 작용을 했고, 그밖에도 여러 가지 작고 사소한 문제점들이 작용을 했다. 이 글을 쓰려고 몇 번의 연애 체험을 떠올리고 그것을 메모해 보려고 무던히도 애를 썼지만, 그때마다 아무 것도 떠오르지가 않았다. 아니, 아무 것도 떠오르지 않은 것이 아니라, 가능하면 어렵고 힘이 들었던 지난 시절에 대한 심리적인 방어기제가 작용을 했다고 해도 틀림이 없다. 아직도 나의 연애 체험은 도저히 치유할 수 없는 상처투성이이고, 영원히 비밀로 간직하고 숨겨두고 싶기만 한 과거일 뿐이었다. 나는 이처럼 쓰라리고 아팠던 연애 체험을 접어두고, 이 글의 주제에 따라서 아리스토파네스의 「류시스트라테」를 떠올려 본다.

아리스토파네스의 「류시스트라테」는 성적 스트라이크를 통해서 전쟁만을 일삼던 모든 남성들을 굴복시키고, 마침내 평화를 이룩해 낸다는 주제로 되어 있는데, 그것을 읽는 사람들로 하여금 배를 잡고 웃지 않을 수가 없게 만들고 있다. 아리스토파네스의 기상천외한 발상과 웃음 속에는 수없이 크고 작은 전쟁—스파르타와의 10년간의 전쟁과 시켈리아 원정에서의 비참한 패배—등, 당시 그리스 사회의 시대상이 반영되어 있고, 사랑하는 아들과 남편을 전쟁터에 내보내고, 아름다운 청춘을 독수공방에서 홀로 지내야만 하는 연인들의 삶의 애환과 고통이 배어 있다. 어느 날, 여자 대장부 류시스트라테는 모든 여인들—코린토스의 여인들과 펠로폰네소스의 여인들과 아테네의 여인들—을 규합하여 성적 스트라이크를 일으키고 아크로폴리스의 山城을 점령해 버린다. 이때에 아크로폴리스의 산성은 이중적인 의미를 갖고 있는데, 첫 번째는 그리스 국가의 금고를 압류하는 것이며, 두 번째는 여성들의 性의 문을 걸어 잠근 것이라고 할 수가 있다. 그리스 국가의 금고에는 모든 전쟁과 재앙의 원인인 전쟁 비용이 들어 있고, 여성들의 성에는 모든 남성들의 성적 욕망이 들어 있다. 여성들의 성적 스트라이크 역시도 이중적인 의미를 갖고 있는데, 첫 번째는 가부장적인 남근중심주의에 신음하던 여성들을 해방하는 것이며, 두 번째는 그 성적 스트라이크를 통해서 동족상잔의 비극을 종식시키고 그리스를 구원하는 것이라고 할 수가 있다. 성적 스트라이크의 구체적인 방법은 모든 여성들이 사프란 의상으로 더욱더 요염하고 화려하게 치장을 하고, 결코 육체적인 접촉만은 회피함으로써 모든 남성들로 하여금 '평화조약'에 서명하지 않을 수 없게 만드는 일이었다. 따라서 「류시스트라테」는 모든 전쟁을 종식시키고 평화를 이끌어 내어 그리스를 구원한다는라는 주제보다도 남성과 여성들의 성을 둘러싼 전쟁의 양상을 띠게 된다. 성을 둘러싼 전쟁이 '여성해방'이라는 또 하나의 주제로 부각되면서, 이제는 어느 쪽이 성적 욕망을 더 효과적으로 자제를 하고 인내를 할 수 있는가라는 문제로 귀착하게 된다. 이 핑계, 저 핑계를 둘러대고 사랑하는 남편과 아이들이 있는 가정으로 돌아가려는 여인들을 류시스트라테가 간신히 진정시켜 놓게 되자, 더 이상의 성적 욕망을 참지 못한 무수한 남성들—官吏들, 使者들, 남편들—이 나타나고, 마침내 그 싸움은 류시스트라테가 이끄는 여성들의 일방적인 승리로 귀결된다. 나는 한 사람의 지식인으로서 이처럼 기상천외하고 코믹한 작품은 더 이상 찾아볼 수가 없었으며, 한 사람의 남성으로서 성적 수치심이나 부끄러움도 잊은 채, 배를 잡고 웃지 않을 수가 없었다. 우리 남성들은 여성들의 성적 스트라이크 앞에서 너무나도 무력한 존재들이며,

관리 당신은 사람이요, 아니면 男根의 신이오?

사자 (태연하려고 애쓰며) 실없는 소리! 나는 使者요. 스파르타에서 강화의 건으로 왔소!

관리 (손으로 가리키며) 그래서 옷 밑에다 저렇게 창을 숨기고 왔단 말이오?

사자 (난처해 하며) 아니, 그런게 아니라…

관리 그럼 왜 그렇게 외면을 하면서 망토를 쳐들고 섰는거요? 노독 때문에 사타구니에 종기라도 났소? (1: 246)*

키네시아스 (자기 몸을 가리키며) 이건 벌써 서 있어.

뮤리네 향유를 발라 드릴까요?

키네시아스 아니, 아니야. 제발!

뮤리네 당신이 싫든 좋든 단연 발라 드려야지.

키네시아스 맙소사. 빨리 서둘러서 일을 치를 것이지(1: 245).

관리 류시스트라테는 어디 있어. 누가 아나? 제 아무리 류시스트라테라도 우리 모양을 보면 동정을 하고 말 걸.

남자 코오로스 長 (가리키며) 저봐! 저 양반도 이젠 같은 신세야. (관리에게) 저어, 새벽녘이면 심한 긴장감이 옵니까?

관리 그야 뭐, 사람 죽을 지경이야! 당장에 평화를 성립시키지 못한다면 클레이스테네스를 대용품으로 하는 수밖에 없어(1: 248).

---

* (1: 246)은 1의 책 246면을 말한다.

라는, 예문들에서처럼, 성기만 달린 괴물들로 변모를 하게 된다. 관리도 성기만 달린 괴물이고, 사자도 성기만 달린 괴물이다. 키네시아스도 성기만 달리 괴물이고, 공동사절단의 일원들도 성기만 달린 괴물이다. 「류시스트라테」는 희극의 구성 원리상, 다소 코믹하고 음탕하게 처리된 감도 없지 않지만, 바로 거기에는 그 무엇보다도 중요하고 본질적인 우리 인간들의 성적 욕망이 사실 그대로 적나라하게 풍자되고 있는 것이다. 우리 남자들이 총과 칼과 그 모든 것을 다 움켜쥐고 있는 마당에 여성들의 성적 스트라이크는 하나의 해프닝에 불과하고, 모든 남성들이 이글이글 끓어오르는 성적 욕망을 참지 못해 여성들의 성적 스트라이크 앞에 굴복하게 된다라는 것도 하나의 해프닝에 지나지 않는다. 이러한 해프닝들은 하나의 우화로서 희극의 세계에서나 가능하지, 현실의 세계에서는 결코 가능하지가 않다. 하지만 「류시스트라테」에는 진정으로 모든 전쟁을 종식시키고 평화를 희원하는 아리스토파네스의 인문주의가 짙게 배어 있다고 하지 않을 수가 없다. 도시 국가의 특성상, 동족상잔의 전쟁이 일상사였던 그리스 사회에 대한 통찰도 탁월하고, 사랑하는 남편과 아들을 전쟁터에 빼앗기고 독수공방을 지켜야만 했던 여인들의 삶의 애환과 고통에 대한 통찰도 탁월하다. 또한 거짓말과 핑계를 둘러대고 성적 욕망을 해소하려는 여인들의 심리 묘사도 탁월하고, 성적 욕망을 참지 못해서 남근만을 지닌 괴물들로 변모를 하게 된 남성들에 대한 묘사도 탁월하다. 이밖에도 현란한 말놀이와 기상천외한 구상, 기지, 위트, 아이러니가 「류시스트라테」를 살아 움직이게 하고, 아리스토파네스를 그리스 최고의 희극 작가, 아니, 세계적인 대작가로 만든 것인지도 모른다.

그러나 내가 「류시스트라테」를 주목하게 된 것은 아리스토파네스의 인문주의 때문도 아니고, 그리스 희극의 진수를 설명하기 위해서도 아니다. 언제, 어느 때나 전쟁만을 일삼았던 우리 남성들의 야수와도 같은 잔인성 때문도 아니고, 오늘날 매우 중요한 양상을 띠고 있는 여성

해방운동 때문도 아니다. 「류시스트라테」는 우리 인간들의 욕망은 본질적으로 성적 욕망이다라는 것을 압도적으로 인식시켜주고 있다. 프로이트의 '성적 욕망'은 이미 수천 년 전에, 대부분이 인식하고 있었던 욕망이며, 그것이 지니는 도덕과 윤리적인 위험성 때문에 전면적으로 억압되어 왔던 욕망일 수밖에 없다. 우리 인간들의 연애의 기원에는 성적 욕망이 자리를 잡고 있고, 성적 욕망에는 우리 인간들의 종족에의 의지가 자리를 잡고 있다. 이것이 내가 아리스토파네스의 「류시스트라테」를 주목하게 된 이유이며, 그것을 통해서 연애의 기원과, 범주와, 그리고 연애의 유형들을 밝히고, 설명해 보고 싶었던 것이다. 그렇다면 성이란 무엇이고, 우리 인간들의 성적 욕망이란 무엇인가? 이 문제를 해명하지 않으면 「연애에 대하여」라는 이 글 역시도 쓸데없는 헛수고에 지나지 않게 될는지도 모른다.

어디 보쌈이라도 당하고 싶네
하늘아
분홍 꽃잎아
무지개야

어쩔 수 없는 내 맘
몽땅 싸 가지고 어디론가 데려가 주렴
그곳이 눈뜨면
연밥 속일지라도
— 이인원, 「蓮」 전문

병원 뜨락
거미줄 같은 머리를 빗고 창밖을 본다.

꿀벌 한 마리가 라일락꽃에 앉았다
저놈, 남의 집에서 무얼 하나……
꽃이 섹스를 한다.
벌의 도시증盜視症까지 꽃은
즐기는 모양이다.

하루종일 벌처럼 잉잉거리다 저녁이면 나는 병원에 온다
사람들은 일과처럼 줄을 서고 그들의 치부를 보이고 약을 받고 때로는 주사라는 창에 찔리기도 한다.
저항없이 사살당한 장난감 병정들의 재활원.

꽃잎은 연보랏빛 살을 한껏 열고
마냥 재미 있다 꽃들의 절정! 환희! 내가 보는데도 조금도 부끄러워 하지 않는다.
나 역시도 부끄러워하지 않는다 간호사 앞에 엉덩이를 까 밀어도.

생선처럼 팔딱팔딱 뛰는 기계음만이
이곳에서의 내 생존 신호
구멍난 창자의 경고음을 들으며 난
꿀을 품고 있을 벌들의 그 앙증스러운 창자를 생각한다.

꽃들이 사랑을 한다 재미 있다.
저렇게 재미 있는 섹스를 나는 본 적이 없다.
— 유성식, 「수인囚人」 전문

쇼펜하우어의 말을 빌리지 않더라도 생리적, 혹은 생물학적 입장에서 바라보면 '일부다처제'가 옳고, '일부일처제'는 그만큼 인위적이고 야만적인 제도라는 것이 드러나게 된다. 아프리카의 얼룩말이나 사슴을 생각해 보더라도 그렇고, 또한 늑대나 양의 무리들을 생각해 보더라도 그렇다. 무리를 짓는 동물들, 혹은 아리스토텔레스의 말대로 모든 사회적 동물들 중에서 언제나 성교할 권리를 갖는 자는 가장 용기가 있고 힘이 센 자라고 할 수가 있다. 여성은 가장 남성다운 남자를 좋아하고, 남성은 가장 여성다운 여자를 좋아한다. 따라서 가장 힘이 센 자에게 성교할 권리가 주어지는 것은 언제나 종의 보존과 종의 건강을 위해서 암묵적으로 종족에의 의지가 동의하고 합의한 결과라고 하지 않을 수가 없다. 이 세상에는 대호색한이나 오입쟁이는 있을 수가 없으며, 오직 종족에의 의지가 강한 사람만이 있다. 남성은 기회가 주어지면 1년에 100명 이상을 임신시킬 수도 있지만, 여성은 쌍둥이는 예외로 치고 1년에 한 명만을 출산할 수가 있다. 남성의 성욕은 그가 육체적으로 늙거나 쇠약해 지지만 않는다면 무한하지만, 여성은 아이를 배고 출산하면 성욕이 감퇴하고 한 남자만의 사랑으로도 만족할 수가 있다(2). 산아제한이 없었던 옛날에는 10여 명의 아이를 낳고 그들을 양육하는 데 20년 내지 30년이 걸렸다고 한다. 모든 남성의 성욕은 그 대상에 한계가 없고 무한하지만, 모든 여성의 성욕은 그 대상에 한계가 있고 유한하다.

모든 남성은 종이 소멸될 경우를 대비해서 더 많은 씨를 뿌리려고 하지만, 모든 여성은 출산 능력의 한계로 인하여 수많은 남성들을 다 받아들일 수가 없다. 남자들이 아름답고 풍만한 유방에 관심을 쏟고 있는 것은 그 여성이 장차 2세에게 영양 공급을 제대로 해줄 것인가, 아닌가를 보는 것이며, 또한 여성의 남산만한 엉덩이에 관심을 쏟고 있는 것도 그 여성이 장차 아이를 잘 낳을 것인가, 아닌가를 보는 것에 지나지 않는다. 모든 남성은 더 많은 여성들과 관계를 가지려고 하고, 모든 여성은 한 남성하고만 관계를 가지려고 한다. 이것이 생물학적 욕구에 따른 종족에의 의지이며, 여성의 간통이 남성의 간통보다 더 큰 죄가 되고 있는 까닭이라고 할 수가 있는 것이다. 역사 철학적으로는 소크라테스가 보다 건강하고 튼튼한 2세를 생산해 내기 위해서 뛰어난 전사들에게만 성교할 권리를 부여하자고 주장한 바가 있는데, 왜냐하면 종의 보존과 종의 건강이 우리 인간들에게는 지상 최대의 과제였기 때문이다. 모계 중심 사회가 없었던 것은 아니지만, 대부분의 사회는 부계 중심 사회였다고 해도 틀림이 없다.

나는 일부다처제를 옹호하고 일부일처제를 비판하기 위해서 이 글을 쓰고 있는 것은 아니다. 그것보다는 남성의 원리와 여성의 원리를 비교해 보고, 우리 인간들의 성의 문제를 해명하고자 이 글을 쓰고 있는 것이다. 프로이트가 '유아 성욕'을 역설하고 그것으로 인하여 아주 혹독한 곤욕을 치른 바가 있지만, 성이란 그 주체자의 핵이며, 자기 자신의 존재를 결정지어주는 아주 중요한 본질이라고 하지 않을 수가 없다. 남자로 태어나느냐, 아니면 여자로 태어나느냐에 따라서 자기 자신의 존재의 정체성이 주어지고, 그가 살아가야 할 삶의 태도가 결정되게 된다. 종족에의 의지는 남자에게는 남자답게 살아갈 것을 요구하고, 여자에게는 여자답게 살아갈 것을 요구한다. 종족에의 의지는 개인을 희생시켜 종을 보존해 나갈 수 있는 의지를 말하고, 유한한 존재자인 우리 인간들이 영원불멸의 삶을 살아갈 수 있는 의지를 말한다. 개체는 유한하지만 종은 영원하다. 하나님은 특정한 개인이나 특정한 사물에는 관심이 없지만, 우리 인간들과 모든 종들이 적정한 수준에서 유지되느냐, 아니냐에만 관심이 있다고 한다. 이 말은 우리 인간들의 성교가 특정한 개인들의 사적인 욕망을 띠고 나타날지라도 그것은 어디까지나 종족의 명령을 충실하게 수행하는 것에 지나지 않는다는 말에 불과하다. 보다 더 건강하고 튼튼한 인간, 보다 더 완전하고 절대적인 인간, 이것이 우리 인간들의 최우선 과제이며, 종족의 명령이기도 한 것이다. 남성의 원리와 여성의 원리에서, 이미 선명하게 밝혀진 바가 있지만, 우리 인간들은 종족의 명령을 충실하게 이행하고 실천하는 방향에서, 자기 자신의 종족에의 의지를 관철시켜 나가고 있을 뿐인 것이다. 따라서 성숙한 두 남녀는 모든 이성과 호기심을 집중시켜 자기 자신의 성적 욕망을 만족시키고자 최선의 노력을 다 기울이게 된다. 여자는 남성의 건강과 용기와 남성다움에 언제나 주의를 집중시키고 있고, 남자는 여성의 건강과 미모와 여성다움에 언제나 주의를 집중시키고 있다. 남자는 언제나 남성답게 보이려고 최선의 노력을 다 기울이고 있고, 여자는 언제나 여성답게 보이려고 최선의 노력을 다 기울이고 있다. 오늘도 성숙한 두 남녀는 이성을 유혹할 수 있는 몸짓과 그 방법들을 터득하기에 여념이 없고, 그 결과, 파리스가 나오면 모든 여성들이 탄성을 지르게 되고, 헬렌이 나오면 모든 남성들이 탄성을 지르게 된다. 파리스는 남자의 이상형이고, 헬렌은 여자의 이상형이다.

이인원의 「연」은 어떠한 꾸밈이나 가식이 필요없는 자연스러운 성의 흐름을 말하고, 다른 한편, 생존의 절정에 있는 아름다운 꽃 자체를 말한다. "어디 보쌈이라도 당하고 싶네"의 간절한 소망의 말은 이성을 그리워하는 마음을 말하고, "하늘아/ 분홍 꽃잎아/ 무지개야"라는 청원형의 호격은 그 이성의 품에 안기고 싶다는 소망을 말한다. 꽃은 미녀가 되고, 그녀가 사랑하는 남자는 야수가 된다. 그리스 신화 속의 미녀가 야수를 사랑했듯이, 아름다운 여인은 건강하고 사내답고 씩씩한 남자를 못견디게 그리워한다. 보쌈은 처녀나 과부를 업어가던 옛 풍습을 지칭하면서, 누군가가 "몽땅 싸 가지고 어디론가 데려가" 달라는 여인의 성적 욕망에 맞닿아 있다. 연꽃은 아름답고 또 아름다운 꽃이지만, 보쌈은 어둡고 음산하고 불길하다. 아름다운 연꽃으로 지칭되는 여인과 보쌈의 주체자와의 결합은 그것이 사회 윤리적인 금기를 깨뜨리고 있다는 점에서는 어둡고 음산하고 불길하지만, 우리 인간들의 성적 욕망은 그 대상에 대한 차별도 없고 어떠한 방법으로도 완벽하게 억압할 수가 없다는 점에서는 더욱더 건강하고 아름다운 일일 수도 있다. 그것은 더러운 욕망도 아니고, 불결한 욕망도 아니다. 그것은 종족에의 의지가 개인의 욕망의 탈을 쓰고 나타난 것이지, 한 여인의 더러운 성적 욕망 때문이 아닌 것이다.

이인원이 여성의 입장에서, 사회 윤리적인 금기를 깨뜨리고 한 여인의 성적 욕망을 사실 그대로 솔직하게 노래하고 있다면, 유성식은 건강을 상실한 환자의 입장에서, 이 세상의 삶의 절정인 '에로스의 향연'을 연출해 나가고 있는 것처럼도 보인다. 그는 병원 뜨락에서 '라일락꽃'을 발견하고 그것을 예의 주시한다. 꽃은 아름다운 라일락꽃이고 꿀벌 한 마리가 날아와 앉는다. 그는 그것이 꿀을 채밀하는 일이라는 것도 잊고, "저 놈, 남의 집에서 무얼하나…"라고, 이제는 그의 시선을 집중시키게 된다. 거기에는 다 까닭이 있고, 그럴만한 이유가 있다. 우리는 벌과 나비들이 꽃을 찾아서 꿀을 채밀한다는 것은 쉽게 생각할 수가 있지만, 그 채밀 행위가 '꽃의 섹스' 행위라는 사실은 쉽게 생각해 내지 못한다. 따라서 그는 "하루종일 벌처럼 잉잉거리다 저녁이면 나는 병원에 온다/ 사람들은 일과처럼 줄을 서고 그들의 치부를 보이고 약을 받고 때로는 주사라는 창에 찔리기도 한다"라는 시구에서처럼, 자기 자신이 환자의 신분임을 망각하고 꽃들의 섹스 행위를 훔쳐보며, 어느덧 탄성을 지르게 된다. "꽃은 연보랏빛 살을 한껏 열고/ 마냥 재미 있다 꽃들의 절정! 환희!"라는 시구가 그것이고, "꽃들이 사랑을 한다 재미 있다/ 저렇게 재미 있는 섹스를 나는 본 적이 없다"라는 시구가 그것이다. 성교는 삶의 절정이며, 환희 그 자체이다. 꽃은 식물의 생존의 노력의 결정체이고, 청춘은 인간의 생존의 노력의 결정체이다. 꽃이 핀다는 것은 자기 자신의 존재의 문을 활짝 열고 아름다운 자태와 향기를 통해서 수많은 벌과 나비들을 불러 모은다는 것을 뜻하고, 그 꽃을 찾아간다는 것은 자기 자신의 존재의 문을 활짝 열고 그 부름에 응답한다는 것을 뜻한다. 모든 성교는 반드시 달콤하고 짜릿하고 황홀해야 될 필요가 여기에 있다. 이것은 종족의 명령이기도 한 것이다. 만일, 우리 인간들의 성교가 무의미한 고통과 권태뿐이라면, 이 세상의 모든 인간들의 삶과 역사는 가능하지가 않다. 왜냐하면 모든 인간들이 성교를 기피하게 되고, 더 이상의 새로운 존재(자손)의 싹은 움터 나오지 않을 것이기 때문이다. 이인원이 '나는 연꽃처럼 아름다운 꽃이다. 야수같은 사내들이여, 어서 빨리 나를 데려가 다오!'라고, 노래를 부르고 있다면, 유성식은 '어서 빨리 아픈 몸을 치료하고, 나도 건강하고 자연스러운 섹스를 즐기고 싶다'라고, 노래를 부르고 있는 것이다. 그들의 성적 욕망이 충족되거나 충족되지 않고 있거나 간에, 그들의 성적 욕망이 있다는 것만으로도 우리 인간들의 역사의 발걸음은 그 움직임을 멈추지 않게 된다.

이미, 앞에서 나는 일부다처제가 옳고 일부일처제가 그만큼 인위적이고 야만적인 제도라는 것을 역설한 바가 있다. 유교와 기독교가 일부일처제를 옹호하고 정착시킨 바가 있지만, 오늘날에도 일부다처제는 완전히 사라지지 않고 있는 제도라고 하지 않을 수가 없다. 일부다처제를 채택하고 있는 회교문화권은 예외로 간주하더라도 노동자나 농민들, 이른바 사회적 하층민들로 지칭되고 있는 사람들은 어느덧 성교할 권리마저도 박탈되어가고 있는 실정이기도 한 것이다. 돈과 명예와 권력을 가지고 있는 사람들은 손쉽게 연애를 하고 결혼을 할 수가 있지만, 사회적 하층민들은 그럴 수가 없다. 돈과 명예와 권력을 가진 사람들은 암암리에 첩을 두거나 바람을 피울 수 있는 권리를 향유하고 있지만, 사회적 하층민들은 그럴 수가 없다. 유교와 기독교가 일부일처제를 옹호하고 정착시킨 바가 있지만, 그것은 어디까지나 공식적인 이데올로기 안에서의 일일 뿐이지, 실제의 비공식적인 이데올로기는 설명하지 못한다. 대부분의 젊은 여성들은 상류 계급의 인사들을 선택하려고 하지, 노동자나 농민들을 선택하려고 하지는 않는다. 좀 더 극단적으로 말한다면, 대부분의 젊은 여성들은 정주영이나 이병철과도 같은 회장님들의 첩이 되려고 하지, 노동자나 농민들을 선택하려고 하지는 않는다. 따라서 일부일처제라는 공식적인 이데올로기는 성 범죄를 단죄하는 윤리적인 잣대가 되고, 일부다처제라는 비공식적인 이데올로기는 그들의 성적 욕망을 충족시켜주는 유효한 수단이 된다. 하지만 현대 사회에서는 부의 분배 문제와 성의 분배 문제가 아주 중요하고도 심각한 문제가 된다. 부의 분배가 제대로 이루어지지 않으면 사회주의 혁명이 일어나듯이, 성의 분배가 제대로 이루어지지 않으면 상류 사회의 귀부인이나 그 딸들의 순결이 유린될 수밖에 없다. 싸구려 술집, 사창가, 퇴폐적인 향략 업소는 사회적 하층민들의 성적 욕망의 배출구 역할을 하면서, 우리 인간들의 사회를 떠받쳐 주는 건강한 초석이 된다. 오늘날 현대 사회에서도 성적 소외의 현상은 매우 중요하고 심각한 문제일 수밖에 없다.

> 불알이 멈춰 있어도 시간이 가는 괘종시계처럼
> 하체엔 봄이 오지 않고 지난한 세월로 출근하는 얼굴
>
> 장미꽃이 그 사내를 비웃었다
> 너는 만개하지 못할 거야
>
> 그후, 시든 장미꽃이 다시 그 사내를 비웃었다
> 그래도 나는 만개했었어
> — 함민복, 「구혼」 전문

> 외로운 여자들은
> 결코 울리지 않는 전화통이 울리길 기다린다.
> 그보다 더 외로운 여자들은
> 결코 울리지 않던 전화통이
> 갑자기 울릴 때 자지러질 듯 놀란다.
> 그보다 더 외로운 여자들은

결코 울리지 않던 전화통이 갑자기 울릴까봐,

그리고 그 순간에 자기 심장이 멈출까봐 두려워한다.

그보다 더 외로운 여자들은

지상의 모든 애인들이

한꺼번에 전화할 때

잠든 체하고 있거나 잠들어 있다.

— 최승자, 「외로운 사람들은」 전문

우리 인간들의 성적 욕망은 그 대상에 대한 차별도 없고, 어떠한 물리적인 힘으로도 완벽한 금제가 가능하지도 않다. 성적 욕망이 충족되면 그 주체자는 건강한 사회 생활을 영위해 나갈 수가 있지만, 그 욕망이 충족되지 않으면 그럴 수가 없다. 성적 욕망은 그 주체자의 의지와도 무관하고, 때와 장소를 가리지 않고 언제, 어디서나 제멋대로 그 욕망을 가동시킨다. 성적 욕망은 "존재를 분할시키고, 그 통일성을 무너뜨린다"(3: 114). 발정기에는 자기 자신의 짝을 찾아서 어떠한 위험이나 죽음까지도 무릅쓰는 수컷들의 행위도 우연이 아니고, 생사를 넘어서서 피투성이가 되도록 처절한 싸움을 벌이는 것도 얼마든지 가능하다. 강간, 윤간, 간통 등의 성 범죄는 물리적인 힘을 통하여 성적 욕망을 충족시키는 것을 말하고, "불안신경증"과 "신경쇠약증"은 성적 욕망이 충족되지 않을 때 생겨날 수도 있다(4: 42). 자연스러운 성적 욕망이 충족되지 않거나 그 욕망이 억제될 때 불안신경증이 생겨나고, 과도한 수음이나 너무 잦은 몽정은 신경쇠약증을 불러 일으킨다. 불안신경증은 일종의 금단 현상이며,

하면……베렝가리오는 죽은 아델모에 대한 상사병을 치료하러 욕장에 들어갔던 것일까? 인간은 동성에 대해서도 상사병에 걸리는 것일까? 이거야 말로 짐승의 음욕과 다를 바가 없지 않은가? 내가 그 여자와 함께 밤을 보냈던 것

도 짐승의 음욕에 견주어질 만한 탐욕 때문이었던가? 아니어야 한다……그렇게 달콤한 사랑이 짐승의 음욕일 리 없다……아니다, 아드소여, 네가 틀린 것이다. 그날 밤의 춘사는 악마가 보낸 환상이다. 따라서 짐승의 음욕과 다를 것이 하나도 없다. 죄를 짓고도 그것을 인정하지 않음으로써 더 큰 죄를 짓고 있는 너 아드소여……(5: 516)

라는 예문에서처럼, 금욕주의의 나쁜 폐해를 말하고, 신경쇠약증은 부자연스러운 성적 욕망의 나쁜 폐해를 말한다. 성적 욕망은 순결을 맹세한 수도승에게도 사하촌의 여자의 상이 되어 달라붙고, 도덕군자로서의 소크라테스마저도 자유 분방한 연애를 인정하지 않을 수가 없게 만든다. 함민복과 최승자의 시들에는 성적 소외 현상으로서의 어둡고 음산하고, 그만큼 쓸쓸한 정서들이 사실 그대로 짙게 배어 있다. 함민복의 「구혼」의 사내는 "불알이 멈춰 있어도 시간이 가는 괘종시계처럼/ 하체엔 봄이 오지 않고" 있는 사내에 불과하며, 어렵고 힘든 생활로 간신히 의식주의 문제를 해결해 나가고 있는 사내에 지나지 않는다. 그 사내는 상호경쟁의 원리를 채택하고 있는 자본주의 사회에서도, 이미 바깥으로 밀려난 자에 불과하며, 적자생존을 원칙으로 하고 있는 자연의 법칙 앞에서도, 이미 도태를 당할 위기에 처해 있는 자에 지나지 않는다. 돈과 명예와 권력을 가진 자들로 지칭되는 '장미꽃'이 그를 비웃고, 고대 오후의 행복같은 '시든 장미꽃'이 또다시 그를 비웃는다. 그 비웃음은 실제의 폭력이나 착취는 아닐는지도 모르지만, 시인에게는 더없이 쓰디쓴 모멸감과 아픔만을 가져다 주게 된다. 그의 「구혼」은 그 쓰디쓴 모멸감과 아픔 속에서 공개적으로 이루어지고 있는 구혼이며, 우리 인간들에게 성적 욕망이 얼마나 소중하고 중요한가를 상기시켜 준다. 나는 함민복의 시에서 생존의 위기에 몰린 자의 절망적인 외침의 소리를 들으며, 그 외침의 소리를 통해서 '사랑의 한탄'은 '종족의 탄성'이라는 쇼펜하우어의 말도 상기시켜 본다. 함민복의 「구혼」이 생존의 위기에 몰린 자의 절망감의 소산이라면, 최승자의 「외로운 여자들은」 독신 여성의 절망감의 소산이라고 할 수가 있다. 그 외로운 여자들의 절망감은 그랜드 캐년에서처럼 여러 층위를 이루고 있고, 수사학적인 점층법에 의해서 그 위용을 드러내고 있다. "결코 울리지 않는 전화통이 울리기"를 기다리는 것도 절망감의 표현이고, "결코 울리지 않던 전화통이/ 갑자기 울릴 때", 즉, 그 기다림과는 상관없이 다른 전화가 걸려 올 때에도 "자지러질 듯 놀란다"라는 것도 절망감의 표현이다. "결코 울리지 않던 전화통이 갑자기 울릴까봐/ 그리고 그 순간에 자기 심장이 멈출까봐 두려워한다"는 것도 절망감의 표현이고, "지상의 모든 애인들이/ 한꺼번에 전화할 때/ 잠든 체하고 있거나 잠들어 있다"라는 것도 절망감의 표현이다. 첫 번째 층위에는 적어도 기다림을 간직하고 있는 여인들이 살고 있지만, 두 번째 층위에는 그 기다림과는 상관없이 다른 전화가 걸려 올 때에도 자지러질 듯이 놀랄 수밖에 없는 여인들이 살고 있다. 세 번째 층위에는 결코 울리지 않는 전화벨이 울리고 자기 자신의 심장이 멈출까봐 두려워하는 여인들이 살고 있고, 네 번째 층위에는 "지상의 모든 애인들이/ 한꺼번에 전화할 때", 거짓 위장을 하고 있는 여인들이 살고 있다. 이 세상에서 이성을 알고 있는 독신 여성(남성)들의 외로움만큼이나 무섭고 끔찍한 것도 없다. 그들은 한결같이 하나의 기적처럼 무지개빛 희소식을 기다리고 있지만, 그 기다림의 광태 속에서 자기 자신들을 더욱더 파멸시켜 나가고 있을 뿐인 것이다. 함민복이나 최승자의 시적 화자들이 무서운 정신분열증의 환자라고 말할 수는 없지만, 그들은 모두가 한결같이 불안신경증이나 신경쇠약증에서 자유로울 수가 없다. 현대 사회에서의 성적 소외 현상은 우리 인간들의 전체의 문제가 되고, 그가 살고 있는 사회 전체의 문제가 되고 있다. 하지만 그렇다고 해서 성의 문제를 어떤 자선단체의 급식빵처럼 배분해줄 수도 없고, 무서운 정신분열증 이외에도 어떠한 성 범죄도 예방할 수 있는 장치도 없다. 사랑은 그 주체자들의 자유 의사와 상호 선택의 문제이며, 성 범죄는 우리 인간들의 욕망의 문제이다. 들뢰즈/가타리의 말대로, 성적 욕망이 무서운 것은 그것이 근친상간적인 것이기 때문이 아니라, 그 욕망이 본질적으로 혁명적이기 때문일는지도 모른다. 성적 욕망은 아버지의 법과 도덕을 비웃고 최소한도의 위계질서마저도 거부한다. 우리 인간들의 역사는 성을 장려해온 역사이며, 성을 억압해온 역사이기도 한 것이다. 성은 우리 인간들의 존재의 핵이며, 성적 욕망은 새로운 자손의 기초를 만들려는 욕망이다. 우리 인간들의 연애의 기원에는 성적 욕망이 있고, 그 성적 욕망의 이면에는 우리 인간들의 종족에의 의지가 자리를 잡고 있다.

나는 지금까지 성이란 무엇이며, 성적 욕망이란 무엇인가라는 문제를 해결하기 위하여 최선의 노력을 다해 왔고, 그리고 또한 연애의 기원과 성적 소외 현상을 설명하기 위하여 최선의 노력을 다해 왔다. 만일, 그렇다면 연애란 무엇이며, 연애의 범주와 연애의 유형들을 어떻게 설명할 수가 있을 것인가? 이러한 여러 문제들은 사회학자도 아니고, 정신분석학자도 아닌 내가 선명하고 명확하게 설명할 수 있는 문제도 아니다. 연애란 성숙한 두 남녀가 상호간의 이성을 그리워하는 데서 그 최초의 싹이 움트고, 아버지가 되고 어머니가 되려는 생리적인 움직임을 말한다. 따라서 연애는 우리 인간들의 지상 최대의 목적이 되며, 행복한 결혼 생활의 기초가 된다. 아버지가 되고 어머니가 되려는 생리적인 움직임은 매우 자연스러운 현상이며, 어느 누구도 그것으로부터 자유로울 수가 없게 된다. 흔히들 에로스는 사나운 폭군이며, 악질적인 사건의 사주자라고 말한다. 대통령 앞에서 결재 서류를 들이밀다가 발각되는 장관의 연애 편지도 우연이 아니고, 수많은 기자들과 수행원들의 감시망을 따돌리고 애정행각을 벌이는 대통령의 이상한 행동도 우연이 아니다. 황태자와 창녀와의 사랑도 우연이 아니고, 노 정치인과 여고생의 불륜의 관계도 우연이 아니다. 에로스의 화살을 맞은 자는 사랑하기 때문에 그 모든 것을 바칠 수도 있고, 심지어는 자기 자신의 목숨까지도 헌신짝처럼 버릴 수가 있다. 사랑하는 여인을 성취한 자는 그의 삶이 상승곡선을 그리며, 이 세상의 모든 삶을 구상해볼 수도 있지만, 그렇지 못한 자는 그의 삶이 하강곡선을 그리며, 이 세상을 하직할 수도 있다. 사랑은 영생의 다이아몬드라는 말도 있고, "당신의 눈짓 하나, 말 한 마디가/ 이 세상의 모든 지혜보다도 즐겁습니다"라는 말도 있다(6: 136). 연애의 범주로는 육체적 접촉 이전의 사랑도 있고, 성적 교제의 대상으로서의 사랑도 있고, 존재의 근원 탐구로서의 사랑도 있다. 육체적 접촉 이전의 사랑은 티없이 맑고 순수하고, 성적 교제의 대상으로서의 사랑은 자기 자신의 정념을 참지 못해 성적 욕망으로 이글이글 타오르고, 존재의 근원 탐구로서의 사랑은 우리 인간들의 존재와 그 구원의 문제로 더없이 경건하고 엄숙한 것처럼 보인다.

나는 육체적 접촉 이전의 연애로서의 셰익스피어의 「로미오와 줄리에트」를 떠올려 본다. 로미오와 줄리에트는 베로나의 두 원수 집안의 자녀들로서 아름답지만 슬프고도 애틋한 사랑을 나누다가 간 연인들이었다. 로미오와 줄리에트가 두 원수 집안의 자녀들로서 최초로 만나게 된 것은 줄리에트 집안의 연회 석상이었는데, 두 사람의 젊은 남녀는 첫눈에 에로스의 화살을 맞은 자들이 되어갔던 것이다. 로미오는 줄리에트가 원수 집안의 딸이라는 것을 알고 순례자처럼 대기하고서서 점잖게 키스를 요청하고, 그 요청을 받아들인 줄리에트는 "그분이 결혼하셨다면 나의 무덤이 신방이 될거야"라고, 중얼거린다. 이렇게 해서 앞날이 지극히 염려되는 두 남녀의 사랑이 이루어지고, 그들은 로렌스 신부의 암실에서 비밀리에 극적인 결혼식을 올리게 된다. 그러나 그들은 뭇짐승들에게도 허용되는 행복은커녕, 달콤한 첫날밤도 치르지 못하고 더 이상 피할 수 없는 비극적인 파탄을 맞이하게 된다. 요컨대 로미오와 줄리에트는 명문귀족 출신의 선남선녀들이었지만, 원수 집안이라는 숙명적인 장벽을 뛰어넘지는 못한 것이다. 줄리에트의 외사촌 오빠인 티벌트가 로미오의 친구인 머어큐쇼를 살해하자, 로미오가 그 외사촌 오빠를 살해하고 맨튜어로 추방을 당한 것이 그 하나이며, 그 사이에 줄리에트의 아버지 캐플렛은 패리스 백작의 청혼을 받아들인 것이 그 둘이다. 세 번째는 줄리에트가 패리스 백작과의 결혼을 피하고자 로렌스 신부의 처방에 따라 42시간 만에 깨어날 수 있을 만큼의 약을 먹고 의사 죽음을 택한 것이며, 네 번째는 줄리에트의 무덤에서 로미오와 패리스 백작 간의 결투 끝에 패리스 백작이 죽고, 로미오는 독약을 먹고 자살을 해버린 것이다. 마지막으로 다섯 번째는 아무 것도 모르는 줄리에트는 42시간 만에 깨어났지만, 로미오의 시체를 발견하고 그의 단도로 자결을 해버리게 된 것이다. 쓰라린 슬픔은 동무를 좋아한다고 말하는 연인들, 뭇짐승들에게조차 허락되는 행복은커녕, 불행과 인연을 맺은 연인들, 로미오를 진심으로 사랑했던 연인으로서 의사 죽음을 택하는 줄리에트, 줄리에트의 사망 소식을 듣고 그녀의 곁으로 가기 위해서 독약을 사들고 달려오는 로미오, 에로스의 날개를 달고도 원수 집안이라는 가문의 장벽을 뛰어넘지 못한 연인들—. 그 두 연인들이 연출해 내는 사랑의 장면들은 더없이 아름답고 감동적이기만 하다. 예컨대,

> **줄리에트** 하지만 여길 어떻게, 뭣하러 오셨어요? 담은 높아서 오르기 어렵고, 당신 신분으로 봐서 우리 집 식구에게 들키는 날이면 이곳은 죽음의 장소인데.
>
> **로미오** 이까짓 담은 사랑의 가벼운 날개를 달고 뛰어 넘었지요. 돌담이 어떻게 사랑을 막을 수 있겠소. 해낼 수 있는 일이라면 사랑은 무엇이든 해내니까요. 그러니까 당신네 집 식구들도 날 막진 못하오(7: 145).

라는, 생사를 초월한 밀애의 장면도 아름답고 감동적이지만, 다른 한편,

줄리에트 신부님이나 나가세요. 전 안 나가겠어요. (신부 퇴장) 어머, 이게 뭐지? 잔이 로미오 손에 꼭 쥐어 있네. 독약을 먹고 불시에 죽었나 보다. 참 무정도 하셔라. 다 따라 마시고, 뒤 따라가지 못하게 단 한방울도 안 남겨 놓으셨단 말인가? 그럼 당신 입술에 키스할래요. 혹 독약이 입술에 아직 남아 있다면 생명의 묘약같이 날 천당에 보내 주겠지. (키스한다) 아! 입술은 아직도 따뜻하네(7: 203).

라는, 줄리에트의 밝고 명랑한 죽음 역시도 더없이 아름답고 감동적이다. 나는 이처럼 아름답고 슬프고 애틋한 사랑의 명장면들을 세익스피어 이외에는 더 이상 찾아 보지를 못했다. 육체적 접촉 이전의 연애는 그 주체자들이 젊은 만큼, 어떠한 꾸밈도 없어야 하고, 낭만적인 정열과 힘이 솟구쳐 나오지 않으면 안 된다. 어떠한 꾸밈도 없어야 된다라는 말은 티없이 맑고 순수해야 된다는 것을 말하고, 낭만적인 정열과 힘은 그 정열의 강도를 통해서 그 주체자들만의 독특한 개성이 창출되어야 한다는 것을 말한다. 「로미오와 줄리에트」는 두 사람만의 연애 사건이 아닌, 세계적인 대사건이라고 하지 않을 수가 없다. 삶에의 의지(종족에의 의지)의 핵심은 사랑이며, 사랑은 삶에의 의지가 피워낸 가장 아름다운 꽃이다.

고등학교 다닐 때
버스 안에서 늘 새침하던
어떻게든 사귀고 싶었던
포항여고 그 계집애
어느 날 누이동생이
그저 철없는 표정으로
내 일기장 속에서도 늘 새침하던
계집애의 심각한 편지를

가져왔다.

그날 밤 달은 뜨고
그 탱자나무 울타리 옆 빈터
그 빈터엔 정말 계집애가
교복 차림으로 검은 운동화로
작은 그림자를 밟고 여우처럼
꿈처럼 서 있었다 나를
허연 달빛 아래서
기다리고 있었다.

그날 밤 얻어 맞았다.
그 탱자나무 울타리 옆 빈터
그 빈터에서 정말 계집애는
죽도록 얻어 맞았다 처음엔
눈만 동그랗게 뜨면서 나중엔
눈물도 안 흘리고 왜
때리느냐고 묻지도 않고
그냥 달빛 아래서 죽도록
얻어맞았다.

그날 밤 달은 지고
그 또다른 허연 분노가
면도칼로 책상 모서리를
나를 함부로 깎으면서
나는 왜 나인가
나는 왜 나인가

나는 자꾸 책상 모서리를
눈물을 흘리며 책상 모서리를
깎아 댔다.
—박남철, 「첫사랑」 전문

박남철의 「첫사랑」은 육체적 접촉 이전의 연애로서 그의 티없이 맑고 순수했던 마음과 그 마음 속의 진실이 배반되었던 실제의 사건과, 그리고 그것에 대한 분노로서 폭력을 행사했던 것에 대한 자책감이 사실 그대로 아름답게 묘사되어 있다. 시인은 "어떻게든 사귀고 싶었던 포항여고 그 계집애" 때문에 애를 태울 수밖에 없었는데, 왜냐하면 그 계집애는 "내 일기장 속에서도 늘 새침"하기만 했기 때문이다. 어떻게든 사귀고 싶었다는 것은 시인의 심리적인 움직임을 말하고, 내 일기장 속에서도 늘 새침했다는 것은 그의 소망이 쉽게 이루어지지 않을 것이라는 예측을 말한다. 따라서 시인은 어떻게 해서든지 사귀어 보려고 전전긍긍하고 있었던 차에, 전혀 뜻밖에도 그 "그 계집애의 심각한 편지"가 누이동생을 통하여 전달되어 왔던 것이다. 그것은 하나의 기적이며, 두 사람의 마음이 서로를 그리워하고 있었기 때문일는지도 모른다. 하지만 시인은 그 소망이 이루어진 순간, 그러나 조금도 기뻐하지를 않고 분노를 드러내며 폭력을 행사하게 된다. 얼핏보면, 상식적으로 이해가 가지 않는 행동이지만, 그러나 좀 더 자세히 살펴보면, 그 심리적인 변모의 원인 속에는 시인의 마음 속의 '소녀의 상'이 여지없이 깨져버린 데 있다는 사실을 발견하게 된다. 새침하다는 것은 얌전하고 정숙하고 순결하다는 것을 말한다. 따라서 심각한 편지를 보내고 어두운 달밤에 "교복차림으로 검은 운동화로/ 작은 그림자를 밟고 여우처럼/ 꿈처럼 서 있었다"는 것은 그 소녀가 조금도 얌전하지도 않고, 정숙하지도 않고, 순결하지도 않다는 것을 말한다. 여우처럼의 수사적인 비유는 그만큼 예쁘고 교활하다는 것을 뜻한다. 그 기대 (소망)

와 배반 사이에는 분노가 자리를 잡고 있고, 그것의 구체적인 예로서, "그 빈터에서 정말 계집애는/ 죽도록 얻어 맞았다 처음엔/ 눈만 동그랗게 뜨면서 나중엔/ 눈물도 안 흘리고 왜/ 때리느냐고 묻지도 않고/ 그냥 달빛 아래서 죽도록/ 얻어맞았다"라는 시구에서처럼, 시인의 폭력으로 나타나게 된 것이라고 하지 않을 수가 없다. 하지만 마지막 4연의 "허연 분노", 즉, 자기 자신을 향한 분노는 그 계집애처럼 자기 자신도 티없이 맑고 순수하지만은 않았다는 양심의 가책의 소산이면서도, "나는 왜 나인가/ 나는 왜 나인가"라는 존재의 근원을 탐구하는 사색인의 모습으로 섬뜩하도록 아름답게 승화되고 있는 것이다. 시인이 사랑했던 소녀는 늘 새침하던 소녀였지, 여우 같은 계집애는 아니었다. 소녀가 사랑했던 소년은 어우 같은 소년이었지, 새침한 머슴애가 아니었다. 나는 왜 나인가라는 질문은 수많은 시인들과 철학자들이 되풀이 해서 던진 질문이며, 영원히 해명되지 않을 수수께끼라고 해도 틀림이 없다. 박남철은 「첫사랑」의 대상을 잃고 그 상처를 간직하게 되었지만, 그 상처를 통하여 훌륭한 시인으로서의 형이상학적인 話頭를 얻게 된 셈이었다. 단테와 페트라르카가 사랑하는 여인들을 얻었다면 그들의 시를 쓰지 못했을 것이라는 말도 있지만, 그 말은 박남철 시인에게도 예외가 아닌 것 같다. 박남철의 「첫사랑」에서 또하나의 주목할 만한 점은 사랑에 있어서 능동적인 사람이 매저키스트가 되고, 수동적인 사람이 사디스트가 되고 있다는 점일 것이다. 소녀는 능동적이었지만 폭력을 당하는 입장에 서게 된 것이 그렇고, 소년은 수동적이었지만 폭력을 행사하는 주체자가 된 것이 그렇다. 나는 박남철 시인이 사디스트가 된 것은 그의 '순결 콤플렉스' 때문이라고 생각한다. 왜냐하면 그는 그 소녀의 취향과 성격을 잘 알지도 못하고, 자기 자신의 이상—그가 사랑하는 소녀는 티없이 맑고 순수해야 된다는 것이 그것이다—을 투영시켰기 때문이다.

고기가 되고파라
재빠른 물고기가
그대가 낚는다면
낚이우리다
고기가 되고파라
재빠른 물고기가

망아지가 되고파라
그대가 끄는 망아지가
마차가 되고파라
그대가 타는
망아지가 되고파라
그대가 끄는 망아지가

황금이 되고파라
그대의 월급
그대가 물건 살 때
달려가리라
황금이 되고파라
그대의 월급

진실을 보이고파
변치 않는 진실을
맹세를 하더라도
길을 떠나지 않는
진실을 보이고파
변치 않는 진실을

— 괴테, 「사랑의 가지가지」에서

나는 괴테의 「사랑의 가지가지」를 염두에 두면서, 그렇다면 사랑을 주는 것이 더 좋은가, 아니면 사랑을 받는 것이 더 좋은가라는 문제를 떠올려 본다. 그러나 사랑을 주는 것이 더 좋은가, 아니면 사랑을 받는 것이 더 좋은가라는 문제는 결코 간단히 해결될 수 있는 문제가 아니다. 사랑을 주는 것을 더 좋아하는 사람은 그의 마음을, 재산을, 지식을, 그리고 자기 자신의 생명까지도 아낌없이 나누어 주려고 하지만, 사랑을 받는 것을 더 좋아하는 사람은 자기 자신의 아름다운 몸매와 화려한 의상, 그리고 언제나 예의 바르고 친절한 마음씨로 무장을 하고, 타인의 모든 것을 빼앗고 착취할 궁리만을 하게 된다. 전자는 매저키스트이며 연애 시장의 '봉'이고, 후자는 사디스트이며 연애 시장의 '사기꾼'이다. 현대 자본주의 사회에서는 성이 상품화되어 있고, 행복한 결혼한 생활은 서로 간에 어떠한 손해도 없이 매매계약서를 작성할 수 있을 때에만 성립될 수가 있다. 혼인서약서는 상호 간의 매매계약서이며, 돈 많고, 학벌 좋고, 가문 좋은 집안이 그 계약의 주된 내용이 된다. 인간의 가치가 아닌 경제적 가치가 더욱더 중요하고, 참된 사랑은 영혼이 육체를 감싼다는 말도 소용이 없게 된다. 이러한 자본주의의 시장의 논리가 지배적인 이데올로기가 되고, 이제는 연애에 있어서도 티없이 맑고 순수한 사랑은 더 이상 찾아볼 수가 없게 되어 있다. 현대 자본주의 사회는 사디스트들의 독무대이며, 그들에 의해서 성적 타락 현상이 가속화되어가고 있다. 그러나 참된 사랑은 매저키스트와 사디스트들의 문제를 떠나서 서로가 아낌없이 주는 것이다. 괴테의 「사랑의 가지가지」를 살펴보면 이 사실이 보다 더 자명하고 명확해진다. 그는 사랑하는 여인을 위해서 "재빠른 물고기가" 되고 싶다고 노래하고, 그녀가 타는 "망아지"가 되고 싶다고도 노래한다. 또한 그는 사랑하는 여인을 위해서 "황금이 되고" 싶다고 노래하고, 그녀를 위해서 변하지 않는 "진실"이 되고 싶다고도 노래한다. 괴테가 그의 첫사랑을 모델로 해서 『젊은 베르테르의 슬픔』을 출간했을 때, 그 작품을 예찬한 나머지 이혼이 급증하고 자살자가 속출했다고 한다. 젊은 베르테르가 입고 있었던 노란 바지와 조끼가 대유행을 하고, 모든 청춘 남녀들이 젊은 베르테르처럼 살아가기를 원했다고 한다. 괴테의 「사랑의 가지가지」는 젊은 베르테르의 티없이 맑고 순수한 사랑의 노래라고 해도 과언이 아니다. 따라서 괴테의 '줌'은 매저키스트적인 것도 아니고 사디스트적인 것도 아니다. 그것은 지배와 복종을 필요로 하지도 않고, 아주 치사하고 교활한 이해타산을 필요로 하지도 않는다. 사디스트는 '나는 사랑받기 때문에 사랑한다'고 말하고, 매저키스트는 '나는 사랑하기 때문에 사랑한다'고 말한다. 하지만 진실의 입장에서, 사디스트는 이기적이고 의지박약하고, 매저키스트는 이타적이고 자기 헌신적이다. 사디스트는 수동적이고 매저키스트는 능동적이다. 그러나 괴테의 '줌'은 그렇지가 않다. 그가 그의 마음을, 재산을, 지식을, 그리고 자기 자신의 생명을 아낌없이 줄 때, 그는 그가 사랑하는 사람의 모든 것을 되돌려 받게 된다. 따라서 그의 '줌'은 '받음'이 되고 그의 '받음'은 '줌'이 된다. 아무 것도 바라지 않는 순수한 사랑의 줌, 아무런 부담감도 없는 순수한 사랑의 받음, 이러한 사랑의 주고 받음은 육체적 접촉 이전의 '첫사랑'에서 찾아보기가 쉬우며, 「로미오와 줄리에트」, 괴테의 「사랑의 가지가지」 등은 그러한 극단적인 예에 해당된다. 에로스의 가벼운 날개를 달고 생사를 초월해 있는 사랑, 사랑하는 애인 곁으로 돌아간다는 기쁨 때문에 티없이 맑고 명랑한 죽음을 택하는 줄리에트, 순결 콤플렉스 때문에 불같이 화를 내고 슬퍼하는 박남철의 「첫사랑」, 사랑하는 연인을 위해서 자기가 가진 모든 것을 아낌없이 주겠다는 괴테의 사랑 등—. 이러한 모든 사랑은 육체적 접촉 이전의 연애가 꽃 피워낸 사랑의 결과이기도 한 것이다. 이 세상에는 첫사랑만큼 티없이 맑고 순수한 사랑도 없다.

어느날 제우스 신이 인간을 만들고 성적 욕망을 불어넣어 주기 위하여 에로스에게 그의 몸 속으로 들어갈 것을 명령했다고 한다. 에로스는 어쩔 수 없이 제우스의 명령에 따르면서 "수치심이라는 놈만은 제발 들어오지 않게 해주세요. 저는 수치심과는 함께 살 수가 없습니다"라고, 전제 조건을 달았다고 한다. 『이솝우화』는 우리 인간들의 성적 욕망에는 수치심이 없다는 것을 날카롭게 희화화시킨 이야기이며, 에로스는 언제나 시끄러운 사건의 악질적인 사주자라는 것을 상기시켜 주기도 한다. 올림프스 산정에서 이글이글 끓어오르는 성욕을 참지 못해 헤라 여신과 정사를 벌이는 제우스, 이아손의 용모에 반하여 아버지와 오빠를 배신하는 메디아, 큰 아버지인 콘월왕의 使臣으로서 이졸데라는 공주(콘월왕의 예비 왕비)를 가로채 가는 트리스탄, 계모의 신분임에도 불구하고 남편의 자식인 히폴리투스를 사모한 끝에 그를 파멸시키는 파에드라, 에로스의 향연 속에서 앤토우니를 파멸시켜 버리는 클레오파트라, 절세의 미녀로서 트로이 전쟁의 원인이 되고 수천 년의 시간과 공간을 뛰어넘어 서서 괴테로 하여금 세계적인 대사기극을 연출하게 하고 있는 헬렌 등—. 우리 인간들은 에로스의 화살에 맞은 자들에 불과하며, 그의 손짓에 따라서 수많은 사건들의 주인공이 되어가고 있는 것인지도 모른다. 그러나 이러한 성적 추문들이 없었다면 우리 인간들의 삶은 생기를 잃고, 어떠한 삶도 가능하지가 않았을 것이다. 아름다운 클레오파트라의 난봉은 신들도 용서를 하게 된다는 말도 있고, 아름다운 미녀는 나누어 가질 수가 없다는 말도 있다. 내가 클레오파트라와 애정 행각을 벌일 때는 그것이 최고의 선이 되고, 타인들이 그녀와 애정 행각을 벌일 때는 아주 더럽고 추한 불륜이 된다. 우리 인간들은 모두가 거룩한 성자가 되고 싶은 욕망과 함께, 최고의 바람둥이가 되고 싶은 욕망을 어쩌지 못하고 살아간다. 타인들의 성 추문 사건에는 그것을 비난하면서도 은밀히 군침을 흘리고, 자기 자신의 성 추문 사건에는 얼굴을 들지 못하면서도, 또

다시 그 사건의 주인공이 되고 싶은 욕망을 어쩌지 못한다. 20세기의 최대의 성 추문 사건은 찰스 황태자와 다이애나비의 혼외 정사 사건과 빌 클린턴 대통령과 모니카 르윈스키의 사건이라고 할 수가 있다. 따지고 보면 찰스 황태자와 다이애나비의 혼외 정사 사건도 있을 수가 있는 일이고, 빌 클린턴 대통령과 모니카 르윈스키의 부적절한 관계도 있을 수가 있는 일이다. 에로스는 사나운 폭군이며 전제군주이기도 한 것이다. 에로스는 언제나 좀 더 많은 여성들과 관계를 가지라고 명령을 하고, 때때로 세계적인 대호색한들을 예사롭지 않게 만들어 낸다. 찰스 황태자와 다이애나비, 그리고 빌 클린턴 대통령과 모니카 르윈스키는 모두가 다같이 에로스의 화살에 맞은 자들로서, 그들이 살고 있는 사회의 희생양이며, 그만큼 불운할 수밖에 없었던 사회적 공인들이었는지도 모른다.

> 그것하고 하고 와서 첫번째로 여편네와
> 하던 날은 바로 그 이튿날 밤은
> 아니 바로 그 첫날 밤은 반시간도 넘어 했는데도
> 여편네가 만족하지 않는다
> 그년하고 하듯이 혓바닥이 떨어져 나가게
> 물어제끼지는 않았지만 그래도
> 어지간히 다부지게 해줬는데도
> 여편네가 만족하지 않는다
>
> 이게 아무래도 내가 저의 섹스를 槪觀하고
> 있는 것을 아는 모양이다
> 똑똑히는 몰라도 어렴풋이 느껴지는
> 모양이다
> — 김수영, 「性」에서

나도 웃었다 새벽, 여관비가 없는 나와 영숙이는
벽치기를 했다 영숙이의 빤스로 정액을 닦고
두 손 꼭 잡고 먹던 자비의 새벽 짜장면
유년의 폭설이 가제리 산 70번지로 영숙이 검은 머리 위로 쌓이고
숙아 숙아, 너 꼭 망부석 같으다 신월동 새벽 짜장면집을 나오며
영숙이와 나는 성당에 가서 무릎을 꿇고 빌었다
마리아님, 임신 안 되게 도와주소서 수도원엔 나무 한 그루 서 있었다
— 함성호, 「새벽 짜장면집」에서

그러나 김수영의 「性」이나 함성호의 「새벽 짜장면집」을 읽고 어떤 도덕군자들은 『장미의 이름』의 늙은 수도사처럼 말할는지도 모른다. 『장미의 이름』에서 윌리엄 수도사는 사하촌의 여자에게 마녀의 혐의를 씌우고, 그녀와의 달콤한 춘사를 잊지 못하고 있는 아드소에게 "육신의 아름다움은 가죽에서만 머무는 법이다"라고, 그를 꾸짖는다(5: 526). 그의 말에 따르면 여자는 단지 섹스의 도구일 뿐이며, 여자의 아름다움은 오줌과 정액과 똥을 감싸고 있는 표피에 지나지 않는다. 하지만 바로 이 지점에서 "순결을 지키라고 하는 설교는 반자연을 공개적으로 노래하라는 것과 같다. 성에 대한 모든 종류의 경멸은 모든 생에 대한 탁월한 죄악이다"라는 니체의 말을 상기해볼 필요가 있다(8: 244). 윌리엄 수도사는 이미 성적으로 거세된 인물로서, 성적 욕망을 더럽고 추한 것으로 단죄할 수가 있지만 혈기왕성한 수도사인 아드소는 그럴 수가 없다. 왜냐하면 성적 욕망은 우리 인간들의 의지와는 무관하고, 언제, 어느 때나 제멋대로 그 욕망을 가동시키고 있기 때문이다. 성적 욕망이 고개를 치켜들면 그 주체자는 이성을 잃고, 그 욕망을 충족시킬 궁리만을 하게 된다. 성적 교제의 대상으로서의 연애는 성적 쾌감을 알고, 자연스러운 성의 흐름에 자기 자신을 맡겼다는 것을 뜻한다. 성적 합일은 가장 행복한 형태이며, 우리 인간들의 삶을

꽃 피우는 행위이다. 모든 성교는 반드시 달콤하고 짜릿하고 황홀해야 될 필요가 여기에 있다. 에로스의 향연은 최상급의 삶의 절정이어야 하며, 수많은 이성들의 관심의 초점이 되어야만 한다. 그것은 동물적이어야 하고, 마약이나 알콜의 세계에서처럼, 무아지경 속의 황홀함을 연출해 내지 않으면 안 된다. 깊이, 깊이, 더 깊이, 우리 인간들은 모두가 유혹받아야 하며, 또 유혹을 하는 주체자가 되지 않으면 안 된다. 시인이 오입을 하고 와서 여편네와 또다시 섹스를 하는 것도 있을 수가 있는 일이고, 가난한 청춘 남녀가 여관비가 없어서 '벽치기'를 하는 것도 있을 수가 있는 일이다. 여편네를 속이고 양심의 가책을 받는 것도 있을 수가 있는 일이고, "마리아님, 임신 안 되게 도와주소서"라고, 기도를 드리는 것도 있을 수가 있는 일이다. 우리 인간들의 성교가 즐겁고 유쾌한가, 그렇지 않은가에 따라서 인간이라는 종의 건강과 그 모든 것이 달려 있다고 해도 과언이 아니다.

오늘도 그 성적 욕망의 한 가운데서 절세의 미녀인 헬렌이 다음과 같이 노래를 하고 있다.

> 내가 야기시킨 과오는 벌할 수가 없다오.
> 나는 슬픈 운명이다! 얼마나 가혹한 운명이
> 나를 붙어다니기에 어디를 가나 남자들의 가슴을
> 이처럼 미혹시켜, 자신은 물론 여러 소중한 일까지도
> 소홀하게 만드는 것일까?
> 빼앗고 유괴하고 싸우고 이리저리 끌려 다니고
> 반신도 영웅도 신도 악령도
> 나를 데리고 떠돌아 다닌다.
> — 괴테, 『파우스트』에서(6: 393)

아름다운 꽃이 수많은 벌과 나비를 불러들이듯이, 아름다운 여자

역시도 수많은 남자들을 불러들인다. 아름다운 꽃이 더없이 신선한 향기와 수많은 꿀샘들을 간직하고 있듯이, 아름다운 여자 역시도 더없이 신선한 향기와 수많은 꿀샘들을 간직하고 있다. 꽃은 보다 건강하고 더 좋은 씨앗을 원하고, 여자 역시도 보다 건강하고 더 좋은 씨앗을 원한다. 비옥한 토양에는 좋은 씨앗을 파종해야 하고, 사랑하는 남녀는 즐겁고 유쾌하게 성교를 해야 한다. 스파르타의 메넬라우스의 왕비에서 파리스의 아내가 되고, 또다시 메넬라우스의 왕비가 된 헬렌에게도 죄가 없고, 수많은 여자들과 오입을 하고, 또 오입을 한 김수영과 여관비가 없어서 영숙이와 '벽치기'를 한 함성호에게도 죄가 없다. 이미 앞에서, 성과 성적 욕망에 대해서는 상세하게 설명한 바가 있고, 더 이상의 중복된 언급은 피하기로 한다. 성적 교제의 대상으로서의 연애는 힘에의 의지로 무장되어 있고, 그것이 그 주체자의 종의 우월성을 입증해 주고 있는 것인지도 모른다.

「구약 성경」의 천지창조 신화를 살펴보면, 하나님 자체가 낙천주의자로서 그가 창조한 모든 것을 긍정하고 이 세계를 찬양하고 있다는 사실이 드러난다. 하나님은 첫째 날에 캄캄한 어둠과 혼돈뿐인 이 세계에 빛과 어둠(아침과 저녁)을 부여하고, 둘째 날에는 하늘과 바다를 창조한다. 셋째 날에는 대지와 풀과 채소와 과일나무들을 창조하고, 넷째 날에는 해와 달과 별들을 창조한다. 다섯째 날에는 새와 물고기들을 창조하고, 마지막 여섯째 날에는 땅의 모든 짐승들과 하나님의 형상대로 우리 인간들을 창조한다. 하나님은 단지 이 모든 것을 창조한 것만이 아니라,

> 하나님은 그들에게 복을 주시며, 그들에게 이르시되 생육하고 번성하여 땅에 충만하라, 땅을 정복하라, 바다의 고기와 공중의 새와 땅에 움직이는 모든 생물을 다스리라
>
> —「창세기」, 1장 28절에서

고, 우리 인간들에게 만물의 영장으로서 그 지배권을 부여하고 있다. 따라서 「창세기」의 익명의 저자는 "하나님이 그 모든 것을 보시니 보시기에 심히 좋았더라"고, 그때마다 매우 흡족한 감정을 감추지 못하고 있다. 이러한 사실은 모든 만물들이 단순한 탄생이나 생존의 형식을 넘어서서 하나님의 축복을 받았다는 사실을 말해 주고, 이 세계 자체가 지상낙원의 세계임을 말해 준다. 내가 판단하기로는 이 세상에는 축복받지 않은 것이 없고, 따라서 염세주의는 그 존재의 근거가 없는 세계관이라고 하지 않을 수가 없다.

시인 이상희의 딸 새록이를
어느 시인의 결혼식에서
우연히 보았다

우연이라도 행복해 지고 싶던
내 소원이 봄날처럼 풀렸다

새록새록 피어나는
초록잎 같은 새록이
하늘 아래 아이처럼
뿌리 깊은 나무 보았는가

새록이를 안는 순간
어,버,버, 반벙어리가 되었다
아이처럼 좋아서
내 세상이로구나

온종일
새록이와 놀면서

나에게도

딸 하나 새록새록 자랐으면 좋겠다.

— 천양희, 「새록이」 전문

천양희는 어느 결혼식장에서 이상희 시인의 딸을 보고, 그 감동을 잊지 못해서 「새록이」라는 시를 쓰게 되었다고 할 수가 있다. 시인은 "우연이라도 행복해 지고 싶던" 날, "새록새록 피어나는/ 초록잎 같은 새록이"를 통해서 우리 인간들의 존재의 근원을 인식하고, 자기 자신을 구원할 수 있는 문제와도 마주하게 된다. 아버지와 어머니는 우리 인간들의 존재의 근원이며, 그들의 사랑에 의해서 우리들의 존재의 싹이 움튼다. 어느 시인의 결혼식은 존재의 근원으로 되돌아감이 되고, 새록이는 새로운 존재의 싹이 된다. 그리고 언젠가는 새록이 역시도 아버지와 어머니가 되어 또다른 아이를 낳게 될 것이다. 모든 것이 가고 모든 것이 되돌아온다. 모든 것이 되돌아오고 모든 것이 새롭게 다시 출발한다. 영겁회귀에는 우리 인간들의 행복이 있고, 영원불멸의 삶이 있다. 시인은 우연이라도 행복해 지고 싶던 날, 새록새록 자라나는 새록이를 바라보며 모든 근심과 걱정을 잊어버리고, "아이처럼 좋아서" 모든 것을 "내 세상으로" 인식하게 된다. 사랑은 최고의 창조 행위이며, 지상낙원이라는 행복 위에 기초하고 있다. 사랑하는 두 남녀는 이 세계가 그들을 위해서 펼쳐져 있다는 것을 의심하지 않으며, 그들의 모든 일에는 하나님의 은총이 깃들어 있다는 사실을 의심하지 않고 있다. 무한한 시간을 펼쳐 놓으면 그것에 화답이라도 하듯이 무한한 공간이 펼쳐지고, 새들이 노래를 부르면 울창한 원시림의 수목들이 자라난다. 맑은 시냇물이 졸졸졸 흘러내리며 푸르른 강물을 이루면, 넓고 넓은 들판에서는 오곡백과가 무르익어 간다. 사랑은 꿈을 가능하게 하고, 무한한 행복을 부여해 준다. 그들의 입맞춤은 한없이 달콤하고, 그들의 성적 합일은 황홀함의 절정을 이룬다. 이처럼 달콤하고 행복한 사랑의 행위는 고통도 모르고, 슬픔도 모르고, 더군다나 불행같은 것도 모른다.

남녀 간의 연애는 이 세상을 찬양하고 긍정하는 행위이다. 사랑하는 두 남녀가 달콤한 입맞춤을 나누면서 이 세상은 아무런 의미도 없어라고, 눈물을 흘리고, 만인들의 축하와 박수 속에 결혼식을 올리면서, “너무너무 쓸쓸하고 외로워/ 차라리 장송곡을 틀어 주세요/ 우리 두 사람은 결혼식이 아닌 장례식을 치루고 싶어요”라고, 말하지는 않는다. 또한 달콤한 신혼여행의 첫날밤에 “이 세상에서 자식을 낳는 것은 더없이 커다란 죄악이예요. 우리는 자식을 낳지 않기로 해요”라고, 성교를 하지 않고, 어린 아이를 출산 당일에 그 자리에서 목졸라 죽이자고 약속하지는 않는다. 이 세상의 삶은 어떠한 의미도 없다는 염세주의자들이 연애를 하고, 결혼을 하고, 아이를 낳고 살아가는 것을 보면, 나는 부재하는 하나님의 무능력이 못내 안타까워진다. 그들 역시도 약속된 땅, 축복받은 땅에서의 삶을 살아가며 젖과 꿀이 흐르는 지상낙원으로 그의 처자식들을 인도하기에 여념이 없다. 염세주의는 우리 한국인들의 최고의 상품이며 더없이 좋은 무기가 된다. 우리 한국인들은 염세주의를 팔기 위해서 이 세상의 삶을 헐뜯고 저주하고, 그리고 그 공포와 불안의 심리를 통하여 최대한의 이익을 챙겨가기에 여념이 없다. 그리고 그 이익이 돈과 명예와 권력에 값하게 되면, 마치, 세계적인 대작가나 대사상가가 된 것처럼, 어깨를 우쭐대고, 목에 힘을 주고, 어떠한 반대 의견도 모조리 제압해 나가는 기만적인 언행을 일삼게 된다. 한국 사회에서는 스탈린이나 히틀러의 반대 방향에서, 그들과 똑같은 염세주의자들이 너무나도 많고, 그들에 의해서 우리 한국인들의 낙천주의의 싹이 모조리 제거되어가고 있는 실정이기도 한 것이다.

사랑하는 남녀는 이 세계의 주인이지, 사악한 흑주술 속의 악마가 아니다. 여자는 그의 애인을 사랑하고, 그를 도와주고, 보호해줄 것을 약속하고, 남자 역시도 그녀를 사랑하고, 그녀를 도와주고, 보호해 줄 것을 약속한다. 미래의 희망과 꿈과 행복이 전제되지 않은 사랑은 사랑이 아니며, 그 주체자들의 이타적인 자기 희생과 헌신이 없는 사랑도 사랑이 아니다. 백년해로는 그들의 일생 전체를 걸었다는 뜻이며, 우리 인간들의 결혼은 이 세상에서 가장 소중하고 중요한 대사건이라고 하지 않을 수가 없다. 사랑에는 상호 간의 신뢰와 약속과 책임이 따르게 되고, 그것이 이행되지 않을 때는 차마 있을 수 없는 불행이 뒤따르게 된다. 이혼한 남녀들의 어수선한 살풍경, 아버지와 어머니의 따뜻한 사랑을 받지 못하고 자라나는 어린 아이들, 그들의 비뚤어진 동심과 높은 범죄 확률 등이 바로 그것을 말해 준다. 어머니가 된다는 것은 남편의 반려라는 임무 이외에도 아이들의 출산과 양육을 책임진다는 약속이며, 아버지가 된다는 것은 아내의 반려라는 임무 이외에도 그들을 가르치고 인도해 주겠다는 약속이다. 에리히 프롬은 그의 『사랑의 기술』에서 아버지와 어머니의 역할을 다음과 같이 역설하고 있다.

> 어머니는 우리가 태어난 집이다. 어머니는 자연이고 대지이며 대양이다. 아버지는 이러한 자연적인 집을 의미하지 않는다. 아이는 출생 후 몇 해 동안은 아버지와 거의 아무런 관계도 갖지 않는다. 유아기 시절에는 아이에게 있어서 아버지의 중요성은 어머니의 중요성과는 비교될 수도 없다. 그러나 아버지는 자연적 세계를 의미하지는 않지만 인간 존재의 다른 극을 의미한다. 즉, 사상, 사람이 만든 사물, 법과 질서, 규율, 여행과 모험 등의 세계를 나타낸다. 아버지는 아이를 가르치는 사람이며, 아이에게 세계로 진출하는 길을 보여주는 사람이다(9: 51).

어머니의 자식 사랑은 조건이 없는 사랑이고, 아버지의 자식 사랑은 조건이 있는 사랑이다. 어머니는 어린 아이에게 젖을 주고, 먹고 입힐 모든 것을 다 준다. 어머니는 그의 자식이 모든 사람들이 손가락질을 하는 죄를 지어도 언제나 변함없이 그를 사랑한다. 그래서 어머니의 사랑은 자연이고 대지이며 대양과도 같은 사랑이다. 하지만 아버지의 부성애는 그의 아이를 가르치고 훌륭한 사회인이 될 수 있도록 인도하는 교사의 역할을 담당하게 된다. 아버지는 어린아이에게 도덕, 법, 질서, 규율, 사상, 일, 직업, 인생관, 세계관을 가르치고, 어린아이가 그 가르침을 따라올 때에는 더없이 영광되고 크나큰 상—후계자에게 주는 유산 상속같은 것이 그것이다—을 주기도 한다. 그러나 아들이 아버지의 말을 따르지 않고 기대를 충족시키지 못할 때에는 가인과 에서의 경우에서처럼, 그 무엇보다도 가혹한 벌을 받지 않을 수가 없게 된다. 조건이 없는 사랑은 모성의 원리이며, 조건이 있는 사랑은 부성의 원리이다. 이러한 양성의 원리 속에서 그들의 미래의 희망과 꿈과 행복이 자라나게 된다. 사랑하는 남녀는 아버지와 어머니가 되겠다는 약속이며, 아버지와 어머니의 길을 따라서, 그들의 세계(지상낙원)를 건설하고, 그들의 아이들을 부처나 예수처럼, 더욱더 훌륭한 인간으로 기르겠다는 약속이다. 사랑은 삶에의 의지(종족에의 의지)의 핵심이며, 이 세계를 찬양하고 긍정하는 구체적인 행동 양식이라고 할 수가 있다.

가끔은 햇볕에 내어 말리거나 擧風이라도 했으면 싶은 데 때론 뽀송뽀송한 잠자리가 그립기도 할 터인데 늘 젖어 있는, 서귀포 앞바다 중문대포엘 가보면 하루종일 아랫도릴 남빛 바다로 씻고 서 있는 끼끗한 바위들이 雲集해 서 있다. 一群이란 말로는 모자란다 어디서 떼지어 달려 오다 바다에 묶인 저의 恨들을 저렇게 씻고 또 씻어도 다 씻지 못함은 저를 씻음이 아니라 세상의 아랫도릴 씻고 있음이란 생각이 들었다 내가 씻지 않으니까 나를 대신 씻어주고 있다는 생각이 들었다 나이 들자 날로 부실해져 가는 나의 下焦를 씻어주고 있음이란 생각이 들었다 지금 세상의 하초들은 모두 부실하다는 생각이 들었다

끼끗한 바위들, 내가 海印佛이라 이름했다 감히!

— 정진규, 「海印佛」 전문

나는 정진규의 「海印佛」이라는 시를 읽을 때마다,

> 나는 인도의 벵갈 지역에서 얼마동안 지낸 적이 있다. 거기서 나는 부인과 소녀들이 링감을 문지르며 장식하는 모습을 볼 수 있었다. 링감이란 남자의 성기를 상징하는 것으로서 더 정확히 말하자면, 남자의 성기 모양을 해부학적으로 매우 정교하게 깎아 만든 석상이다. 따라서 적어도 기혼 여성이라면 그것이 무엇이며 또한 생리학적으로 어떤 기능을 가졌는지를 모르지 않았을 것이다. 그때 나는 문득 링감에서 어떤 상징을 볼 수 있다는 사실을 깨닫게 되었다. 그 링감은 모든 우주적 차원에서 드러나는 신비, 즉 생명과 창조성 그리고 풍요의 신비를 상징하는 것이었다. 그것은 해부학적인 신체의 부위가 아니라 바로 생명의 현현인 시바 신을 뜻했다. 상과 상징에 의해 종교적인 감동이 전달될 수 있다고 하는 가능성, 바로 이 잠재적 가능성은 내게 정신적 가치의 세계를 총체적으로 열어 주었다. 그때 나는 이런 생각이 들었다. 성상을 보면서 신자가 단순히 아이를 안고 있는 부인상을 자각하는 것이 아님은 분명하다. 그는 성모 마리아, 즉 신의 어머니와 신적 지혜를 바라보는 것이다. 나는 비로소 전통문화에서 종교 상징이 지니는 중요성을 알게 되었다. 아마도 여러분은 종교학자로서의 나의 수업에서 그 종교 상징이 얼마나 중요하게 다가섰는가를 상상할 수 있을 것이다(10: 17).

라는, 엘리아데의 말을 떠올려 본다. 엘리아데는 링감은 "우주적 차원에서 드러나는 신비, 즉 생명과 창조성, 그리고 풍요의 신비"를 상징하는 것이라고 말하고 있지만, 나는 그것이 우리 인간들의 존재의 핵이며, 의지의 초점이라고 말하고 싶다. "지금 세상의 하초들이 모두 부실하다"는 것은 우리 인간들의 건강, 생명, 자연, 지혜, 문화 등이 모두 부실하다는 것을 뜻하고, 부실한 하초를 씻고 또 씻는다는 것은 존재의 근원으로 되돌아가 모든 것을 재창조하고 싶다는 소망을 뜻한다. 우리는 그 하초에 의해서 태어나고 그 하초에 의해서 새로운 존재의 씨앗을 뿌리면서 살아간다. 보다 더 건강하고 튼튼한 인간, 보다 더 완전하고 절대적인 인간, 즉, 부처와 예수와도 같은 인간들은 우리 인간들의 최고의 목표이며, 모든 교육의 내용이 되고 형식이 된다. 부처와 예수는 우리 인간들이 어렵고 힘들 때에도 우리 인간들과 함께 하고, 또한 우리 인간들이 기쁘고 즐거울 때에도 우리 인간들과 함께 한다. 그들은 우리 인간들의 지주와 희망이 되어주고, 길을 안내하는 위대한 스승이 되어주기도 한다. 모든 종교는 최고급의 지혜의 저장소이며, 수많은 피와 땀과 희생들을 그 주춧돌로 삼아서 자기 자신의 신전을 짓고 있다. 부처와 예수는 모두가 다같이 낙천주의자이며, 우리 인간들의 존재를 구원할 수 있는 문화적 영웅들이라고 해도 틀림이 없다. 정진규의 「海印佛」은 "一群의 바위들", 즉, 그 무명의 바위들에 '海印佛'이라는 이름을 부여하고, 이 세상의 부실한 하초들을 다 씻어주고자 하는 시인의 이상이 빛난다. 그 씻어줌은 존재의 근원 탐구로서의 연애의 문제와도 만나고, 우리 인간들의 존재의 구원이라는 문제와도 만난다. 그는 자연스럽고 건강한 연애를 통해서 부처와 예수와도 같은 문화적 영웅을 낳고 싶었던 것인지도 모른다. 남녀 간의 사랑, 아니 존재의 근원탐구로서의 연애는 우리 인간들의 구원의 문제와 종교의 문제를 만날 수밖에 없다. 모든 것이 가능하고 어느 것 하나 부족함이 없는 인간, 바로 그 인간이 당신들의 사랑에 의해서 창조될 수 있다는 사실을 나는 에로스의 전령으로서 보다 더 분명하고 명확하게 확인해줄 수가 있다. 사랑만이 위대하고 또 위대하다. 사랑은 모든 창조의 어머니이며, 우리 인간들은 그 어머니가 사랑하는 자식들에 불과하다.

우리는 곧잘 '연애'라는 말 속에서 두 남녀 간의 불륜의 장면을 연상해 내고, 알듯말듯한 이상한 웃음을 흘리게 된다. 하지만 사랑과 미의 여신인 아프로디테를 모독하고, 그 결과, 파멸해갈 수밖에 없었던 그리스 신화 속의 히폴리투스라는 인물이 말해 주듯이, 연애를 부정한다는 것은 반자연을 노래하는 것과도 같다고 하지 않을 수가 없다. 연애란 서로 간에 이성을 그리워하는 데서 그 최초의 싹이 움트고, 아버지와 어머니가 되려는 생리적인 움직임을 말한다. 따라서 연애는 우리 인간들의 지상 최대의 목적이 되며, 행복한 결혼 생활의 기초가 된다. 어떤 연인들의 사랑은 달콤한 열매가 익어가고 있고, 어떤 연인들의 사랑은 아직도 풋내가 가시지 않은 비릿함이 배어 있다. 어떤 연인들의 사랑은 봄에 만발한 벚꽃과도 같고, 어떤 연인들의 사랑은 때늦은 국화꽃과도 같다. 어떤 연인들의 사랑은 쉬이 끓는 냄비와도 같고, 어떤 연인들의 사랑은 생사를 초월해 있다. 또한 어떤 연인들의 사랑은 싸늘한 이기주의의 칼날이 번뜩이고, 어떤 연인들의 사랑은 언제나 불협화음만이 들려온다. 어떤 연인들의 사랑은 이루어질 수 없는 장벽을 만나 비틀거리고, 어떤 연인들의 사랑은 비극적인 운명을 향해 걸어간다. 연애가 없으면 삶도 없고, 삶이 없으면 어떠한 연애도 가능하지가 않다. 연애의 유형은 매우 다종 다양하고, 그 주체자들 나름대로 저마다 독특한 방식으로 전개되어가고 있다고 해도 과언이 아니다.

1940년대 말, 김수영 시인은 그의 유일한 연애시를 이렇게 노래해 놓고 있다.

馬車馬야 벙긋거리고 웃어라
간지럽고 둥글고 안타까운 이 全體 속에서
마치 힘처럼 소리치려는 깃발—
별별 여자가 지나다닌다
화려한 여자가 나는 좋구나
내일 아침에는 夫婦가 되자

집은 산너머가 좋지 않으냐
오는 밤마다 두 사람 같이
貴族처럼 이 거리 걸을 것이다
오오 거리는 모든 나의 설움이다
— 김수영, 「거리」에서

김수영 시인은 한국 현대시사에 있어서 어설픈 기교보다는 정직함을 더 사랑했고, 한국적인 애수보다는 박용철의 「빛나는 자취」와도 같은 힘의 세계를 더 사랑했던 시인이었다. 그는 무엇보다도 이타적인 동정이나 연민을 혐오했고, 그것보다는 자기 학대를 더욱더 사랑했던 시인이었다. 따라서 그는 한국시단에서 보기 드물게 로맨틱한 '귀족풍의 연애시'를 쓰게 되었고, 그것을 통하여 우리 한국인들의 이상과 꿈을 실현하려 했던 것인지도 모른다. 그렇다. "별별 여자가 지나다니는" 잡다한 시정의 거리를 넘어서면, "화려한 여자"를 만나게 되고, 화려한 여자를 만나게 되면, 언제나 "귀족"과도 같은 생활을 할 수가 있다. 이러한 그의 귀족풍의 연애시는 우리 한국인들의 영혼 속에서 불멸의 시가 되고, 우리 한국인들의 사랑의 전형이 된다. 그러나 김수영의 「거리」는 그의 산문 속에 겨우 몇 줄이 남아 있을 뿐, 그 형태가 완전하게 보존되어 있지 않다. 김수영의 연애시의 찢김은 우리 한국인들의 이상의 찢김이며, 사치스러운 연애시의 찢김이라고 하지 않을 수가 없다. 나는 김수영의 연애시의 찢김을 그 무엇보다도 안타깝게 생각하고 있는데, 왜냐하면 우리 한국인들의 신화의 싹이 잘라져 나갔다고 생각하고 있기 때문이다. 신화를 창조하지 못한 민족은 삼류 민족이라는 말도 있듯이, 신화란 최고급의 인간이 살고 있는 성소이며, 그 민족만의 정체성을 부여해 주는 어떤 것이다.

김지하 시인은 김수영 시인의 반대 방향에서, '민중적 연애시'를 이렇게 노래해 놓고 있다.

네 얼굴이

애린

네 목소리가 생각 안 난다

어디 있느냐 지금 어디

기인 그림자 끌며 노을진 낯선 도시

거리 거리 찾아 헤맨다

어디 있느냐 지금 어디

캄캄한 지하실 시멘트벽에 피로 그린

네 미소가

애린

네 속삭임 소리가 기억 안 난다

지쳐 엎드린 포장마차 좌판 위에

타오르는 카바이트 불꽃 홀로

가녀리게 애잔하게

가투 나선 젊은이들 노래 소리에 흔들린다

— 김지하, 「소를 찾아나서다」 전문

김지하의 『애린』은 '十牛圖'에 근거한 시집이며, 「소를 찾아나서다」는 그 시집의 '서시'에 해당된다. 주지하다시피, 로만스에 있어서 "먼곳으로부터의 공포는 모험의 요소로, 맞닿은 곳으로부터의 공포는 경이의 요소로, 대상이 없는 공포는 우울한 명상으로 각각 변한다. 먼곳으로부터의 연민은 용감한 기사에 의한 구원이라는 주제로, 맞닿은 곳으로부터의 연민은 허물을 탓하지 않는 우아한 매혹으로 변한다. 그리고 대상이 없는 연민은 창조적 공상"으로 변한다(11: 56). '十牛圖'도 마찬가지이지만, 「소를 찾아나서다」도 용감한 기사에 의한 민중의 구원이라는 주제를 그 핵자로 간직하고 있다. 비록, 「소를 찾아나서다」는 그 애상적인 분위기가 주조를 이루고 있지만, "캄캄한 지하실 시멘트벽에 피로 그린/ 네 미소가"가 어떻게 맞닿은 곳으로부터의 공포일 수가 있겠으며, 또한 어떻게, "어디 있느냐 지금 어디"라고, 간절하게 '애린'을 찾아 헤매고 있는 시구가 용감한 기사에 의한 구원이라는 주제가 아닐 수가 있겠는가? 하지만 「소를 찾아나서다」의 시적 화자는 민중적인 기사이지, 귀족적인 기사는 아니다. '애린'이라는 여성화자 역시도 민중적인 여성이지, 귀족적인 여성이 아니다. '애린'은 개인의 자유와 그 권리를 빼앗기고 신음하고 있는 여인이며, 특정한 개인이 아닌 통개인적인 인물이다. 신 앞에서 만인이 평등하고, 법 앞에서도 모든 사람들이 평등하다는 것, 이것이 김지하 시인의 시적 주제라고 할 수가 있다. 이 점에 있어서 김수영과 김지하는 구별되고, 로맨틱한 귀족풍의 연애시와 민중적인 연애시의 구별이 가능해진다. 김수영의 시는 우리 한국인들의 전형이 되고, 김지하의 시는 현대 사회의 민중들의 전형이 된다. "가투에 나선 젊은이들의 노래 소리"에서 암시를 받을 수가 있듯이, 김지하는 '애린'이라는 여인을 통해서 인간에 의한 인간의 이용과 그 착취를 폐지하자고 주장하는 인문주의자이기도 한 것이다.

그런 사랑 여러번 했네
찬란한 비늘, 겹겹이 구름 걷히자
우수수 쏟아지던 아침햇살
그 투명함에 놀라 껍질째 오그라들던 너와 나
누가 먼저 없이, 주섬주섬 온몸에
차가운 비늘을 꽂았지
살아서 팔딱이던 말들
살아서 고프던 몸짓
모두 잃고 나는 씹었네
입안 가득 고여오는

마지막 섹스의 추억

— 최영미, 「마지막 섹스의 추억」에서

우리들은 첫눈에 반하기를, 너무 잘하는 세대. 남자들은 길거리에서 아무 여자나 잡아 강간을 하고 여자들은 잘난 사내를 애태우며, 그 완강한 근육 속에 천천히 잡혀들기를 원한다. 그리하여 우리들은 혼음으로 젊음을 다 떠보낸다.

우리들은 약속 없는 세대. 노상에서 태어나 노상에서 자라고 결국 노상에 죽는다. 하므로 우리들은 진실이나 사랑을 안주시킬 집을 짓지 않는다. 우리들은 우리들의 발끝에 끝없이 길을 만들고, 우리가 만든 그 끝없는 길을 간다.

우리들은 약속 없는 세대다. 하므로, 만났다 헤어질 때 이별의 말을 하지 않는다. 우리들은 헤어질 때 다시 만나자는 약속을 하지 않는다. "거리를 쏘대다가 다시 보게 될텐데, 웬 약속이 필요하담!"—그러니까 우리는, 100퍼센트, 우연에, 바쳐진, 세대다.

— 장정일, 「약속 없는 세대」에서

최영미의 「마지막 섹스의 추억」은 성숙한 남녀가 육체적인 사랑을 나눈 것에 대한 회한이 담겨 있는 시이며, 이제는 그 육체적인 사랑보다도 진실한 사랑을 통하여 성적인 만족을 찾아야겠다는 소망이 담겨 있는 시라고 할 수가 있다. 그러니까 회한은 "우수수 쏟아지는 햇살" 속에서 "껍질째 오그라들던 너와 나"를 상기시키고, 진실한 사랑에 대한 소망은 "살아서 팔딱이던 말들/ 살아서 고프던 몸짓" 사이를 비집고, "마지막 섹스의 추억"을 끊임없이 반추하게 된다. "그런 사랑 여러 번 했네"라는 시구는 이중적인 의미를 갖고 있다. 첫 번째는 한 사람의 애인과 여러 번의 섹스를 즐겼다는 것이 될 것이고, 두 번째는 여러 명의 남자와 수없이 많은 관계를 가졌다는 것이 될 것이다. 그러나 그 사람들과의 섹스의 추억은 회한으로 남아 있고, 그 섹스에 대한 추억만이 남아 있다. 이 말은 그 사람들과의 관계는 바람직하지 않았다는 것을 뜻하고, 다른 한편, 섹스의 즐거움만은 결코 잊을 수가 없다는 것을 뜻한다. 따라서 이제는 그러한 실패들을 교훈 삼아 "살아서 팔딱이던 말들/ 살아서 고프던 몸짓"들을 해소하고 진실한 사랑을 나누겠다는 시인의 소망이 돋보이게 된다. 그녀는 죽어도 「마지막 섹스의 추억」을 잊지 못하는 '연애지상주의자'이며, 민족문학이 동시대의 이념적 좌표를 잃고 표류하던 시기에 피어난 한 떨기의 꽃과도 같은 시인이다. 최영미의 「마지막 섹스의 추억」은 정치적 충동을 문학이라는 외피로 위장하고 있는 시도 아니고, 퇴폐적인 쾌락에 몸을 맡김으로써 '성의 해방'을 부르짖고 있는 시도 아니다. 최영미에게는 연애가 지상 최대의 목표이며, 생활 그 자체라고도 할 수가 있을 것이다.

전자 매체와 영상 매체에 사로잡혀 있는 20세기 말의 '약속이 없는 세대'를 나는 퇴폐주의에 사로잡혀 있는 세대라고 부르고 싶다. 말의 바른 의미에서, 오늘날의 퇴폐주의자에게는 인과론적 필연성도 필요가 없고, 도덕이나 사회적인 윤리 따위도 필요가 없다. 그들에게는 사물의 원인과 결과를 정교하고 세밀하게 따져보는 필연성보다는 우연성이 더욱더 필요하고, 믿음보다는 배신이, 약속보다는 약속을 하지 않는 것이 더욱더 중요해 보인다. 장정일은 그 퇴폐주의의 한 가운데서, "우리들은 첫눈에 반하기를, 너무 잘하는 세대. 남자들은 길거리에서 아무 여자나 잡아 강간을 하고 여자들은 잘난 사내를 애태우며, 그 완강한 근육 속에 천천히 잡혀들기를 원한다. 그리하여 우리들은 혼음으로 젊음을 다 떠보낸다"라고 노래를 하고, 다른 한편, "우리들은 약속 없는 세대. 노상에서 태어나 노상에서 자라고 결국 노상에 죽는다. 하므로 우리들은 진실이나 사랑을 안주시킬 집을 짓지 않는다. 우리들은 우리들의 발끝에 끝없이 길을 만들고, 우리가 만든 그 끝없는 길을 간다"라고, 노래를 부른다. 퇴폐주의는 무질서, 광란, 혼음난무에 기초해 있으며, 따라서 무책임, 무목표, 무의지를 그 가치관으로 내세우게 된다. 퇴폐주의는 모든 것을 다 허용하면서도, 그 우연성이나 반윤리를 최고의 가치관이나 이상으로 삼는 우를 범하게 된다. 이제는 길거리에서 아무 여자나 잡아 강간을 하는 것도 어떠한 죄의식을 불러 일으키지는 않고, 배신을 밥 먹듯이 하거나 혼음으로 젊음을 다 보내고도 어떠한 죄의식을 불러 일으키지는 않는다. 그들은 노상에서 태어나 노상에서 자라고 결국은 노상에서 죽어가게 되어 있다. 노상에서 태어나 노상에서 죽어가는 퇴폐주의자들에게는 진실과 사랑, 그리고 우리 인간들의 보금자리 따위도 그 유효성을 상실할 수밖에 없다. 20세기 말의 퇴폐주의자들은 19세기 말의 퇴폐주의자들의 후예들이며, 1960년대 히피족들의 직계 자손들이다. 그러나 19세기 말의 퇴폐주의자들에게는 타락한 사회에서 진정한 가치를 추구하는 방법으로 퇴폐적인 쾌락에 온몸을 맡겼지만, 오늘날의 퇴폐주의자들은 오직 더 많은 쾌락을 추구하기 위하여 쾌락에 온몸을 맡긴다. 산아제한의 시대를 맞이하여 여자들의 유방과 엉덩이마저도 다만 섹스의 도구로 향유할 수 있게 된 세대들, 생산성의 성을 불모의 성으로 변모시켜도 아무런 양심의 가책이 없는 세대들, 마약이나 알콜중독자처럼 섹스의 중독자가 되어서 매일매일이 명절이 된 세대들, 사유의 샘물이 고갈되고 모든 선악을 넘어서서 에로스의 향연에 푹 빠져버린 세대들—. 나는 이 약속이 없는 세대들을 신성한 연애의 이름으로 이 지구상에서 추방해 버리고 싶다.

그리스 로마 시대의 음유 시인들은 아모르(에로스의 로마적 표기)를 개인적인 것으로, 아카페를 사회적이고 이타적인 것으로 분류하고, 에로스를 생물학적 충동으로 분류한 바가 있었다. 아모르적인 사랑은 생물학적 충동을 넘어서서 개인의 자유와 개성을 강조하고, 에로스적인 사랑은 개인적이고 이타적인 사랑을 다같이 거부하고, 생리적인 충동에 몸을 맡기는 것을 말한다. 마지막으로 아카페적인 사랑은 생리적인 충동이나 자유와 개성을 다같이 넘어서서 플라토닉 러브에 강조점을 두는 사랑을 말한다. 김수영의 로맨틱한 귀족풍의 연애시는 그것이 우리 인간들의 전형으로 승화되고 있지만, 자유와 개성을 강조하는 아모르적인 사랑에 해당되고, 김지하의 민중적인 연애시는 용감한 기사에 의한 민중의 구원이라는 아카페적인 사랑에 해당된다. 최영미의 연애시는 연애를 지상 최대의 목표로 간주한다는 점에서 에로스적인 사랑에 해당되고, 장정일의 연애시는 에로스를 압살하는 반에로스적—퇴폐주의적—인 사랑에 해당된다. 에로스를 압살하고 신성한 성마저도 더럽고 추한 사랑으로 변모시키는 퇴폐주의적인 사랑—. 어느덧 우리 한국인들의 연애와 사랑, 그리고 성적 체위까지도 서구화되어가고 있다. 자지와 보지를 가지고 있으면서도 그것의 기능을 강화시키거나 질병을 치료할 힘마저도 우리 한국인들에게는 없는 것이다. 앎의 투쟁에서의 패배가 성 의학에 대한 종속으로 이어지고, 우리 한국인들의 주체성의 상실로 이어진다. 나는 지금 이 '연재의 글'을 '대한독립만세'를 부르는 심정으로 쓰고 있다. 독창적인 명명이 힘, 독창적인 사상의 힘—, 이것만이 우리 한국인들을 진정으로 해방시키고, 이 세계를 정복할 수가 있는 것이다.

마지막으로 이성복의 「남해 금산」을 살펴보기로 하자.

한 여자 돌 속에 묻혀 있었네
그 여자 사랑에 나도 돌 속에 들어갔네
어느 여름 비 많이 오고
그 여자 울면서 돌 속에서 떠나갔네
떠나가는 그 여자 해와 달이 끌어 주었네
남해 금산 푸른 하늘가에 나 혼자 있네
남해 금산 푸른 바닷물 속에 나 혼자 잠기네
— 이성복, 「남해 금산」 전문

이성복의 「남해 금산」은 산과 바다라는 자연의 이미지와 '나'와 '여자'를 '신화적 상상력'으로 아름답게 변용시킨 시라고 할 수가 있다. '금산'을 금산이게끔 하는 '돌'은 전형적인 남근의 이미지이며, 그 남근을 받아들이고 있는 바다는 풍요로운 생산성을 지닌 자궁의 이미지이다. 이러한 양성의 원리에 의하여 나와 여자가 태어나게 되고, 이 세상의 삶의 비밀을 밝혀주는 연애시가 탄생하게 된다. "연애시는 삶의 비밀을 밝히려는 모든 시의 원형이라고 할 수가 있다. 남녀 간의 사랑 속에 숨어 있는 원리를 밝힌다는 것은 곧 삶과 죽음, 정신과 물질, 이 세상과 저 세상의 관계를 밝히는 일이 될 것이다"(이성복, 「연애시와 삶의 비밀」). 금산이 없으면 바다도 없고, 남자가 없으면 여자도 없다. 사랑이 없으면 삶도 없고, 이별이 없으면 사랑도 없다. "그 여자 사랑에 나도 돌 속에 들어갔네"라는 시구가 그것을 말해 주고, "남해 금산 푸른 바닷물 속에 나 혼자 잠기네"라는 시구가 그것을 말해 준다. 이성복의 「남해 금산」은 '신화적인 연애시'이며, 그것은 우리 인간들의 존재의 근원 탐구와 구원의 문제—삶의 비밀을 밝힌다는 것은 인간 존재의 구원의 문제를 다룬다는 것을 뜻한다—를 그 주제로 간직하고 있는 시라고 하지 않을 수가 없다. 신화는 시간과 공간을 초월해서 존재하지만, 그 신화는 언제, 어디서나 제멋대로 자라나는 나무와도 같다. 우리는 신화가 없으면 어떤 꿈도 꿀 수가 없고, 어떤 소망도 이루어낼 수가 없다. 우리 한국인들이 하루바삐 세계적인 신화를 창출해내야 하는 까닭이 여기에 있다. 김수영에게는 연애가 소수의 선택받은 인물들의 이상과 꿈을 실현하는 수단이고, 김지하에게는 연애가 가난하고 헐벗고 굶주린 민중들을 구원할 수 있는 수단이 된다. 최영미에게는 연애가 지상 최대의 목표이며, 장정일에게는 연애가 더 많은 쾌락을 추구하는 수단이 된다. 이성복에게는 연애가 우리 인간들의 존재의 근원 탐구와 구원이라는 신화적, 혹은 형이상학적인 화두가 된다.

나는 마지막으로 셰익스피어의 「리어왕」의 한 대목과 아도니스의 죽음을 슬퍼하는 아프로디테의 노래를 소개해 보고자 한다. 전자는 우리 인간들의 성적 욕망에 맞닿아 있고, 후자는 티없이 맑고 순수한 사랑에 맞닿아 있다.

고너릴 나의 사랑하는 글로스터어! 원 같은 남자라도 이렇게 다를까! 여자의 진심은 당신에게 바쳐진 거요. 우리집 바보는 내 몸을 새치기 한 거예요!(12: 296)

당신이 죽다니, 오 그렇게도 원했는데
내 욕망은 꿈처럼 흘러가 버렸구나
당신과 함께 가는 것만이 나의 아름다움을 장식하는 것인데.

그러나 나 자신은 여신으로 살기에 당신을 따라갈 수 없구료
키스해 주세요, 다시 한번 키스를
나의 입술로 당신의 영혼을 다 빨아들일 때까지
그래서 당신의 모든 사랑을 모두 다 마셔버리겠소.

모든 산들이 부르고 있소. 떡갈나무들이 대답을 하고 있소.
오, 오호, 오호, 아도니스여. 그는 죽었다오.
에코만이 대답을 하는구나. 오, 오호, 오호, 아도니스여.
모든 사람들이 당신을 위해 울고 있소. 모든 음악들도 당신을 위해 울고 있소.

연애만이 위대하고, 또 위대하다! 연애만이 우리 인간들을 영원불멸의 삶으로 인도해줄 수가 있다!

| 참고 문헌 |

1, 아리스토파네스, 『희랍비극』, 현암사, 1989

2, 쇼펜하우어, 『의지와 표상으로서의 세계』, 집문당, 1994

3, 죠르쥬 바따이유, 『에로티즘』, 민음사, 1989

4, 프로이트, 『프로이트 자서전』, 탐구당, 1989

5, 움베르토 에코, 『장미의 이름』 하권, 열린책들, 1992

6, 괴테, 『파우스트』, 범우사, 1984

7, 셰익스피어, 『셰익스피어 전집』 6권, 휘문출판사, 1974

8, 니체, 『이 사람을 보라』, 청하, 1982

9, 에리히 프롬, 『사랑의 기술』, 홍신문화사, 1990

10, 엘리아데, 『상징, 신성, 예술』, 서광사, 1991

11, 프라이, 『비평의 해부』, 한길사, 1992

12, 셰익스피어, 『셰익스피어 전집』 7권, 휘문출판사, 1974

제6장 우정에 대하여

— 나에게 20여 명의 문인들을 초청하게 하고 속리산에서 『한국문학비평의 혁명』의 출판기념회를 열어준 이태화 변호사에게, '愛知'의 동반자로서 우리 한국인들의 신화를 함께 창조해 나갈 이태화 변호사에게

나는 선천적으로 대범하고 호탕한 성격의 소유자라고 이미 여러 차례 밝혀 온 바가 있다. 육이오 전쟁통에 50여 칸이나 되던 주상住商 복합용의 집이 소실되고 큰 아버님은 홧병으로, 아버님은 선천적인 천식과 해소 때문에 너무나도 일찍 돌아가셨다. 충북 청주시 용정동 84번지 소재의 산지기 움막집은 육이오 때 피난을 나왔다가 이미, 돌아갈 곳이 없어서 눌러 앉은 집이었다. 손바닥만한 비탈밭 천여 평과 감나무 수십 그루와 울창한 참나무 숲과, 그리고 자그만 야산치고는 매우 아름답고 수려했던 이정골 산의 풍광이 우리 집 재산—무일푼의 재산—의 전부였다. 초등학교 때, 나는 참고서는커녕, 교과서도 없이 공부도 매우 잘 했지만, 어느 누구도 말리지 못하는 싸움꾼이었다. 부

모형제들 중에서 어느 누구 하나 나를 보호해줄 사람도 없었지만, 가난한 집 아이라고 깔보기만 하면 나는 여지없이 그 아이에게 도전을 했고, 끝끝내 그 아이로부터 항복을 받아내고야 말았다. 나는 이처럼 사납고 호전적인 전투 정신의 소유자이기도 했지만, 다른 한편, 약한 아이들을 곧잘 보호해 주고, 공부를 잘 하는 아이들과도 매우 친절하게 지냈다. 그 중에서도 김창환이라는 아이는 피를 나눈 형제보다도 더 가깝게 지냈다. 그 친구의 아버님은 여러 가지 공직 생활도 하셨지만, 일찍부터 자수성가한 입지전적인 인물로서 상당한 재력가이기도 했다. 친구의 아버님은 나를 친자식처럼 보살펴 주신 것은 물론, 취직도 시켜주었고, 무척이나 끔찍히도 나를 아끼고 사랑해 주셨다. 친구는 세칭 일류 중학교를 다니고 나는 자그만 상점의 종업원으로서 십대의 가장 노릇을 해야 했지만, 우리들의 우정은 한 번도 금이 간 적이 없었다. 나는 여러 친구들이 자전거를 타고 등교를 하거나 하교를 할 때면, 남몰래 주택가의 골목으로 숨어 들어가 너무나도 공부가 하고 싶어서 소리없이 울고 또 울었다. 나는 닭똥 같은 눈물을 두 손으로 훔치면서, 오딧세우스처럼 나의 연약하고 어리석은 마음을 꾸짖고, 또 꾸짖었다. "참고, 참고, 또 참고 견디어라, 나의 마음아! 너는 이것보다도 열 번, 백 번 더 어렵고 힘든 일도 헤쳐 나가지 않으면 안 된단다!" 하지만 그 친구만은 절대로 피하지 않고, "창환아, 학교엘 가니?"라고 반갑게 인사를 할 수가 있었고, 그러면 그 친구 역시도 "경환아, 힘들지? 너무 너무 고생이 많구나"라고, 나의 때묻은 손을 따뜻하고 반갑게 꼭 잡아주곤 했었다. 지금도 이러한 여러 장면들을 회상해 보면 눈시울이 저절로 붉어지고, 이 글 역시도 걷잡을 수 없이 흐르는 눈물때문에, 몇 번씩 중단을 해야만 했었다. 나는 무엇이든지 한 번 결심을 하면 끝장을 보고야 마는 성격의 소유자이며, 이러한 나의 무서운 결단력과 의지 앞에서 나 스스로도 혀를 내두르고 놀랄 때가 한두 번이 아니었다. 이미 친구의 아버님은 돌아가셨지만, 내가 신춘문예를 통해서 등단을 하고 찾아 뵈었을 때, 이렇게 말씀을 드려 보았다. "그동안 아버님이 저를 친자식 이상으로 따뜻하게 보살펴 주셔서 대단히 감사했습니다. 저는 아버님의 크나큰 은혜를 죽어도 잊지 못할 것입니다. 아버님, 옷차림도 더없이 남루하고, 학교도 다니지 못하고, 저 같이 가난한 집 아이에게 왜 집안 출입을 허락하시고, 그처럼 잘해 주셨어요?" "경환아, 나는 첫 눈에 너를 알아 보았단다. 너는 어릴 때부터 네 두 눈동자에 총명함이 뚝뚝 떨어지고 있었고, 아무튼 나는 네가 대단한 인물이 될 줄을 알고 있었단다. 그래서 나는 네가 여러모로 좌절을 겪고 있을 때에도 너에 대한 나의 믿음을 한번도 의심을 해본 적이 없었단다." 모든 사람들이 나를 폐인처럼 취급을 하고 그 친구마저도 문학수업을 때려치우고 먹고 살 길을 찾아 보라고 호통을 쳤었지만, 친구의 아버님은 나에 대한 믿음을 한번도 저버린 적이 없었다. "경환아, 대기만성이란다! 아버지는 너를 믿는단다"라는, 그 아버님의 친필 휘호는, 내가 길을 잃고 헤매거나 좌절을 할 때에도 언제나 변함없이 밤하늘의 별빛이 되어 주었다. 언제나 나는 나보다도 더 나은 친구들만을 골라 사귀고, 그들의 학력이나 재력 따위에는 한번도 주눅이 들어본 적이 없었다.

나는 식당종업원으로, 어느 공공기관의 사환으로 객지를 떠돌아 다니는 두 형님들을 대신하여 어렵고 힘든 집안 살림을 떠맡아서 동생들을 서울의 대학교로 진학시키기도 했지만, 바로 밑의 동생에게는 무엇보다도 공부의 중요성을 역설하고 또 역설했었다. 나는 언제나 바로 밑의 동생에게 좋은 옷과 좋은 음식을 먹여주지 못하는 것을 늘 안타까워하면서도, 그보다는 가장 어렵고 힘든 길만을 골라서 걸어가는 것이 진정으로 위대한 사나이의 길이라고 역설을 하고 또 역설을 했었다. 가능하면 어렵고 힘든 길만을 골라서 걸어가고, 그리하여 자기 자신만이 할 수 있는 일을 하라는 것이 내가 나의 동생에 대한 희망사항의 말이었지만, 이제는 그 말은 나 자신만의 신념이 되고 말았다.

독창성이나 개성은 학교 교육의 문제가 아니고, 삶에의 투신의 문제이다. 왜냐하면 우리가 학교에서 배우는 지혜는 외부에서 강제로 주입되는 지혜일 수밖에 없기 때문이다. 우리 인간들의 살이 되고 피가 되는 삶의 지혜는 만인들의 반대 방향에서, 외롭고 고독하지만, 그러나 꿋꿋하고 의연하게 자기 자신의 길을 걸어가기만 하면, 자연히, 저절로 얻어지는 것일 수밖에 없는 것이다. 부디 만인들처럼 살아가지 말고 자기 자신의 삶을 살아가거라! 자기 자신이 언어 자체의 기원이 되고 자기 자신만의 사상의 신전을 세울 수 있는 곳, 바로 자기 자신이 아버지가 되고 모든 인류의 조상이 될 수 있는 곳에 너의 삶의 둥지를 마련하거라! 아무런 지식도 없고 미성숙하면 미성숙한 대로 내가 그처럼 위대한 비극의 주인공의 삶을 역설했지만, 나의 바로 밑의 동생은 내가 그토록 소망했던 외국 유학이나 학자의 길을 버리고, 더 이상의 지긋지긋한 가난이 싫다면서 현실과의 타협을 시도해 버렸다. 나 역시도 그 지긋지긋했던 가난이 싫었고, 타인들의 멸시와 경멸의 눈초리도 싫었다. 그러나 나는 부의 축적으로써 나의 가난을 극복하려 하지 않고, 그 지긋지긋한 가난 속에서도 얼마나 의연하고 꿋꿋하게 살아갈 수가 있느냐는 문제에 그 초점을 맞추었다. 나는 다섯 번씩, 여섯 번씩, 실패를 거듭해도 "오, 하나님 아버지 감사합니다"라고, 또다시 일어나서 독수리처럼 자유롭게 날아갈 수 있는 사내, 청동보다도 더 건강하고 튼튼한 사내가 되고 싶었던 것이다. 나의 가난도, 고통도, 불행도, 그 모두가 나의 행복의 전제 조건일 수밖에 없었다. 나는 타인들의 끊임없는 멸시와 경멸의 눈초리 앞에서도 두 눈을 똑바로 뜨고, 내가 왜 행복한 인간이 아닌가라고 수없이 반문을 하고 또 반문을 했었다.

이 세상에서 피어나는 것 중에서 오오, 어린 소년이여!
고귀하고 위대한 꿈보다도 더 아름다운 것은 없다.
고귀하고 위대한 꿈이야말로

우리 인간들의 존재의 꽃이다.
오색 무지개처럼 영롱하고 화려하며, 그러한 아름다운 꽃으로 인하여
우리 인간들의 삶 자체가 생기를 얻게 된다.
오오, 언제나 마음이 굳세고, 결코
이 세상의 삶을 저주하지 않았던 어린 소년이여!
용기, 건강, 지혜, 마음 속의 부유함, 그 모든 것을 다 갖춘 어린 소년이여!
나는 그대처럼 자라나는 어린 소년들에게서
우리 한국인들의 꿈을 바라다 보게 된다.
—「어느 날 나의 메모」에서

나는 십대의 어린 나이에 거울 앞에 앉아서 "나의 두 눈동자여, 부디부디 백만 촉광의 눈빛으로 빛나라!"라고, 또 하나의 나 자신과의 눈싸움을 걸기도 했었다. 1980년대 초, 짧지 않은 직장 생활을 청산하고 진정으로 내가 하고 싶었던 공부, 즉, 문학수업에 전념을 했었고, 여러 가지 숱한 우여곡절 끝에, 1988년 「폐허 속의 시학—김종삼 론」(『한국문학』), 1989년 「원형상징의 꿈—김용택 론」(『중앙일보』)으로 문단에 데뷔를 했다. 나로서는 나의 생명과 그 모든 것을 다 걸은 도박에서의 성공이었던 셈인 것이다. 1993년, 초 여름, 김현 선생의 3주기 추모제를 다녀오고, 바로 그날 밤부터 '한국문학비평의 혁명'이라는 좌우명을 책상 앞에 써붙여 두고 공부를 하고 또 공부를 했다. 그러다가 1994년 『행복의 깊이』와 1997년 『한국문학비평의 혁명』을 출간하고, 그 좌우명을 떼어 불살라 버렸다. 그리고 '나는 한국인의 희망이다, 21세기는 반경환과 함께!'라는 좌우명을 써붙여 놓았다가 곧바로 불살러 버리고, 이제는 '모든 천재는 인류의 스승이다'라는 좌우명을 써붙여 두고 있다. 산지기 움막집의 아들로서, 자그만 상점의 종업원으로서, 문학비평가로서, 그리고 이제는 한 사람의 철학자로서 걸어가고 있는 나의 인생, '한국문학비평의 혁명'으로부터 출발하여 '나는 한국인의 희

망이다, 21세기는 반경환과 함께!'를 거쳐 '모든 천재는 인류의 스승이다'라는 나의 좌우명의 역사—, 하지만 이 모든 것은 나의 대범하고 호탕한 성격 자체를 말해줄 수가 있을 것이다. 젊어서 마음이 굳세지 못한 사람은 평생을 후회하게 된다는 말도 나의 꿈을 키워주었고, 고귀하고 위대한 인물은 쉽게 한탄하지 않는다는 말도 나의 꿈을 키워주었다. 나는 용기, 건강, 지혜, 마음 속의 부 등, 그 모든 것을 다 갖춘 인물이었고, 그 결과, 언제나 하나의 문제에 주의를 집중할 수가 있게 되었다. 나는 독창적인 명명의 힘을 길렀고, 한국문학의 이론과 낙천주의 사상의 창시자가 되었다. 낙천주의는 너무나도 가난하고, 고통스러웠고, 불행했기 때문에, 그 불행한 삶을 살아갈 수 있는 나의 삶의 지혜(혹은 행복론)일 뿐이었다. 오늘도 나는 낙천주의의 창시자로서, '모든 천재는 인류의 스승이다'라는 좌우명을 향하여 전진을 하고 또 전진을 하고 있다. 나는 꿈을 꾸면서 나 자신을 끊임없이 찬양을 하고 또 찬양을 한다. 나는 꿈을 통해서 자기 자신을 극복하고 그 모든 것을 극복하고, 나 자신을 높이높이 끌어 올린다. 꿈을 꾸는 자에게는 모든 것이 신선하고 즐겁고 기쁘고, 꿈을 꾸는 자의 영혼은 이 세상의 행복의 절정에 도달하게 된다. 나는 이미, 제2장, 「산책에 대하여」라는 글에서 밝힌 것처럼, '만인 대 일인의 투쟁'을 해나가고 있는 고립무원의 단 한 사람일 뿐이었다. 그 고립무원의 단 한 사람의 꿈이 티없이 맑고 순수하고, 그만큼 고귀하고 위대한 꿈이라면, 우리 한국인들이여, 그대들은 이 반경환이를 언제까지나 산 채로 생매장을 할 수가 있을 것이란 말인가! 나는 한 마리의 이무기를 꿈꾸는 것이 아니라, 우리 한국인들의 하늘로 승천할 수 있는 거대한 한 마리의 용을 꿈꾼다.

어둠의 늪 속에서 뒤척이며
오랫동안 기다려온
이무기 한 마리

벗어도 벗어도 달라붙던
밤의 허물 벗어버리고
입으로 빛을 뿜으며
하늘로 솟아오른다
온 몸의 비늘 번쩍이며
날카로운 네 발로 구름 헤치고
새벽 하늘로 날아오른다
사슴처럼 드높은 뿔을 세우고
앞날을 쏘아보듯 두 눈을 부릅뜨고
마음의 소리까지 알아듣는
어진 귀를 쫑긋거리며
용의 모습으로 떠오르는
우리의 꿈을 보아라
때로는 천둥번개 장난치고
눈을 내려 하얗게 세상을 뒤덮고
달빛 속에 혼자서 생각에 잠기는
용의 모습으로 올해는
산과 강과 도시와 마을
곳곳의 하늘 위에서
떠돌며 머물 것이다
우리의 바람이 이루어질 때까지
— 김광규, 「용의 모습으로」 전문

꿈은 우리 인간들을 고귀하고 위대하게 만들지만, 우리 인간들을 더없이 고독하고 비참하게도 만든다. 모든 학문이나 예술의 비극사를 더듬어 올라가 보면, 전자보다는 후자가 언제나 먼저 선행을 하고 있다는 사실을 알 수가 있을 것이다. 고귀하고 위대한 꿈을 꾸라는 말은 우리 인간들에게는 신이 되라는 말과도 같은 말이며, 천 년의 한이 맺혀 있는 '이무기'에게는 한 마리의 거대한 '용'이 되라는 것과도 같은 말이다. 김광규의 「용의 모습으로」는 비록, 상상 속에서의 일이기는 하지만, 우리 인간들의 고귀하고 위대한 꿈에 값한다고 하지 않을 수가 없다. 이무기(인간)는 용(신)이 되지 못하고 어두운 늪 속을 헤매게 되지만, 용은 그 이무기의 껍질을 벗어버리고 "입으로 빛을 뿜으며/ 하늘로 솟아" 오르게 된다. 용은 모든 인간들의 숭배의 대상이 되고, 이무기는 그렇지 못한 저주의 대상이 된다. 따라서 용이 이무기의 껍질을 벗고 승천할 때는 모든 기적이 가능하게 된다. "사슴처럼 드높은 뿔을 세우고/ 앞날을 쏘아보듯 두 눈을 부릅"뜬다는 것이 그것이고, "용의 모습으로 올해는/ 산과 강과 도시와 마을", "우리의 바람이 이루어질 때까지" "곳곳의 하늘 위에서/ 떠돌며 머물 것이다"라는 시구가 그것이다. 모든 꿈은 낙천주의의 산물이며, 우리는 그 꿈이 있기 때문에 행복하게 살아갈 수가 있는 것이다. 김광규의 '용'은 유럽이나 동양, 혹은 그 어디에서나 수많은 신화와 종교의 대상이 되고 있다는 점에서 '신화적 상상력의 문학적 구현'에 값하고, 궁극적으로는 보다 나은 인간과 행복한 삶에 대한 보편적인 꿈의 상관물일 수밖에 없다.

사막에서 외롭게 자란 두 사람이 우연히 마주치게 되었을 때, 어떤 일이 벌어질 것인가라는 문제는 매우 중요한 문제이며, 우리 인간들의 흥미와 관심을 집중시키는 문제라고 할 수가 있다. 푸펜도르프는 그들이 서로 친절하게 대할 것이라고 말한 바가 있고, 홉즈는 그들이 서로 적대시 할 것이라고 말한 바가 있다. 장 자크 루소는 그들은 서로 아무 말도 하지 않고 무관심하게 지나칠 것이라고 말한 바가 있다. 푸펜도르프는 인간에 대한 믿음을 상실하지 않고 있는 낙천주의자이고, 홉즈는 그 믿음을 상실한 염세주의자이며, 장 자크 루소는 그 모든 것을 회의하는 냉소주의자라고 할 수가 있다. 우리 인간들은 무리를 지어 사는 사회적 동물이며, 그 무리 밖에서는 자기 자신의 존재의 근거가 위태롭게 되는 매우 나약한 동물에 지나지 않는다. 홉즈의 염세주의와 루소의 냉소주의는 전혀 그 반향을 얻지 못하고 있는 사상에 불과하며, 우리 인간들의 삶의 의지를 부정하는 사상에 지나지 않는다. 나는 낙천주의자로서 푸펜도르프의 견해에 무한한 신뢰와 함께, 찬성을 표시하며, 그것을 다시 이렇게 설명해 보고자 한다. 푸펜도르프는 꿈을 크게 가지라고 말하고, 홉즈는 모든 꿈은 허무하다고 말하고, 루소는 그 꿈이라는 말 자체에 싸늘한 비웃음을 흘리며 묵묵부답으로 일관한다. 여기서도 분명해지고 있는 것은 우리 인간들이 꿈을 꿀 수 없을 때는 어떠한 삶도 가능하지 않고, 이 세상에 대한 어떠한 출구도 마련할 수가 없다는 사실일 것이다. 꿈은 결여의 소산이며, 궁극적인 이상의 세계에 대한 동경이다. 우리 인간들의 지상 최대의 교육 목표는 전인 교육이며, 우리 인간들의 지상 최대의 과제는 행복한 사회의 건설이다. 우리는 사지절단이나 천재지변을 만날 때에도 그 우연성을 극복하기 위해서 전지 전능한 신에게 의지하고, 물에 빠진 자나 화재를 당한 자나 가난한 자를 돕지 못할 때에도 그 무력성을 극복하기 위해서 전진 전능한 신에게 의지하고, 인간과 인간의 사랑에 대한 결핍이나 공동체 사회 내의 부의 축적이 어려울 때에도 그 결핍성을 극복하기 위해서 전지 전능한 신에게 의지한다. 따라서 본질이 없고 현상만이 있는 존재, 무한한 시간의 형식 속에서도 불완전하고 덧없이 소멸되어가고만 있는 존재—, 그러나 우리 인간들은 그 존재론적 한계를 극복하기 위해서 얼마나 수많은 신화와 종교를 안출해 왔던 것이며, 또한 모든 것이 풍요롭고 어느 것 하나 부족함이 없는 지상낙원을 건설하기 위하여 얼마나 많은 피와 땀을 흘려왔던 것이란 말인가? 수많은 신화와 종교는 최고급의 인식의 제전의 산물이며, 우리 인간들의 꿈의 산물일 수밖에 없다. 김광규의 「용의 모습으로」의 시를 생각해 보더라도 전지 전능한 신이 된다는 것, 모든 인간들의 행복한 지상낙원을 건설한다는 것, 여기에는 더 이상의 이의의 여지가 있을 수가 없다.

그러나 고귀하고 위대한 꿈을 꾼다는 것은 결코 쉬운 일이 아니다. 고귀하고 위대한 꿈을 꾼다는 것은 '만인 대 일인'의 싸움을 의미하며, 어떠한 고통도 고통으로 받아들이지 않는 초인적인 용기가 필요하다.

현명하고 자제력이 있는가?
가난도 죽음도 쇠사슬도 그를 두렵게 하지 못하는가?
그는 정욕을 억제하고 명예를 멸시할 수 있는가?
그는 오로지 자기 자신 속에 행동하여 마치 어떤 물체도
그 굴러가는 것을 가로막지 못하는 둥글고 미끈한 공과 같이
운명의 어떤 침해에도 태연할 수가 있는가?
— 호라티우스

푸른 하늘을 제압하는
노고지리가 자유로왔다고
부러워하던
어느 시인의 말은 수정되어야 한다

자유를 위해서
비상하여 본 일이 있는
사람이면 알지
노고지리가
무엇을 보고
노래하는가를
어째서 자유에는
피의 냄새가 섞여 있는가를
혁명은
왜 고독한 것인가를

혁명은

왜 고독해야 하는 것인가를

— 김수영, 「푸른 하늘을」 전문

고귀하고 위대한 꿈도 자연의 질서에 위배되고, 새로운 지식도 자연의 질서에 위배된다. 그러나 지식은 더없이 맑고 순수한 검이며, 때묻은 마음보다 자기 자신의 남루한 옷차림에 더 신경을 쓰는 자에게는 결코 주어지지 않는다. 고귀하고 위대한 꿈은 고통을 모르는 육신이 필요하고 "가난도 죽음도 쇠사슬"도 모르는 용기가 필요하다. 고귀하고 위대한 꿈을 꾸는 자는 고독한 혁명가처럼, 앎과 행동을 일치시켜야 하고, 모든 정욕과 명예를 억제할 수가 있어야만 한다. 고귀하고 위대한 꿈은 새로운 것, 낯선 것을 지향하게 되고, 그 방법적인 수단은 급진적이고 진보적인 혁명이 될 수밖에 없다. 우리는 모두가 자기 자신의 행복을 창조해야 되지만, 그 창조 행위는 반드시 기존의 세계를 파괴해야 된다는 사실을 잊어서는 안 된다. 그러나 대부분의 사람들은 "푸른 하늘을" 자유롭게 날아 다니는 종달새의 행복을 부러워하면서도, 그 종달새가 극복해온 여러 험난한 과정들은 곧잘 잊어버리는 우를 범한다. 호라티우스와 김수영은 고귀하고 위대한 꿈이 왜 혁명적일 수밖에 없었던가를 너무나도 잘 알고 있었던 시인들이라고 하지 않을 수가 없다. 모든 신화와 종교도 그렇지만, '지구는 돈다'라는 말에도 무엇보다도 잔인한 피의 냄새가 배어 있고, '너 자신을 알라'라는 말에도 무엇보다도 잔인한 피의 냄새가 배어 있다. 새로운 것은 그 발견자에게 무서운 형벌을 부과하고, 그 형벌의 고통이 끝날 때쯤이면, 그것은 만인들에게 유익하고 이로운 최고의 선으로 변모를 하게 된다. 따라서 고귀하고 위대한 꿈을 꾸는 자는 필연적으로 고독해야 하고, 그 고독 속에다가 자기 자신의 무덤이나 신전을 세우지 않으면 안 된다.

다음과 같은 앤토우니와 옥타비오 시이저의 말들을 살펴보기로 하자.

앤토우니 물러가게. 벤티디어스에게 내가 좀 보잔다고 전해 주게. 그를 파아셔에 파견해야겠다. (예언자 퇴장) 도통인지 우연인지 몰라도 예언자의 말이 맞아. 주사위조차 시이저 뜻대로 나오고 두 사람이 시합을 하면 내 솜씨가 나을 때도 그 사람의 좋은 운수 때문에 맥을 못 쓰거든. 둘이서 제비를 뽑아도 그 사람이 이기거든. 닭싸움을 붙여 봐도 그 사람 닭이 이기잖는가, 전혀 비교도 안 되는 경우조차도. 그리고 메추리를 새장에 넣어서 싸움을 붙여 보면 형편 없는 경우에도 그 사람 것이 내 걸 때려 눕히거든. 나는 이집트로 가야겠어. 화목을 위해서 이번 결혼을 하기로 했지만, 나의 쾌락은 동방에 있잖는가(1: 314).

시이저 오 앤토우니! 내 그대를 추격하여 여기에 도달시키었구려. 연이나 인간은 병을 고치기 위하여 제 몸을 창질하거든. 내 낙조落照를 그대에게 보이든가, 그대의 낙조를 내가 보든가 할 수밖에 없는 운명이거든. 넓은 천하지만 같이 살 수는 없는 일이었소. 허나 심장의 피와 같이 소중한 눈물을 흘리며 애도하게 해 다오. 그대 나의 형제여, 온갖 최고의 정책에 있어 나의 경쟁자여, 전국에 있어 나의 짝이여, 전선에 있어서는 나의 친구요 동료여, 내 육체의 팔이여, 나의 마음에 불을 붙이는 심장이던 그대여, 동등한 우리 양인의 운명의 별이 양립하지 못하고 이 지경이 되고 말다니(1: 377).

옥타비오 시이저와 앤토우니는 영원한 친구이자 숙명적인 호적수일 수밖에 없었다. 그들이 영원한 친구라는 점에서는 생사를 넘어선 전쟁터에서 동거동락을 했다는 사실을 들 수도 있고, 그들이 숙명적인 호적수일 수밖에 없다는 점에서는 그들 중, 어느 한 사람의 '낙조'를 볼 수밖에 없다는 운명을 들 수도 있다. 옥타비오 시이저는 그의 운명을 피해 이집트의 클레오파트라의 품으로 달아난 앤토우니를 끝까지 추격하여, 한낱 촌부자로 살거나 이집트에서 살게 해달라는 앤토우니의 요청을 거절하고, 그의 목숨을 빼앗아 버리고 만다. 어느 시대, 어느 사회이고 두 명의 왕이 존재할 수는 없고, 그 왕과의 진정한 우정은 가능하지도 않다. 고귀하고 위대한 꿈은 최고의 영광을 위해서 존재하지, 타인들과의 융합을 목표로 삼지는 않는다. 고귀하고 위대한 꿈은 고독하고 전제군주가 될 수밖에 없다. 어느 누구보다도 사랑했던 영원한 친구의 목숨을 베어 버려야만 했던 옥타비오 시이저의 고독, 사랑하는 친구에게 황제의 꿈을 빼앗기고 자기 자신의 목숨까지도 빼앗겨야만 했던 앤토우니의 고독, 그들의 고독은 혁명가의 고독이자 황제의 고독일 수밖에 없다.

나는 10여 년 가까운 서울 생활을 청산하고 대청호반으로 귀향을 하면서 '낙천주의자의 꿈'을 더욱더 가꾸고 키워나갈 수밖에 없었다. 가능하면 아무도 만나지 않고, 책을 읽고, 글을 쓰며, 시간 나는 대로 틈틈이 산책을 하고 들에 나가 일을 한다는 것, 나는 한 사람의 철학자로서 나의 학문에 방해가 되는 그 모든 일들을 모조리 제거해 버리기로 결심을 했던 것이다. 이곳을 찾아오는 자는 나에게 경의를 표해야 하고, 아무도 찾아오지 않으면 나에게 기쁨을 준다라는 어느 옛 시인의 말이 떠오른다. 따라서, 어느 날, 나는 옛 친구들을 만나서, "사랑하는 친구가 성공을 하고 행복해 지기를 바란다면 진정으로 전화를 하지 않는 것이 나를 도와주는 것"이라고, 다소 가슴 아프고 충격적인 말을 할 수밖에 없었다. 하루의 공부를 쉬면 그것을 만회하는 데 이틀이 걸리고, 이틀을 쉬면 나흘이 걸린다. 1년을 쉬면 2년이 걸리고, 2년을 쉬면 4년이 걸린다. 나는 아무 때나 제멋대로 만나자는 그들의 무례함도 싫었지만, 그것보다는 그들을 만나면 愛酒家로서의 과음을 하지 않을 수가 없다는 사실이 더욱더 괴로울 수밖에 없었다. 술을 마시면 술을 사랑하는 한 사람으로서 과음을 하지 않을 수가 없었고, 과음을 하면 그 이튿날이 괴롭고, 또 그 다음날도 정신의 집중력이 떨어지는 이중, 삼중의 손실을 감수하지 않으면 안 되었다. 나는 집을 떠나서 어디를 가든지, 산더미처럼 쌓여 있는 여러 과제들 때문에 한 번도 마음이 편해 본 적이 없었다. 꿈이 큰 자는 모두가 혁명가이며, 고독한 혁명가이다. 그는 자기가 만나고 싶은 사람은 언제든지 만날 수 있기를 바라고, 타인들의 요청은 모두가 거절하는 사교계의 무법자이다. 나는 나의 건강에 이로운 숲과 강을 거닐면서, 오늘도 학문과 예술의 험한 가시밭길을 걸어가고 있다. 사교계의 무법자는 그와 가까운 모든 친구들을 잃어버리고, 수많은 시간과 공간을 초월해서 최고급의 인간들과 사귀게 된다. 그의 고독은 더 이상 물러설 수 없는 벼랑 끝의 고독이 되고, 아름답고 풍요로운 고독이 된다.

왜 채석강변에 사는지 묻지 말아라
나는 지금 만 권의 책을 쌓아 놓고 글을 읽는다
만 권의 책, 파도가 와서 핥고 핥는 절벽의 단애
사람들은 그렇게 부른다
나의 전 재산을 다 털어도 사지 못할 만 권의 책
오늘은 내가 쓴 초라한 저서 몇 권을 불지르고
이 한바다에 재를 날린다
켜켜이 쌓은 책 속에 무일푼 좀벌레처럼
세들어 산다
왜 채석강변에 사느냐 묻지 말아라
고통에 찬 나의 신음 하늘에 닿았다 한들
끼룩끼룩 울며 서해를 나르는 저 변산 갈매기만큼이야
하겠느냐
물 썬 다음 저 뻘밭에 피는 물잎새들만큼이야
자욱하겠느냐
그대여, 서해에 와서 지는 낙조를 보고 울기 전엔
왜 나 채석강변에 사는지 묻지 말아라.
—송수권, 「여름 낙조」 전문

다이아몬드는 그것의 값이 그 가치를 결정하고, 덕은 수도의 어려움이 그 가치를 결정한다. 종교는 고행의 어려움이 그 가치를 결정하고, 약은 쓴맛이 그 가치를 결정한다. 이 세상에는 어느 것 하나 공짜가 없고, 금욕주의는 오늘도 기적을 연출할 수 있는 모태가 되어주고 있다. 꿈을 꾸는 자는 보다 더 강력한 적을 찾아나서고, 강력한 적과의 어렵고 힘든 싸움, 바로 그 고통 속에서 최고의 행복을 발견하게 된다. 한 마디로 천동설의 모순을 일축하고 지동설을 역설했던 갈릴레오는 무엇보다도 자기 자신의 꿈을 사랑하고, 그것에 값하는 고통을 찾아나섰던 고귀하고 위대한 인물이었다. 그는 보다 강력하고 위대했던 적들(지배 계급의 인사들)과의 싸움에서 패배를 하여 레스보스 섬으로 추방된 이후, 그 고장에서 어느 누구보다도 즐겁고, 기쁘고, 행복하게 살아갔던 인물이기도 했다. 따라서 그를 추방했던 로마 당국은 그를 재소환하여 그의 자택 내에 연금시키는 형벌을 다시 부과했다고 한다. 왜냐하면 공동체 사회에서의 추방은 예로부터 가장 어렵고 무거운 형벌이었는데, 그가 그 형벌의 고통을 극복하고 즐겁고, 기쁘고, 행복하게 살아가고 있었기 때문이다. 우리 나라에서도 다산 정약용의 유배 생활이 만인들의 귀감이 되고 있듯이, 그 형벌의 고통을 이겨낸 사람들은 청동보다도 더 강하고 튼튼한 사람들이라고 하지 않을 수가 없다. 그는 만나고 싶은 사람도 못 만나고, 먹고 싶은 것도 제대로 먹지 못하고, 부모형제나 처자식들의 문제에도 언제나 속수무책인 사람이 될 수밖에 없다. 하지만 언제나 자기 한 사람의 목숨을 먼지나 티끌처럼 자연의 법칙에 맡기고 모든 사사로운 인간 관계에서 떠나버리면, 엄청난 사유의 깊이가 녹아든 글을 쓸 수도 있고, 진정으로 맑고 투명한 생활을 할 수도 있다. 나는 지금도, 때때로, 밥만 먹고 공부만 할 수 있다면 청송보호소의 독방에 수감되는 영예를 차지했으면 하는 마음을 가져 볼 때도 있고, 문학상이나 그 모든 영광에 대한 욕망을 버린지도 오래되었다. 나는 한국문학사상, 최초로, 가장 커다란 신성모독죄를 범했지만, 그 형벌의 고통을 어느 누구보다도 즐겁고, 기쁘고, 행복하게 향유를 하고 있다. 보다 강력하고 위대한 적, 좀 더 어렵고 힘든 고통, 무차별적인 만인의 폭력에 저항할 수밖에 없는 일인의 고독, 그러나 이것은 나의 행복의 전제 조건이 된다. 이것은 내가 진정으로 문학을 사랑하고 문학을 위해서 나의 모든 것을 바칠 수 있는 준비가 되어 있기 때문이다. 진정으로 문학을 사랑하고 문학을 위해서 그 모든 것을 바칠 준비가 되어 있는 한 사람의 철학자로서 송수권의 「여름 낙조」를 살펴보면, 그것은 나의 자존심이나 동정심을 건드리지 않고, 그러면서도 깊이 있게 공감을 표하게 만든다. 그는 사회가 제공하는 온갖 편의를 거절하고, 학교의 강단에서 그만큼 멀어진 순수한 앎의 세계를 파고 들어간다. 그는 "켜켜이 쌓은 책 속에 무일푼 좀벌레처럼/ 세들어" 살면서도 자기 자신이 쓴 "초라한 저서 몇 권"을 불살라 버리고, 자기 자신의 고통을 사소한 고통이라고 깎아 내리면서도 "고통에 찬 나의 신음 하늘에 닿았다 한들/ 끼룩끼룩 울며 서해를 나르는 저 변산 갈매기만큼이야/ 하겠느냐/ 물 썬 다음 저 뻘밭에 피는 물잎새들만큼이야/ 자욱하겠느냐"고, 타인들의 고통을 더욱더 크게 끌어안고 있다. 자기 자신이 이해받지 못할 때는 그의 자존심이 더욱더 오만방자해 지고, 자기 자신이 이해받을 때는 그의 동정심이 더욱더 어쩔 줄을 모르게 된다. 이것이 참된 혁명가의 고독이지만, 그러나 그 혁명가의 진정한 마음을 울릴 수 있는 사람은 그와 동등한 또다른 혁명가일 수밖에 없다. 그가 살고 있는 사회는 그에게 빵을 제공해 줄 수가 있지만, 그것은 그의 이성과 두뇌를 마비시키고, 학교의 교육은 쉽게 배우고 익힐 수가 있지만, 그것은 우리 인간들의 살이 되고 피가 되지 못한다. 그렇다면 우리 인간들의 살이 되고 피가 될 수 있는 앎은 모진 비바람과 거친 파도 속에서도 그 굴절을 모르는 자연으로부터 터득할 수밖에 없게 된다. 채석강변은 보다 강력하고 위대한 적과 좀 더 어렵고 힘든 고통이 살아 있는 곳이고, 무차별적인 만인의 폭력에 저항할 수밖에 없는 일인의 고독이 살아 있는 곳이다. 만 권의 책과 깊고 깊은 절벽의 단애, 오늘도 끼룩끼룩 울며 서해 바다를 날아가는 변산 갈매기들, 그리고 앎에의 의지에 충만하여 만 권의 책 속에서 신음하는 시인, 어느 누가 그 시인에게 그의 삶의 이유를 물을 수가 있겠으며, 그 아름답고 장엄한 「여름 낙조」 앞에서 경의를 표하지 않을 수가 있겠는가? 우리는 앎을 시도하면서 새로운 인간으로 태어나고, 그 새로운 인간을 통해서 보다 건강하고 완전한 '種'의 모습을 발견하게 된다. 송수권의 「여름 낙조」가 나를 부르면 나도 그 「여름 낙조」가 되어 달려 간다. 그 뒤를 이어서 김광규, 김수영, 호라티우스, 앤토우니와 옥타비오 시이저가 달려오고, 그들은 다같이 서로 서로의 손을 맞잡고 반갑게 인사를 나눈다. 우리들의 우정의 바다는 무한히 넓고 푸르고, 우리들의 「여름 낙조」는 더없이 아름답고 웅장하다. 나는 현실의 모든 친구들을 다 잃어버렸지만, 이처럼 최고급의 시인들과 사귈 수가 있어서 행복하다.

아아, 이태화 변호사여! 나의 생활은 더없이 단조롭고 따분하고 무미건조하게 보일는지도 모른다. 한 달에 거의 한두 명의 외부 사람을 만날까 말까하고—그대를 제외하고—, 자동차도 운전할 줄을 모른다. 양복도 통 털어서 세벌 밖에 없고, 돈이 드는 오락은커녕, 그 모든 오락마저도 언제나 사양을 하고 있다. 그처럼 좋아했던 바둑도 모든 정석을 다 잊어버렸고, 애주가로서의 술마저도 모든 식구들이 잠든 밤에, 일주일에 한두 번, 그것도 소주 한 병을 비우는 것이 고작이다. 때때로 친구들이 그립고 내가 만나지 않고 있는 여러 친구들의 거친 험담과 욕설이 들려 오지만, 내가 좋아하는 몇 권의 책 속에 파묻히다 보면 내가 그토록 가까이 다가가고 싶고 사귀고 싶었던 최고급의 친구들이 하나, 둘, 셋, 넷, 그렇게 무수히 살아 나온다. 술 한 잔도 못 사고 언제나 타인들의 신세만을 지고 살아가는 사교는 나를 더욱더 왜소하고 초라하게 만들지만, 이처럼 깊고 깊은 고독 속으로의 침잠은 내 마음의 행복의 바다가 된다. 그들은 내가 만나고 싶을 때면 언제든지 만날 수가 있고, 언제나 항상 나와 함께, 살고 있으면서도 나의 팔베개가 되어주고, 아름다운 꿈의 주인공이 되어주기도 한다. 우리들의 우정에는 질투도 없고 시기도 없고, 사사로운 이해타산도 없다. 우리는 그가 가난하면 가난한 대로, 헐벗었으면 헐벗은 대로 그를 사랑하고, 그가 기쁘면 그와 함께, 상상의 날개를 타고 머나먼 곳으로 여행을 떠나고, 그가 슬프고 우울하면 톡 쏘는 그 맛처럼 한 잔의 달콤한 술이 되어 주기도 한다. 이처럼 아름답고 풍요로운 고통, 더욱더 생산적이고 발전적인 고통이 있기 때문에, 우리의 고독은 행복해 진다. 우리는 그 아름답고 풍요로운 고독 속을 거닐면서, 한 시대, 한 문화 전체를 설명할 수 있는 사상의 신전을 건축하고, 너와 내가 함께, 살 수 있고, 우리 모두가 함께, 살 수 있는 지상낙원을 건설하기에 여념이 없다.

내가 사귀고 있는 최고급의 친구들을 살펴보면 이렇다.

호머 전지 전능한 신들을 창조하고 그 신들과의 싸움을 통해 우리 인간들의 삶을 찬양하고 옹호했던 휴머니스트. 인류의 역사에 있어서 가장 위대한 최초의 시인이자 최후의 시인.

소크라테스 한 마리의 등에처럼, 아테네 사회의 제일급의 인사들의 '무지無知'를 일깨워주고 '너 자신을 알라'라는 철학적 명제를 양식화시켰던 인물. 그의 앎과 행동이 일치된 '애지愛知'의 철학을 배우되, 언제나 내가 논쟁을 해보고 싶은 위대한 스승.

플라톤 그의 이상국가를 방문하고, 내가 시와 예술의 진수를 가르쳐 주고 싶은 인간.

아리스토텔레스 그와 함께 시와 예술을 논하고 그의 중용의 미덕을 배워 보고 싶은 인간, 그러나 내가 중용의 미덕의 약점을 지적하고 혁명가의 날쌘 검술을 가르쳐 주고 싶은 위대한 스승.

셰익스피어 아직도 그의 언어와 문체 속에서, 마냥, 그대로 행복하게 살아

보고 싶은 세계적인 대작가. 내가 더없이 초라해 지고 더없이 행복해 지는 위대한 스승.

쇼펜하우어 나에게 최초로 염세주의를 가르쳐 주고 염세주의자도 그처럼 학문과 예술을 사랑할 수가 있다는 것을 직접 보여 준 위대한 스승. 니체에게 철학적인 진실과 명랑함과 항상성을 가르쳐 준 위대한 스승. 그러나 내가 나의 '낙천주의'를 꼭 가르쳐 주고 싶은 위대한 스승.

니체 좀 더 강력하고 위대한 적을 찾아서 언제나 호전적이고 전투적인 정신을 가다듬었던 디오니소스 유형의 철학자. 그러나 내가 나의 '낙천주의'를 꼭 가르쳐 주고 싶은, 내가 가장 사랑하고 존경하는 최초의 스승이자 모든 인류의 영원한 스승.

프로이트 '만인 대 일인의 싸움'을 조금도 두려워하지 않고 무서운 집중력으로 그의 학문에 정진했던 유태인. 내가 그의 외디프스콤플렉스의 망령을 잠재우고 시와 예술의 진수를 가르쳐 주고 싶은 정신분석학의 아버지.

괴테 그토록 오만방자하고 시건방진 니체와 쇼펜하우어가 수십 번씩, 수백 번씩 인용을 해먹고도 부끄러운 줄을 몰랐던 세계적인 대작가. 내가 그의 『파우스트』를 수십 번씩 되풀이 읽어가면서 쇼펜하우어와 니체가 인용한 구절들을 체크해 보기도 했지만, 아직도 내 스스로 분석을 하고 판단을 내릴 수가 없는 세계적인 대작가. 내가 다시 태어나면 독일어와 라틴어를 공부하고 『파우스트』의 원전을 다시 읽어보고 싶게 만드는 세계적인 대작가.

오딧세우스 그의 뛰어난 지혜와 강인한 정신을 배워보고 싶은 그리스 신화 속의 인물.

헤라클레스 건강, 힘, 용기, 그의 열두 가지 노역을 마다하지 않던 대담성과 용기를 배워보고 싶은 그리스 신화 속의 인물.

보들레르, 랭보 그들의 저주받은 운명을 배워보고 싶은 시인들.

반 고호, 폴 고갱 가난, 광기, 백만 분의 일의 가능성에 매달렸던 위대한 예술가들.

김수영 건강, 정직, 성실, 용기, 그리고 호전적이고 전투적인 정신의 소유자.

그 미완의 가능성 앞에서, 아아!라는 탄식의 말로 대신할 수밖에 없는 내가 존경하는 최초의 한국인이자 최후의 한국인.

내가 사귀고 싶어하지 않는 우리 한국인들은 다음과 같다.

유○○ 여자처럼 나약하고 언제나 줏대가 없는 인간.

김○○ 재승후덕의 탈을 썼으나 다독의 폐해에 젖어서 정신의 탄력성을 몽탕 잃어버린 인간. 사상이 무엇인지, 문학 이론이 무엇인지도 모르면서 『프랑스 비평사』라는 엉터리 책을 써낸 천하의 사기꾼. 그의 『행복한 책읽기』는 '나는 아무 것도 사유하지 않았소!'라는 그의 묘비명.

백○○ 언제나 쩨쩨하고 가부장적인 권위만을 내세우는 인간. 창작과 비평이 무엇인지도 모르고, 아무런 학문적 연구 주제도 갖지 못한 민족주의적인 괴물.

김○○ 언제나 서구의 사유인들에 대한 노예적인 복종 태도와 함께, 문학과 예술에 대한 감수성도 전혀 없는 인간.

고○○ 염세주의자에서 민족주의로 변신한 사기꾼. 그리고 민족 시인의 근처에도 가지 못한 20세기 말의 최대의 사기꾼.

이○○ 반인반수인 미노타우르스와도 같은 괴물. 대한민국의 모든 작가들을 다 잡아먹고 텅텅 빈 관악산 기슭에서 그 배고픔을 참지 못해 오늘도 울부짖고 있다. "아아, 대한민국의 작가들은 고작 이것뿐이란 말인가! 아아, 이 요상한 괴물 미노타우르스의 운명도 여기서 끝장이란 말인가! 나는 단 한 줄의 소설도 쓰지 않고 노벨문학상을 타려고 했는데, 여기서 굶어 죽다니…… 스웨덴의 한림원이여! 이제는 그 수상 제도를 개선하여 아무 소설도 쓰지 못하고 굶어죽은 이 미노타우르스에게도 그 상을 수여해다오!"라고, 오늘도 그 미노타우르스는 그렇게 간절하게 강청을 하고 있다.

김○○ 루카치를 베껴먹고, 일본인 학자들의 논문을 베껴먹고, 도둑의 신인 헤르메스를 신봉하는 사기꾼. 서울대학교라는 폐허의 신전에서 가짜의 왕관을 쓴 채, 교육시장의 개방과 정년 퇴직을 두려워하여 오줌을 질금질금 싸는 사기꾼.

정○○ 스승 앞에서는 언제나 여자처럼 유약하고 용기가 없는 나약한 인간. 그의 화려한 수사는 사상의 빈곤을 은폐하고, 그의 불성실을 은폐하는 아주 유치한 화장도구에 불과하다.

(이상 공히 사상의 신전이 아닌 권력의 신전을 세운 대한민국의 제일급의 인사들. 이미, 나의 사상의 칼날을 맞고 조용히 죽어가고 있는 괴물들)

한국사회에서 나만큼 학문의 중요성을 역설하고, 우리 학자들을 그토록 무섭게 비판을 하고 매도를 한 사람은 일찍이 단 한 사람도 없었다. 한국사회는 아직도 학문 이전의 야만의 사회이며, 영원히 그 발육이 중단된 사회에 지나지 않는다. 우리 학자들은 모두가 다같이 문학이론이나 사상의 중요성을 알고는 있지만, 그것의 생산을 역설하지 못하고 있는데, 왜냐하면 자기 자신들의 실력이 도저히 거기에는 미치지 못하고 있기 때문이다. 그런데도 우리 학자들은 그러한 사실들을 은폐하고 모든 제도를 움켜쥔 채, 사색당파와도 같은 정치적인 음모를 위해 살아가고 있는 실정이기도 한 것이다. 따라서 학문 연구나 진리 탐구보다는 언제나 정중하고 겸손한 예의와 자기가 속한 집단과 그 보스에 대한 충성의 강도가 더욱더 우선시 되고 있을 뿐인 것이다. 언제나 정중하고 겸손한 예의와 충성의 강도는 굳건한 동지, 변함없는 당원의 영원한 징표가 되고, 대학제도, 학회, 언론, ○○문화재단, ○○문학상을 수상할 수 있는 명예와 명성의 보증수표가 된다. 그 단적인 예로 서울 거주의 지방대학 교수인 어느 중견 비평가의 일주일 일과표를 가상해 보기로 하자. 서울에서 대전까지 일주일 동안 이틀을 길바닥에 깔아버리고—(이것은 가장 나쁜 한국 사회의 암적인 종양이다. 이렇게 나쁜 폐습을 그냥 두고 어떻게 우리 대한민국이 문화선진국이 되고, 세계적인 수준의 백만 두뇌를 양성할 수가 있단 말인가? 하루바삐 법적인 장치를 마련하여 그 대책을 강구하지 않으면 안 된다)—, 대학강의 3~4일—(서울에서 대전을 오고 가는 날을 포함하여. 그리고 10년 전이나 20년 전의 강의 노트를 달달 외워가서 하는 대학 강의)—, 금요일은 그가 소속되어 있는 출판사의 편집회의, 토요일은 지난밤의 과음 탓에 가벼운 소설 책을 읽거나 시시한 글을 쓰고, 일요일은 가족들과 소일. 이처럼 대한민국에서 가장 훌륭하고 유능한 대학교수이자 중견 비평가인 그가 일주일 동안 자기가 하고 싶은 공부는 열 시간도 채 되지를 않는다. 이러한 사이비 학자들이 프랑크프루트 학파나 제네바 학파, 혹은 아날 학파나 시카고 학파 같은 '연구 주제'로 형성된 학파는 엄두도 내지 못하고, 출판사 중심의 잡지 편집에 관여를 하고, 그것을 계기로 수많은 시인들과 작가들의 등단과 저서 출간, 문학상과 언론 조명, 선후배 학자들의 대학 임용 등의 제 문제에만 참여하는 망국적인 활동만을 일삼게 된다. 우리가 서구의 학자들을 따라가려면 하루에 열두 시간씩, 열 시간씩 공부를 해도 어림도 없는 일이지만, 일주일 내내 열 시간 미만의 자기 공부를 하는 우리 학자들, 아무런 명명의 힘도 없고 어떠한 문학이론도 생산해 내지 못하면서도 우리 한국문학의 성장을 역설하고—새것 콤플렉스, 즉, 서구 콤플렉스가 없어졌다는 김병익과 정과리의 망발이 그것이다—, 서구의 사상과 문학 이론만을 베껴먹고 있으면서도 '권력은 유죄이고 학자는 무죄'라는 이상한 궤변만을 일삼는 우리 학자들, IMF 사태의 장본인들은 경제청문회에 출석시키거나 중죄로 다스리자고 역설하면서도 앎의 투쟁에서의 패배는 침묵으로만 일관하고 있는 우리 학자들, 대한민국의 최고의 대학교가 세계에서 900등씩이나 하는 삼류 대학교에 불과한데도, 왜 그럴 수밖에 없는가라는 원인과 결과는 따져보지도 않고 문학상들만을 불가사리처럼 받아 먹으면서 모든 언론의 조명을 받고 있는 우리 학자들, 도대체 어느 누가 대한민국의 백만 두뇌를 철두철미하게 무력화시킨 장본인들이라는 말인가? 우리 학자들인가, 대한민국의 학생들인가, 그것도 아니면 그들의 학부모들인가? 나는 적어도 일주일에 4~50시간은 내가 하고 싶은 공부만을 하고, 또 공부를 하고 있다. 좋은 생활의 습관과 좋은 학습의 태도에서 좋은 결과를 기대할 수가 있듯이, 그 중견비평가와 내가, 우리 둘 중에서 어느 누가 제일급이고 삼류인가는 우리 한국의 양심이 있는 지식인들—특히, 나와 가장 가깝게 지내고 있는 송찬호 시인—이 현명하게 판단해 주기를 바란다. 나는 IMF 사태의 주범은 우리 학자들일 뿐이라고 힘주어 말할 수가 있다. 우리 학자들이 진정으로 참회를 하고 속죄를 하지 않는 한 우리 한국인들의 미래의 희망은 있을 수가 없다. 우리 학자들이여, 어디 한번 양심이 있다면 대답해 보기를 바란다. 조금은 지나치고 잔인한 짓이기는 하지만, 나는 한 사람의 철학자로서 그가 선호하는 것과 그렇지 않은 것에 대한 표현을 분명히 해야 한다고 생각한다. 이것은 어느 특정인에 대한 험담이나 음해를 하자는 것이 아니다. 그들은 모두가 사회적인 공인들인 만큼, 어느 누구의 비판을 받을 수도 있고, 또 그것을 당연히 감수해야만 한다. 마르크스, 니체, 쇼펜하우어, 프로이트가 '비평의 만장일치 제도' 속에서 자라나지 않은 것처럼, 가장 날카롭고 혹독한 비판만이 쓰디쓴 명약이 되어 줄 수가 있고, 그 주체자를 세계적인 대작가로 만들어 줄 수도 있는 것이다. 하지만 우리 한국인들은 명예와 명성이 무엇인지도 모르고, '논쟁의 문화'가 무엇인지도 모르는 영원한 철부지들이다. 우리 한국인들은 달면(칭찬) 삼키고 쓰면(비판) 뱉아 버린다. 고귀하고 위대한 꿈은커녕, 어떠한 고통이나 고독도 혐오하고 싫어하는 우리 학자들, 무조건의 찬양과 화려한 명예와 명성만을 좋아하는 제일급의 인사들, 스탈린과 나치와 김일성과 박정희를 너무나도 똑같이 닮은 우리 학자들—. 나의 이 말이 사실인지, 아닌지는 어느 누가 앞에서 열거한 제일급의 인사들에게 비판의 칼날을 들이 대어 보라! 그는 그 순간, 여지없이 그가 속한 사회로부터 추방을 당하거나 매장을 당하게 될 것이다. "재능을 중히 여기는 군주/

나와 함께 즐거움을 나눌 친구/ 슬프게도 내게는 이런 사람들이 없었다/ 승원에는 둔갑한 비호들 뿐/ 그리하여 나는 知己도 제자도 없이 끊임없이 괴로워 했다"라는 괴테의 탄식을 생각해 보면, 내가 그들을 싫어하고 배척하고 있는 이유를 알 수도 있을 것이다. 나는 우리 학자들에게 그대들의 죄가 얼마나 크고 엄청난가를 하루바삐 깨닫고 진정으로 참회를 하고 속죄하기를 바랄 뿐이다. 만일, 그렇게 하지 않으면, 그대들의 죄는 점점 더 태산처럼 자라나게 되고, 우리 한국인들이 그 혹독한 댓가를 단단히 치르지 않으면 안 되기 때문이다. 사상의 신전을 세우지 못하고 권력의 신전만을 세운 죄, 그 허망한 권력을 위해서 우리 한국인들의 살이 되고 피가 될 수 있는 삶의 지혜를 모조리 제거해 나간 죄—, IMF 사태는 두말할 것도 없이 진정으로 학문을 사랑하지 않고 있는 우리 학자들의 중죄의 결과인 것이다.

나는 우리 학자들에게 쇼펜하우어의 다음과 같은 말을 들려주고자 한다.

> 그러나 나의 소망은 언젠가 누군가가 문학의 비극사를 써 주었으면 하는 것이다. 그 속에 쓰여져야 할 것은 각기 자기 국가가 배출한 대작가나 대예술가를 자랑으로 여기는 국민이 이들 대작가가 살아 있을 때, 그들을 어떻게 대했는가 하는 점이다. 즉 모든 시대와 모든 나라의 훌륭한 것, 참된 것이 그 시대를 지배하는 불합리와 악을 상대로 싸우지 않을 수 없었던 저 끝없는 싸움을 우리 눈앞에 떠올리게 해달라는 것이다. 인류에게 참된 빛을 던져 준 거의 모든 사람들, 또 모든 예술 분야에서 위대한 거장들이 거의 전부라고 해도 좋을 정도로 수난을 겪은 것이 묘사되어야 한다. 그들은 소수를 제외하고는 세상에서 인정을 받지 못하고 동정과 공명도 얻지 못하고, 또 제자도 없이 빈곤과 비참 속에서 고뇌의 일생을 마친 반면, 명성과 명예 그리고 부귀가 하찮은 자들에게 주어진 경위를 우리에게 보여주어야 한다. 즉, 에서가 아버지를 위해 사냥을 나가 짐승을 잡고 있는 사이에, 집에서는 그의 옷을 입고 변장한 동생 야곱

이 에서가 받을 아버지의 축복을 훔쳤다는, 『구약성경』에 나오는 에서와 같은 꼴을 당하였다는 것을 기록해 주기를 바라는 것이다. 그러나 이 미래의 문학사의 최후의 장면을 다음과 같이 해주었으면 한다.

그들 천재의 생애는 비참했지만, 사랑의 신이 그 일을 위해 보호해 주어 마침내 이와 같은 위대한 고투가 끝났을 때 불멸의 월계관을 씌워 주었으며, 때를 알리는 종소리와 더불어 다음과 같은 축복의 노래를 부를 수 있도록.

무거운 갑옷도 이제는 날개 달린 옷으로 변하고 괴로움은 짧고 기쁨은 끝이 없다(쉴러의 『오를레앙의 소녀』 중, 쟌 다르크의 최후의 말)(2: 365).

그렇다면 우정의 기원이란 무엇이며, 우정의 본질은 무엇인가? 나는 우정의 기원은 휴머니즘이며, 우정의 본질은 '인간애의 꽃'이라고 생각하고 있다. 휴머니즘은 인간이 인간을 사랑하는 마음에 맞닿아 있고, '인간애의 꽃'이란 우리 인간들이 그 관계를 맺는 방식에 맞닿아 있다. 우리 인간들은 무리를 짓는 동물, 즉 사회적 동물이다. 우리 인간들이 사회적 동물이라고 하는 것은 호랑이나 곰처럼 단독자로 살아가지 못하고, 서로가 서로를 돕고 살아가는 데서 최선의 생존의 수단과 삶의 방법을 발견했다는 것을 뜻한다. 언어도 사회적 획득물이고, 도덕과 법과 예의범절도 사회적 획득물이다. 우리 인간들은 공동체 사회에서 태어나 공동체 사회가 제공하는 온갖 편의를 누리면서 살아가지, 모든 것을 자기 스스로 해결하면서 살아가지는 않는다. 또한 우리 인간들은 도덕과 법과 예의범절을 지키면서 살아가지, 그것을 마냥, 부정하거나 파괴하면서 살아가지는 않는다. 우리 인간들은 서로가 서로를 돕고 살아가는 사회적 동물일 수밖에 없으며, 타인들과의 관계를 통해서 이 세상을 살아갈 수밖에 없다. 우리 인간들과 인간들의 관계가 항상 바람직하고 건강할 수는 없지만, 우리는 오늘도 수많은 사람들과 만나고, 그들과 함께, 울고, 웃고, 떠들어 가면서 살아간다. 아버지도 자식을 사랑하고 어머니도 자식을 사랑한다. 아들도 아버지를 사랑하고 어머니를 사랑한다. 형제지간에는 우애가 좋고, 친구 사이에는 믿음과 신뢰가 깊고, 연인들 사이에는 서로가 사랑하는 마음에 변함이 없고, 또한 애정이 깊다. 불쌍하고 가난한 사람들을 만나면 항상 친절하게 도와주고 싶고, 목이 마른 자에게는 한 바가지의 샘물을 길어다가 주고 싶고, 길을 잃고 헤매는 자에게는 친절한 안내인이 되어 그 길을 찾아주고 싶다. 서로가 서로를 사랑하고, 만인이 평등하고, 절대 자유가 보장되는 것은 모든 인간들의 소망이며, 그 소망에는 어느 누구도 이의를 제기하지 못한다.

만나고 싶다
다혈질 인정 많은 친구여
그대의 눈물에 흥건히 젖어
나는 변하고 싶다

만나고 싶다
치밀하고 열심인 친구여
사실은 멱살이라도 잡고
땀방울의 진가를 확인하고 싶지만
끝내 별일 없이 헤어질지라도

나를 아는 모든 이여
내가 아는 모든 이여
혹은 미지의 사람이여
만나고 싶다
온갖 허위의 허물 벗어버리고

그대의 속내

보름밤 쥐불처럼 호기심 불타는 것은
이 폭력과 정신병의 세상에
희망을 잃지 않고
함께 살아가기 위하여.
— 최두석, 「만남에 대하여」 전문

부처와 예수는 가난하고, 힘 없고, 선량한 사람들의 삶을 발견하였고, 그들의 삶에 행복을 안겨주고 그들의 영혼을 위로해 줄 수 있는 종교들을 안출해 냈다. 공산주의의 창시자인 마르크스 역시도 자본주의 체제 아래서 무한히 짓밟히고 착취를 당하고 있는 노동자들의 삶을 발견하였고, 초기의 부르조아지들 역시도 봉건군주제 아래서 무한히 짓밟히고 신음하고 있는 노예들의 삶을 발견하였다. 따라서 마르크스나 초기의 부르조아지들 역시도 부처와 예수처럼, 사회적 하층민들의 삶을 개선하고 향상시킬 수 있는 삶의 지혜들을 안출해 냈다고 해도 과언이 아니다. 모든 사상과 종교는 낙천주의를 양식화시킨 것이며, 그것들은 모두가 하나의 기적을 불러 일으킬 수 있는 구원론으로 작용을 하고 있다고 하지 않을 수가 없다. 유토피아는 이 세상 그 어디에도 존재하지 않는 곳이지만, 우리 인간들의 이상 속에 존재하고, 우리 인간들은 그 유토피아를 건설하기 위하여 자유와 사랑과 평등을 최고의 이상으로 삼을 수밖에 없었던 것인지도 모른다. 최두석은 "다혈질"이고 "인정이 많은 친구"를 떠올려 보면서, 우리 인간들의 진정한 "만남"에 대한 그의 생각들을 노래한다. 다혈질이고 인정이 많은 친구는 아마도 영어囹圄의 몸이 되어 있는 그의 친구를 가리키고 있는 듯 하고, "그대의 눈물에 흥건히 젖어/ 나는 변하고 싶다"라는 시구는 그 친구의 올바른 행동을 쫓아가고 싶다는 것을 뜻한다. 하지만 시인은 그 친구의 올바른 행동에도 불구하고 매우 불길한 예감을 어쩌지 못하고 있는데, 왜냐하면 그 "땀방울에 대한 진가를 확인"할 수가 없었기 때문이다. 이 "폭력과 정신병의 세상"에서 불의는 가깝고 정의는 너무나도 멀리 떨어져 있다. 그러나 시인은 그 불길한 예감을 떨쳐버리고, 도덕적인 선의 고지에서, 미치 시지프스처럼, "나를 아는 모든 이여/ 내가 아는 모든 이여/ 혹은 미지의 사람이여/ 만나고 싶다"라고, 노래를 부른다. 그 만남은 "온갖 허위의 허물을 벗어버리고" 모든 "속내"를 다 털어놓는 만남이며, 우리 모두가 다 함께 "희망을 잃지 않고" 살아가기 위한 만남이다. 최두석의 만남에는 그 만남을 가능케 하지 않는 사회를 변혁해야 된다라는 당위성이 진하게 배어 있고, 그 이면에는 자유와 사랑과 평등 등, 우리 인간들의 휴머니즘이 진하게 배어 있다. 우정은 본질적으로 동일하고 평등한 조건 속에서 발생하고, 이타적인 사랑에 의해서 성장한다. 우정은 인간 관계의 가장 순수한 형태이며, 휴머니즘을 그 기원으로 간직하고 있다.

그러나 공동체 사회는 언제나 불만족이 넘쳐나고, 다종 다양한 인간들이 자기 자신들만의 이익을 좇아가고 있는 사회라는 점에서, 우리 인간들의 관계가 파탄을 맞이하게 된다. 부의 분배 문제, 성의 분배 문제, 만인의 평등과 자유의 문제, 진리의 탐구와 정의의 문제, 사상과 취향과 성격의 문제, 도덕과 법과 사회 질서의 문제, 학교, 군대, 회사, 정당, 단체 등의 사회 제도의 문제, 진보 세력과 보수 세력의 문제, 남녀노소 간의 성차별 현상과 세대 차이의 문제, 인간의 권리 평등이 아닌, 능력 차이의 문제 등, 우리 인간들의 사회의 문제는 매우 미묘하고, 복잡하며, 그만큼 어렵고 힘든 문제들이 산적해 있다고 하지 않을 수가 없다. 따라서 우리 인간들의 관계는 서로가 바람직하지 않은 불화의 관계로 이어지고, 자기 자신의 이익만을 좇아가는 관계로 파탄을 맞이하게 된다.

몽테뉴는 그의 『수상록』에서 다음과 같이 말하고 있다.

> 농부는 곡식값이 비싸야 하고, 건축가는 집이 쉬 무너져야 하며, 재판소 관

리들은 소송을 하며 다투어야 하고 성직자들의 영광과 직무까지도 우리들의 죽음과 악덕이 없이는 안될 말이다. 의사는 친구의 건강도 달가워하지 않으며, 군인은 자기 나라의 평화도 기뻐하지 않는다고 옛 그리스의 희극작가는 말하였다. 다른 일도 마찬가지이다. 더욱 언짢은 것은 우리네 각자가 마음 속을 들여다 보면 그 소망은 거의 다른 사람의 손해가 되는 데서 비롯되는 일들이다 (3: 81).

인간은 언제, 어느 때, 그 이빨과 발톱을 드러낼지 모르는 무서운 야수들이다. 정부와 짜고 남편을 독살하는 아내, 정부와 짜고 아내를 독살하는 남편, 노모를 정신병원에 감금하고 그 엄청난 재산을 가로채 가는 자식들, 보험금을 타기 위해서 자기 자식의 사지를 절단하거나 불태워 죽여버리는 비정의 아버지들, 국가의 공문서를 위조하여 타인들의 재산을 가로채 가는 악덕 사기꾼들, 보다 더 잘 살고 행복해 지기 위하여 인신매매업을 하거나 전 인류의 치욕인 노예제도를 활성화시켰던 인간들, 흐트러진 민심을 수습하고 경제적인 위기를 극복하기 위하여 이민족의 영토를 짓밟고 정복자의 궤변을 합리화시켰던 제국주의자들, 이민족의 영토가 유린되고 수천만 명의 인류가 죽어가는데도 끊임없이 환락의 궁전 속에서 살아가고 있는 고급문화인들—. 따지고 보면 이러한 사회에서 '인간 관계의 가장 순수한 형태인 우정'을 논한다는 것 자체가 시대착오적인 발상일는지도 모른다.

그들은 나이를 먹을수록 자꾸만 작아진다
하품을 하다가 뚝 그치며 작아지고
끔찍한 악몽에 몸서리치며 작아지고
노크 소리가 날 때마다 깜짝 놀라 작아지고
푸른 신호등 앞에서도 주춤하다 작아진다
그들은 어서 빨리 늙지 않음을 한탄하며 작아진다

얼굴 가리고 신문을 보며 세상이 너무나 평온하여 작아진다
넥타이를 매고 보기 좋게 일렬로 서서 작아지고
모두가 장사를 해 돈 벌 생각을 하며 작아지고
들리지 않는 명령에 귀 기울이며 작아지고
제복처럼 같은 말을 되풀이 하며 작아지고
보이지 않는 적과 싸우며 작아지고
수많은 모임을 갖고 박수를 치며 작아지고
권력의 점심을 얻어먹고 이를 쑤시며 작아지고
배가 나와 열심히 골프를 치며 작아지고
칵테일 파티에 가서 양주를 마시며 작아지고
이제는 너무 커진 아내를 안으며 작아진다
— 김광규, 「작은 사내들」에서

하지만 모두가 서로에게 적대적인 이빨과 발톱을 드러내고 살아가고 있으면서도 모두가 즐겁고 행복하기는커녕, 거대한 문명 앞에서 오들오들 떨면서 살아가고 있는 실정이기도 한 것이다. 그들은 문명의 이기 속에서 그것의 노예가 되어가고 있고, 엄청난 부의 축적 속에서 점점 더 가난해져 가고 있다. 높은 담장과 가시철망과 쇠 자물통을 채우고도 잠을 이루지 못하고, 핸드폰과 전화와 팩시밀리와 컴퓨터를 두고서도 상호 간의 진정한 의사소통은 이루지 못한다. TV, 비디오, 전축, 라디오, 영화관, 음악감상실, 노래방이 있어도 진정한 노래를 부르지 못하고, 비행기, 자동차, 고속전철, 우주비행선이 있어도 지상낙원으로 달려가지 못한다. 그들은 문명과 문화의 홍수 속에서도 인간이라는 달팽이 껍질 속으로 숨어들고, 자기 자신을 언제나 숨기고 다니면서도 타인들의 사랑을 얻지 못해 몸살이 나 있다. 그들의 주거공간은 항상 닫혀 있고, 의사소통의 출구마저도 폐쇄되어 있다. 또한 입이 있어도 노래를 부를 줄을 모르고, 모든 곳으로 달려 갈 수가 있어도

언제나 지상낙원에 이르지 못한다. 날이면 날마다 살인, 강도, 강간, 간통, 사기, 절도, 폭력, 인신매매가 폭발적으로 늘어나고, 물, 공기, 숲, 주거의 공간이 부족해지고, 천연자원은 물론, 일조량이 부족하여 언제나 누렇게 뜬 얼굴들로 살아간다. 현대 사회에서의 만인의 평등과 우리 인간들의 행복은 하나의 헛된 구호나 망상일 뿐, 우리 인간들은 점점 더 작아지며, 서로가 서로에게 적대적인 이빨과 발톱을 드러내면서 살아가고 있는 것이다. 사건과 사고의 소식들로 가득찬 신문을 보면서 작아지고, 넥타이를 매고 회사로, 일터로 출근을 하면서 작아진다. 어떻게 하면 더 많은 돈과 부를 축적할 수 없을까라고 생각하면서 작아지고, 타인들의 말과 권위 앞에서 부들부들 떨면서 작아진다. 길을 잃고 떠도는 말들과 보이지 않는 적들과 싸우면서 작아지고, 수많은 사람들과 만나고 그들과 함께, 정담을 나누면서 작아진다. 현대 사회의 인간들은 어디까지나 기성품화된 인간들이며, 그들의 표정과 개성과 사회성마저도 이미, 획일화되고 규격화되어 있는 것들에 불과하다. 우리 인간들에게서 인간성을 찾고 자기 자신의 정체성을 찾아보고자 하는 시인들은 김광규 시인처럼, 그 거대한 문명 속에서 오들오들 떨면서 살아가게 된다. 작아진다는 것은 기형이나 퇴화의 형태를 뜻하고, 그 주체자에게는 불안과 공포를 불러 일으켜 준다. 따라서 그 불안과 공포에 떨고 있는 자는 행복의 꼬리조차도 잡지 못하고, 덧없고 부질없는 인생에 대하여 절망을 하게 된다. 그러나 김광규의 「작은 사내들」은 현대 사회에서의 우리 인간들의 모습을 반영하면서도, 인간성 회복과 바람직한 인간 관계와 진정으로 행복한 사회를 하나의 역설처럼, 희원하고 있다고 해도 틀림이 없다. 풍자와 해학이란 이처럼, 하나의 역설의 논리를 그 내적인 원리로 간직하고 있는 법이다. 시는 절망을 노래할 때조차도 절망만을 노래한 것이 아니다. 왜냐하면 시는 우리 인간들의 행복한 꿈의 한 양식이기 때문이다.

나는 20세기 말의 한복판에 서서 모든 인간 관계의 가장 순수한 형태인 우정을 생각해 본다. 20세기 말의 우울과 그 비극적인 예감을 떨쳐 버리고, 나는 고대의 영광, 즉 아름다운 우정의 세 장면들을 떠올려 본다. 첫 번째는 티베리우스 그라쿠스와 카이우스 블로시우스이고, 두 번째는 에우다미다스와 카리크세노스, 아레테우스이며, 마지막으로 세 번째는 아킬레스와 파트로클로스이다. 로마의 집정관이 티베리우스 그라쿠스에게 사형을 언도하고, 그를 위해 무엇을 할 수 있느냐고 묻자, 카이우스 블로시우스는 서슴없이 "모든 일을 다 하겠습니다"라고, 대답을 하였다고 한다. 카이우스 블로시우스의 말은 자기 자신의 목숨까지도 기꺼이 바치겠다는 말이 되고, 이것이 로마의 집정관에게는 더없이 커다란 모욕의 말로 들렸다고 한다. 그들은 시민이기 이전에 친구였고, 동포나 이방인이기 전에 친구였다. 그들의 우정은 마음과 마음이 일치하는 우정이며, 생과 사를 넘어선 아름다운 우정의 한 예에 속한다. 코린토인 에우다미다스에게는 시키온인 카리크세노스와 코린토인 아레테우스라는 두 친구가 있었다고 한다. 어느 날 에우다미다스는 가난과 빈곤 속에서 죽어가며, 부유한 두 친구들에게 이러한 유언장을 남겨 놓았다고 한다.

> 나는 아레테우스에게 내 어머님을 봉양하고 그 여생을 보살펴 줄 것을 상속한다. 그리고 카리크세노스에게는 내 딸을 결혼시키되 힘이 닿는 대로 지참금을 주어 보낼 것을 상속한다. 만일, 이 두 친구 가운데 한 사람이 먼저 죽게 될 경우에는 살아 남은 자가 이 권리를 모두 상속한다(3: 133).

모든 사람들이 이 유언장을 읽고 냉소적인 웃음을 터뜨렸지만, 그의 두 친구들은 즐겁고 기쁜 마음으로 그것을 수락했다고 한다. 하지만 5일 후에, 지극히 불행하게도, 모든 상속의 권리가 아레테우스에게 넘어가게 되었는데, 왜냐하면 카리크세노스가 죽어버렸기 때문이다. 하지만 아레테우스는 즐겁고 기쁜 마음으로 친구의 어머님을 봉양하고, 그의 전 재산 5 탈렌트 중, 절반은 그의 딸에게, 나머지 절반은 친구의 딸에게 나누어 주고, 같은 날에, 결혼식을 올리게 하였다고 한다. 오늘도 그들의 다정한 친구 사이를 비웃듯이, 소유의 개념이 얼굴을 찡그리고 달아나면, 동정이나 연민의 개념도 그 부끄러운 얼굴을 가리고 꽁무니를 빼기 시작한다. 가난한 친구는 부유한 친구들에게 시혜를 베풀 기회를 주고, 부유한 친구는 천 개의 팔과 다리를 가지고서 그 기회를 놓치지 않는다. 너와 나, 혹은 친구와 친구 사이의 간극이 소멸되고, 우정이라는 이름으로 둘이서 하나가 되는 나무아미타불의 기적이 이루어지게 된다. 고마움, 감사, 은혜, 적선, 헌신, 희생 따위의 말들도 부처님 앞의 요조숙녀처럼 얼굴을 붉히고, 친구의 유언을 내 일처럼 즐겁고 기쁘게 이행을 하게 된다. 트로이 전쟁 당시, 아가멤논 대왕은 아폴로 신전의 사제의 딸 크리세이스를 전리품으로 취한 바가 있고, 아킬레스는 브리세이스라는 아름다운 처녀를 전리품으로 취한 바가 있다. 아폴로 신전의 사제는 수많은 금은보화와 함께, 몸값을 지불하고 크리세이스의 송환을 요청하였지만, 아가멤논 대왕은 그 요청을 한 마디로 거절을 하고 만다. 왜냐하면 크리세이스는 그의 아내 클리템네스트라만큼 예쁘고, 아가멤논 대왕은 그녀와 함께 살고 싶은 욕망을 어쩔 수가 없었기 때문이다. 아폴로 신전의 사제는 즉시, 아폴로 신에게 기도를 드렸고, 아폴로 신은 태양마차를 타고 다니며 무차별적으로 화살을 쏘아대기 시작했다. 그리스의 예언자 칼카스는 아폴로 신의 노여움을 풀기 위해서라면, 크리세이스를 즉시, 돌려 보내야 된다고 예언을 했다. 아가멤논 대왕은 어쩔 수 없이 크리세이스를 돌려 보냈지만, 그 대신, 브리세이스라는 아름다운 처녀를 빼앗아 간다. 이에 화가 난 아킬레스는 "왕이라는 자가 백성을 위해서 존재하는 자가 아니라 백성을 갉아먹는 자"라는 독설을 퍼붓고 자기 자신의 배로 돌아간다. 그리스 최고의 명장인 아킬레스가 빠진 그리스 군대는 패퇴를 거듭하고 전세는 트로이 진영에 매우 유리하게 돌아가게 된다. 아가멤논 대왕은 브리세이스라는 처녀와 함께, 수많은 금은보화로 아킬레스의 마음을 회유해 보려고 하였지만, 그는 그리스로 돌아가겠다는 싸늘한 대답으로 그것을 거절한다. 따라서 더 이상 참고 볼 수만은 없었던 파트로클로스는 아킬레스의 갑옷과 투구를 쓰고 나가 고군분투를 했지만, 트로이의 명장인 헥토로의 창을 맞고 전사를 하게 된다. 아킬레스와 파트로클로스는 어릴 때부터 한 집안에서 자라난 절친한 친구 사이였으며, 피를 나눈 형제와도 같은 사이였다. 바다의 요정인 테티스가 그의 아들의 운명을 알고 간절하게 만류했지만, 사랑하는 친구의 원수를 갚고 죽는 것이 비겁하게 사는 것보다 더 낫다라고, 아킬레스는 그의 출전의 의지를 굽히지 않는다. '아킬레스 대 헥토르', 이 숙명적인 두 장군은 서로 간에 모든 것을 다 걸고 결연한 의지로 싸웠지만, 운명의 여신은 아킬레스의 손을 들어주게 된다. 헥토르의 갑옷—그것은 파트로클로스가 빼앗긴 아킬레스의 갑옷이었다—의 약점을 잘 알고 있는 아킬레스가 목 근처를 창으로 찌르자, 그만, 그의 운명이 빠져 나가 버린 것이다. 따라서 수많은 그리스 군의 병사들이 헥토르의 시체를 보기 위하여 몰려 왔지만, 아킬레스는 헥토르의 시체를 그의 마차에 매달고 트로이 성벽 주위를 달리고 또 달리게 된다. "파트로클로스여, 황천길일 망정 고히 잠드시라! 보라, 내 이제 언약한 바를 모두 끝마쳤음을 그대는 알고 있는지! 이제 헥토르의 시체를 이 자리에 끌고 와 개밥으로 만들고, 트로이 군 열두 귀족들을 그대를 위해 제물로 바치겠네"(4: 261). 아킬레스와 파트로클로스의 우정은 호머의『일리어드』의 명장면을 연출하고, 수천 년의 시간과 공간을 뛰어 넘어서서, 모든 제일급의 시인들이 예찬했던 우정이라고 하지 않을 수가 없다. 비겁하게 사느니 사랑하는 친구의 원수를 갚고 죽은 것이 더 낫다라는 말도 진정한 우정의 이름에 값하고, 이승에서 못다 이룬 우정을 저승에서 나누어 보자라는 말도 진정한 우정의 이름에 값한다. 따라서 아킬레스가 트로이의 최고의 명장인 헥토르에게 가한 무서운 복수극은 사랑하는 친구를 잃은 자의 슬픔으로 이해해야지, 그의 선천적인 야만성이나 잔인성으로 이해해서는 안 된다. 『일리어드』가 아닌 『그리스 로마 신화』 속의 후일담에 의하면 아킬레스는 트로이 성벽을 향하여 진군하던 도중, 파리스가 쏜 화살을 발 뒤꿈치에 맞고 전사를 했다고 한다. 아킬레스가 전사를 하자 그의 유언에 따라서 파트로클로스의 뼈가 담긴 옹묘에 넣고, 함께, 매장을 했다고 한다. 고대의 영광, 이 아름다운 우정의 세 장면들은 생사를 넘어선 초월의 경지에 도달해 있다고 해도 과언이 아니다. 모든 인간 관계의 가장 순수한 형태인 우정, 즉, 그들의 우정은 우리 인간들의 경지를 초월했고, 오늘도 그 영원불멸의 삶을 살아가고 있는 것인지도 모른다.

우정의 기원은 휴머니즘이며, 모든 인간 관계의 가장 순수한 형태이다. 그것은 부모형제 간의 우애보다도 높고 남녀 간의 사랑을 뛰어넘는다. 우정은 어떤 친목단체나 정당원 사이의 연대감보다도 높고, 상호 간의 이익만을 좇아가는 이익 단체의 그것보다도 뛰어나다. 우정은 질투와 시기를 필요로 하지도 않고, 동정과 연민을 필요로 하지도 않는다. 우정은 소유의 개념에 대한 규정도 모르고, 상호 간의 정중한 예의범절조차도 필요로 하지 않는다. 친구의 영광이 나의 영광이 되고, 나의 명예가 친구의 명예가 되는 세계에서 어떻게 질투와 시기가 존재할 수가 있으며, 자기 자신이 친구의 분신이 되고 친구가 자기 자신의 분신이 되는 세계에서 또한, 어떻게 동정과 연민이 필요하단 말인가? 아버지와 아들, 형제와 형제들 사이에는 그 친족 관계를 유지해 주는 예의가 필요하지만, 친구와 친구 사이에는 그러한 의례적인 예의가 필요 없다, 여자의 문제, 사교의 문제, 학문과 진로의 문제, 유산 상속의 문제, 취미와 오락의 문제, 사상과 이념의 문제 등—, 친구와 친구 사이에는 할 말과 못할 말이 없고, 따라서 말과 대상에 대한 차별도 없다. 모든 것을 다 털어놓고 사심없이 심금을 교류할 수 있는 친구, 도움을 받거나 도움을 주거나 간에, 어떠한 인사도 필요 없는 친구, 이러한 친구들을 가지고 있다는 것은 인간 사회의 기적이며, 행복, 그 자체라고 할 수가 있다.

니체 역시도 그 우정을 이렇게 찬양해 놓고 있다.

우정이여, 여신이여
우리가 지금 우정을 노래하는
노래를 들으소서!
벗네들의 눈길이 어디로 향해도
우정의 행복에 넘쳐
고운 마음으로 그대는 다가온다,
시선에 깃든 서광이여,
영원한 젊음을 기약하는
거룩한 정의의 변함없는 담보여.

그대에게 영광 있으라, 우정이여!
내 최고의 희망의
첫 서광이여!
아, 때때로 나는
오솔길과 밤이 끝없이 느껴지기도 하였네.
삶이란 삶이
덧없이 짜증스럽기도 하였네.

지금 네 눈동자 속에
찬란한 아침과 승리를 보고
나는 다시 살고 싶어한다,
그대, 우정의 여신이여!

그대에게 영광 있으라, 우정이여,
내 운명의 담보인이여,
머나 먼 승리의 보증이자 서곡이여!
미래는 아무리 험란하다 하더라도
고통과 상심과 악의에 찼다 하더라도,
결코 나는 두려워하지 않는다
내 삶은 언제나 상승常勝의 기개에 넘쳐
내 삶의 저녁은 언제인가 한없이
그대의 햇살에 빛나리라.
— 니체, 「우정」 전문

니체는 고귀하고 위대한 꿈을 꾸었던 비극의 주인공으로서 '만인 대 일인의 투쟁'을 너무나도 의연하고 꿋꿋하게 전개하여 나갔던 고립무원의 단 한 사람이었다고 할 수가 있다. 그에게는 옥타비오 시이저처럼 혁명가의 고독과 황제의 고독이 진하게 배어 있고, 그 고독을 견디다 못해, "나는 아직도 함께 있으면 내 방식대로 진지해질 수 있는 독일 사람을 찾고 있다.—함께 있으면 내가 즐거워 할 수 있는 사람은 말할 것도 없다. 우상의 황혼, 아아, 누가 그 얼마나 깊은 진지함으로 한 은자가 이곳에 쉬고 있다는 사실을 알 수 있을까"라는, 비장감이 넘치는 글에서처럼, 어느 누구보다도 간절하게, 깊은 진지함으로 그의 친구를 그리워하고 있다(5: 65). 내가 내 방식대로 진지해질 수 있는 독일 사람이란 그의 마음과 마음을 모두 털어 놓을 수 있는 사람을 말하고, 또한 그것은 우상의 황혼을 맞이하여서도 그 우정만은 얻고 싶은 자의 간절한 소망을 말한다. 니체의 우정 역시도 인간이 인간을 사랑하는 휴머니즘에 맞닿아 있고, 인간 관계의 가장 순수한 형태인 우정의 본질에 맞닿아 있다. 수많은 음모와 권모술수가 판을 치는 세상에서 그래도 친구를 얻었다는 것은 세계를 얻었다는 것이며, 외롭고 고독하지 않고 행복하다는 것을 말한다. 우정은 상호의사를 존중할 줄 아는 자유로운 주체자들의 만남의 장이며, 친구의 의사를 존중한다는 것은 그에 대한 신뢰의 도를 넘어서 그에게 경의를 표시한다는 것을 뜻한다. 이때의 경의란—모든 예의범절을 초월하여—그의 의사를 자신의 의사로 삼을 줄을 알고, 너와 나의 주체가 소멸되는, 즉, 둘이서 하나가 되는 이체동심二體同心의 경지를 뜻한다. 우정을 통하여 얻은 이익은 그들의 우정의 명예이지, 사적인 개인들의 명예가 아니다. 또 우정을 통하여 이루어지는 손해는 우정 이외의 손해이지, 우정의 손해가 아니다. 친구를 위하여 목숨을 걸고, 친구에게 은전을 베풀듯이 자기 자신의 死後를 부탁하는 친구를 생각해 보고, 자기 자신의 목숨을 걸고 친구의 원수를 갚고, 이승에서 못다 이룬 우정을 저승에서 나누어 보자는 친구를 생각해 보라! '티베리우스 그라쿠스와 카이우스 블로시우스', '에우다미다스와 카리크세노스, 아레테우스', '아킬레스와 파트로클로스'의 예에서처럼, 우정을 통하여 얻는 것도 그들의 명예이고, 모든 것—자기 자신의 목숨과 재산—을 잃는 것도 우정의 명예이다. 우정은 근본적으로 희로애락을 같이하고, 그 모든 것을 다 헌신하는 우정이기 때문에 어느 것 하나 손실로 체험되는 것이 없다. 우정은 모든 것을 잃어도 영원히 남고 그 주체자들의 실패마저도 아름다운 꽃다발로 장식을 해준다. 따라서 우정만 있으면 "덧없이 짜증"스러운 삶도 문제가 없고, "고통과 상심과 악의"에 찬 나날들도 문제가 없다. 우정은 그 주체자들에게 "승리"의 나팔을 불게 하여주고, 모든 것을 가능하게 해준다. 니체는 혁명가의 고독과 황제의 고독—철학적인 황제의 고독—속에 살고 있으면서도 "그대에게 영광 있으라, 우정이여!/ 내 최고의 희망의/ 첫 서광이여!"라고, 그 우정을 찬양하면서 살아갔다고 하지 않을 수가 없다.

아아, 사랑하는 나의 친구 이태화 변호사여! 나는 '사색인의 십계명'을 이 세상에 선보인 바가 있고, 그것이 천 년, 만 년, 그 생명력을 잃지 않고 자라날 수 있기를 지금 이 순간에도 빌고, 또 빌어본다. 그러나 '사색인의 십계명'은 나의 소망과 그 기도를 떠나서 스스로 자라나고 무수한 지혜의 열매들을 맺지 않으면 안 된다. 어쨌든 나는 '제3세계의 문화적 풍토병'과 '비평의 만장일치제도' 속에 신음하고 있는 우리 한국인들의 삶을 발견하고, 그것을 치료해줄 수 있는 철학적 의사가 되기로 결심을 할 수밖에 없었다. 주지하다시피 우리 한국인들의 토양은 염세주의의 토양이며, 그 토양을 낙천주의로 변모시키지 않는 한, 어떠한 꿈도, 신화도 자라날 수가 없다. 우물 안 개구리식의 원근법이나 전체의 이익을 무시하고 눈앞의 이익만을 선호하는 식의 근시안적인 접근법은 '제3세계의 문화적 풍토병'을 말하고, 잘못된 선입관과 편견에 안주하면서 비평하기보다는 기꺼이 찬양하는 것은 '비평의 만장일치제도'를 말한다. 제3세계의 문화적 풍토병이 우리 한국인들의 미래의 꿈과 희망을 다 잡아먹고, 비평의 만장일치제도가 눈앞의 이익을 위해서 전체의 이익을 다같이 매도해 버리는 사색당파와도 같은 권력투쟁만을 낳고 있다. 우리 한국인들은 어린 자식들이 새치기를 하면 매우 영리하다고 말하고, 군대나 경찰이나 그 어떤 조직 사회에서도 엄격한 규칙을 준수하면 고문관이라고 말한다. 우리 한국인들의 미풍양속은 전 세계인들의 귀감이 되고, 그 명예와 명성은 하늘이 높은 줄을 모른다. 따라서, 새 세대가 옛 세대를 일깨우고 충격을 주기는커녕, 옛 세대가 새 세대의 멱살을 움켜잡고 대학제도, 학회, 언론, 문학상과도 같은 것들로 자기 자신들의 유산 상속자가 되기를 강요하고 있다. 우리 한국의 학자들은 미노타우르스와도 같은 괴물들이며, 이 세상의 삶을 헐뜯고 비방하고 저주하면서도 더 많은 제물을 받아먹지 못해 오늘도 음산하게 울부짖고 있다. 나는 언제나 더욱더 강력한 적을 찾아나서는 앎의 투쟁의 전사이며, 아리아드네의 비법을 전수받은 테세우스같은 인물이다. 나는 오늘도 낙천주의의 창과 방패를 들고, 우리 한국인들의 신화를 창조하기 위해서 '만인 대 일인의 투쟁'

을 더욱더 힘차고, 강력하게 전개해 나가고 있다.

돌 하나를 키운다 생애를 걸고
가장 단단한 차돌로 자라나도록
바위다운 바위로 자라나도록

삼베수건 머리에 쓰고
디딜방아 찧던 아낙
눈물로 먹을 갈아 노래 짓던 내 어머니
성모 마리아가 되어주시라고

돌 하나를 키운다
눈알이 빠지도록 보고 싶어지는
나 자신으로 일어서 달라고.
— 유안진, 「돌 하나를 키우며」 전문

나무를 치명적으로 손상시키지 않고 타국의 신화를 이식해 낸다는 것은 불가능하지만, 나의 낙천주의라는 생명의 나무는 외국산의 나무가 아니다. 그 나무는 대한민국이 원산지이며, 『그리스 로마 신화』와 『성경』을 접목시키고, 소크라테스, 플라톤, 아리스토텔레스, 스피노자, 마키아벨리, 쇼펜하우어, 니체, 마르크스, 프로이트, 바슐라르, 호머, 소포클레스, 아이스퀼로스, 아리스토파네스, 셰익스피어, 괴테, 보들레르, 랭보와 대한민국의 대소시인들을 접목시키고, 우리 한국인들의 토양 속에다가 조직 배양을 성공적으로 이룩해낸 생명의 나무인 것이다. 타국의 신화는 그것에 알맞는 기후와 풍토를 간직하고 있듯이, 우리의 생명나무 역시도 그것에 알맞는 기후와 풍토를 가지고 있지 않으면 안 된다. 지적 소유권을 주장하지 않더라도 근본적으로 복제가 가능하지 않은 신화들, 우리가 그것을 자동차나 비행기나 컴퓨터처럼 아주 손쉽고 편리하게 이용할 줄을 알고 있어도, 바로 그 순간에 더욱더 커다란 로열티를 지불해야만 하는 신화들, 자지와 보지를 가지고 있으면서도 성 의학에서부터 성교의 체위까지 종속시키는 신화들—. 그러나 새로운 신화를 창조한다는 것은 타국의 신화를 무조건 배척하는 데 있는 것이 아니라, 그 신화를 받아들이고, 그 신화와의 싸움 속에서 그 신화를 물리칠 수 있는 방법밖에는 없는 것이다.

아아, 나의 사랑하는 친구 이태화 변호사여! 내 어머니가 성모 마리아가 되고, 내가 예수가 된다는 것은, 그러나 유태인들의 경전인 『성경』 밖에서 이루어져야 하는 것이지, 그 경전을 되풀이 답습해서는 아니되는 것이다. 이 세상에 두 사람의 성모 마리아와 두 사람의 예수가 존재할 수는 없다. 유안진의 「돌 하나를 키우며」라는 시는 "삼베수건 머리에" 쓰던 "아낙"과 "성모 마리아"가 화해롭게 손잡고 동서양을 넘나들고 있고, 나와 예수가 또한 손을 맞잡고 동서양을 넘나들고 있다. 나는 그것을 단순한 동서양의 만남으로 이해하지 않고 있으며, 돌 하나를 키우는 우리 한국인들의 의지 속에 예수보다도 더 뛰어난 새로운 예수의 탄생에 대한 염원으로 이해하고 있다. 새로운 예수의 탄생은 기적이며, 그 모든 가치관의 소멸을 의미한다. 새 술은 새 부대에 담아야 된다는 말이 있듯이, 새로운 예수가 기존의 『성경』 속의 예수가 되고 그 모든 가치관을 답습할 리가 없다. 우리 한국인들의 신화는 너무나도 가혹하고 안된 일이지만, 염세주의의 토양을 걷어내고 '제3세계의 문화적 풍토병'과 '비평의 만장일치제도'를 대대적으로 소탕하고 뿌리를 뽑아내는 방법밖에는 없다. 이 세상을 더욱더 넓고 아름답고 풍요롭게 바라보고 우리 한국인들의 삶을 찬양하고 옹호한다는 것은 더욱더 호전적이고 전투적인 정신과 피비린내를 보고야 마는 혁명밖에는 있을 수가 없다. 우리 한국인들이여, 우리 한국인들의 수호신이 없으면 나의 낙천주의를 생각해 보고, 어디론가 갈 곳이 없어 막막해지면 그대 발밑의 땅에 무릎을 꿇고 입을 맞추어 보라! 우리 한국인들이여! 언제나 짓밟히고 짓밟혀도 또다시 일어나는 들풀들처럼, 그 끈질긴 생명력을 지닌 나의 낙천주의의 나무가 자라난다는 사실을 생각해 보고, 하늘 높이 높이, 거대한 독수리의 날갯짓으로 이 세상의 삶을 찬양하고 긍정해 보아라! 지난 시대의 쓰라리고 아팠던 추억이나 기억들을 모두 지워버리고 새로운 꿈과 희망을 위하여, 제1권 『행복의 깊이』, 제2권 『한국문학비평의 혁명』(『행복의 깊이』 2), 제3권 『어느 철학자의 행복』(『행복의 깊이』 3)을 읽고, 또 읽고, 그리고 또다시 생각해 보거라! 나는 '愛知', 그 넓고 비옥한 지상낙원의 터전에 낙천주의라는 우리 한국인들의 생명의 나무를 심은 것이다. 아아, 나의 사랑하는 친구 이태화 변호사여! 어쨌든 지난 6개월 간의 대장정, 제1장 「독서에 대하여」, 제2장 「산책에 대하여」, 제3장 「일에 대하여」, 제4장 「술에 대하여」, 제5장 「연애에 대하여」, 제6장 「우정에 대하여」 등, 그 멀고도 먼 산봉우리들을 모두 다 정복하고, 이제는 새로운 출발 지점으로, 그야말로 홀가분하게 되돌아 왔다.

우리가 두 손을 잡으면 만물이 조화를 이루고 수많은 꽃들이 피어나고, 수많은 벌과 나비들, 그리고 아름다운 새들이 춤을 추고 노래를 부른다. 우리가 함께 걸으면 험한 가시밭길도 양탄자를 깔은 듯 순조롭고, 우리가 도달하는 곳은 인간이 인간을 초극하고 모든 것이 가능한 지상낙원이 된다.

나는 오늘도 환하게 떠오르는 둥근 해를 바라보며 그대를 생각해 본다. 이 불모의 땅, 대한민국에 낙천주의라는 생명의 나무를 심자! 물을 주고, 거름을 주고, 밤낮으로 가꾸고, 또 가꾸자! 그대와 내가 손을 맞잡고 땀을 흘린만큼, 그 정성만큼, 우리들의 지혜의 열매가 주렁주렁 열리니라—.

'愛知'를 위하여!

낙천주의를 위하여!

우리 한국인들의 신화를 위하여!

1999년, 4월 16일 금요일, 그 역사적인 아침에,

제6장 「우정에 대하여」를

이태화 변호사에게 헌정을 하고,

그리고,

『어느 철학자의 행복』의 원고를 마치면서—.

| 참고 문헌 |

1, 셰익스피어, 「앤토우니와 클레오파트라」, 『셰익스피어 전집 6』, 휘문출판사, 1971

2, 쇼펜하우어, 『슬기로운 삶을 위하여』, 을지출판사, 1984

3, 몽테뉴, 『수상록』, 집문당, 1996

4, 호머, 『일리어드』, 정음사, 1966

5, 니체, 『우상의 황혼』, 청하, 1984

행복의 깊이 3

'삶의 세목'에 대하여

초판 1쇄 발행 2012년 1월 30일

지은이 반경환
펴낸이 반송림
편집디자인 김지호
펴낸곳 도서출판 지혜 | 계간시전문지 애지
주소 300-812 대전광역시 동구 삼성1동 273-6
전화 042-625-1140
팩스 042-625-1140
홈페이지 www.ejiweb.com
이메일 ejisarang@hanmail.net

ISBN : 978-89-97386-06-2 04810
ISBN : 978-89-97386-03-1 (set)
값 : 13,000원